Wolf-Ulrich Cropp   *Mit der Bounty durch die Südsee*

Wolf-Ulrich Cropp

Mit der BOUNTY *durch die Südsee*

Eine Seereise
  auf den Spuren Käpt'n Blighs

Pietsch Verlag Stuttgart

Einbandgestaltung: Heinz Holzgräbe, unter Verwendung eines Fotos von R. D. Bird,
Judith Schultheiß und der Aufnahme eines Historiengemäldes, mit der freundlichen Erlaubnis der
The Dixson Galleries, New South Wales.

Skizzen- und Bildnachweis:
Wolf-Ulrich Cropp;
Judith Schultheiß (Seite 155, 156 unten, 157 oben, 157 unten);
Pitcairn Islands Administration, aus der Sammlung von Frank Lohrmann (Seite 156 oben);
State Library of New South Wales, Sydney (Seite 35 oben, 73 oben, 73 unten, 74 oben links, 74 unten,
117 oben, 118 oben, 153 oben, 153 unten, 154 rechts, 154 unten);
National Maritime Museum, London (Seite 40, 74 oben rechts, 116 unten, 158/159, 160 oben,
160 unten);
British Library, London (Seite 34 oben);
R. D. Bird (Seite 80).

1. Auflage 1993

Copyright © by Pietsch Verlag, Postfach 103743, 70032 Stuttgart.
Ein Unternehmen der Paul Pietsch Verlage GmbH & Co.
Sämtliche Rechte der Speicherung, Vervielfältigung und Verbreitung sind vorbehalten.
Satz: Vaihinger Satz+Druck, 71665 Vaihingen an der Enz.
Druck: Druckerei Maisch & Queck, 70839 Gerlingen.
Bindung: Verlagsbuchbinderei Karl Dieringer, 70839 Gerlingen.
Printed in Germany.

Inhalt

Ben Cropp, einem Tiefseetaucher und Abenteurer, der meinen Traum wachrief, auf den Spuren der Meuterer und im Kielwasser der Bounty durch die Südsee zu segeln, ihm sei das Buch gewidmet.

Port Douglas, Queensland, Australien

»Eisenharte Männer auf stolzen Schiffen,
Fürchteten weder Tod noch Teufel.
Sie forderten die Meere zum Kampf heraus
Und brachten sich selbst zum Opfer.
Aber sie trugen nicht nur den Tod,
Sondern auch den Triumph
Im Seesack ihres Schicksals.
Sie machten die Erde zu der Welt,
In der wir heute leben.«

Zwischen Tahiti und einem Riff, nördlich Raine Islands, 1791

Der Untergang

Kapitän Edward Edwards stand aufrecht am Besanmast und ließ das Treiben an Land auf sich wirken. Er war alles andere als ein sentimentaler Schwärmer, der, von seinem Ankerplatz überwältigt, glaubte, das Paradies auf Erden gefunden zu haben. Edwards war ein Realist, ein nüchterner Seemann, groß und hager. Ein Asket mit kalten blauen Augen, der nur seinen Auftrag, Pflichtbewußtsein und unbedingten Gehorsam kannte, so wie er gehorsam war, wenn es um die Ausführung der Befehle seiner Britischen Admiralität ging. Die Instruktion lautete: »Alle Personen, die auf dieser Liste stehen, sind zu fangen, als Meuterer zu betrachten, in Ketten zu legen und strengstens zu bewachen.«

»Bei Gott, das wird geschehen!« hatte er versprochen, als ihm die Liste in Portsmouth übergeben worden war. »Piraten und Meuterer müssen an den Rahen hängen.«

Mit der Hand schirmte der Kapitän das grelle Morgenlicht ab, um sich die dunkelgrünen, tief gefurchten Berghänge eingehender zu betrachten. Dann sah er den schwarzen Lavastrand, die schlanken Kokospalmen, die Hütten, die vielen kleinen und großen Kanus am Ufer und auf dem Wasser, schließlich die Menschen, die sich in der Bucht eingefunden hatten.

»Doch verdammt schön, was hier von Tahiti zu sehen ist«, entwich es ihm...

Man schrieb den 23. März 1791. In der Matavai-Bucht Tahitis lag die *Pandora*, eine Fregatte mit 24 Kanonen, die Kapitän Edwards befehligte. Und auf diesem Kriegsschiff gab es einen winzigen Raum. Es war der schlimmste im Schiffsleib: unterhalb der Wasserlinie gelegen, übelriechend, ohne Frischluft, dunkel, feucht, stickig. Noch war das Verlies leer. Aber das sollte sich bald ändern. Auf Edwards Liste standen 25 Namen, und die Männer, die sich hinter diesen Namen verbargen, waren Meuterer, für die das Verlies gebaut worden war. Die Tragik am Rande: Den Kapitän interessierte nicht, daß vier der Meuterer gar keine waren. Ihnen war das Verlassen der *Bounty* verwehrt worden.

Ein kleines Kanu, von zwei Eingeborenen gerudert, weckte auf einmal Edwards' Aufmerksamkeit. Er setzte sein Glas ans Auge und erkannte zwei halbnackte Männer. Das Kanu hatte sich von allen anderen abgesetzt und glitt direkt auf die Fregatte zu. Edwards rief einen Leutnant heran: »Parkin, lassen Sie das Fallreep herab, die Männer sollen an Bord kommen!« Der Offizier gab den Befehl weiter. Kurz darauf kletterte ein Insulaner an Bord, der andere blieb im Boot. »Maitai, maitai« (gut, gut), meinte Parkin und klopfte dem Gast auf die Schulter. Damit hatte sich auch sein Repertoire der Landessprache erschöpft.

»Mit mir können Sie englisch sprechen«, sagte der Insulaner. Seine Haut war tiefbraun und an Brust und Schultern tätowiert. Der Mann war Ende dreißig, und sein verwegenes Gesicht trug europäische Züge. Wer den Fremden von hinten beobachtete, erkannte auf seinem Rücken tiefe waagerechte Striemen. Häßliche Narben waren das, die aufgeplatztes Fleisch überwucherten. Kein Zweifel, auf diesem Rücken hatte sich einst die neunschwänzige Katze ausgetobt!

Leutnant Parkin war überrascht, und mit ihm andere Offiziere in seiner Nähe.

»Mein Name ist Joseph Coleman, einst Waffenmeister auf der H.M.S. *Bounty*. Ich will zurück nach England, zu meiner Familie«, stellte sich der Mann vor.

Joseph Coleman! Der Name hing wie ein Paukenschlag in der Luft. Die Mienen der Marinesoldaten gefroren zu Eis. Coleman wurde böse gemustert. »Korporal!« rief der Leutnant, »diesen Mann abführen!«

»Ich gehöre nicht zu den Meuterern, ich bin ...«

»Schweig, Verräter!« rief der Korporal.

Unter lautem Protest wurde Coleman augenblicklich weggeschleppt. Der Rüstmeister der *Pandora* legte ihn in Eisen, dann wurde der Verhaftete dem Kapitän vorgeführt. Edwards wollte alles über Colemans Spießgesellen auf der Insel wissen. Vor allem, wo sich Fletcher Christian, der Anführer, versteckt hielt. Coleman wußte nur, daß Christian Tahiti vor etwa zwei Jahren mit der *Bounty* und neun Meuterern, mehreren Insulanerinnen und einigen Polynesiern verlassen hatte. Das Ziel war unbekannt. Wütend ließ der Kapitän den einstigen Waffenmeister ins Verlies werfen.

Colemans Aussage wurde bald darauf von Eingeborenen bestätigt. Ferner hieß es, daß zwei Mann der *Bounty* auf Tahiti getötet worden seien. Mittags gab Edwards den Befehl, daß die Leutnants Thomas Hayward - auf der *Bounty* unter Kapitän Bligh noch Kadett - und Corner mit mehreren Soldaten die auf der Insel verbliebenen Meuterer aufzugreifen hätten. Hayward gehörte zur Besatzung der Barkasse, jenem kleinen Boot, das sich 1789 total überfrachtet 3600 Seemeilen (sm) über den Ozean zur Insel Timor durchgeschlagen hatte (Blighs nautische Meisterleistung). Der nordwestliche Teil Tahitis wurde nun durchkämmt.

Unterdessen begaben sich reinen Gewissens Peter Heywood und George Stewart,

8

zwei ehemalige Midshipmen (Seekadetten), auf die Planken der *Pandora*. Einige Stunden später erschien der Vollmatrose Richard Skinner. Dick stellte sich aus Gewissensgründen. Er bereute seine Beteiligung an der Meuterei und wollte dafür büßen. Alle drei landeten im Verlies.

Das Greifkommando, von Hayward und Corner angeführt, erschien zwei Tage später mit erjagten Fluchtbooten. Die Meuterer waren in die Berge geflohen, um bei Tumatoroa (Otu), dem König Tahitis, Schutz zu suchen.

Die Briten machten sich die Häuptlinge mit Geschenken und Rum gefügig. Zu Land und zu Wasser wurde die Verfolgung wieder aufgenommen. Während Leutnant Corner den Flüchtigen den Weg tiefer in die Berge hinein abschnitt, führte Hayward das Kommando zu Wasser.

In der Nacht stieß der Suchtrupp auf eine verlassene Uferhütte. Brown, ein ausgesetzter amerikanischer Seemann, der sich Hayward angeschlossen hatte, schlich sich heran und befühlte die Fußzehen der Schlafenden. Die Zehen standen zusammen, es mußten also Menschen sein, die gewöhnlich Schuhe trugen. Europäer, die Meuterer? Am nächsten Morgen stürmte Hayward die Hütte. Die Männer warfen die Waffen weg und ergaben sich. Es waren tatsächlich Meuterer. Hände auf den Rücken gefesselt, wurden sich auf die *Pandora* gebracht.

»Während der ganzen Verfolgung kamen nur zwei Eingeborene um«, bemerkte später Dr. George Hamilton, Wundarzt der *Pandora*, in seinem Tagebuch »Reise um die Welt«. Hamilton schrieb, daß die Gefangenen frische Luft genießen konnten und ihnen der beste Platz an Deck eingeräumt wurde. Versorgt wurden sie mit Speisen und Getränken wie die übrige Mannschaft, weil Kapitän Edwards Mitleid mit ihrer unglücklichen und unvermeidlich langen Gefangenschaft gehabt hätte. Hier übt sich der Arzt in Schönfärberei. Die Stimmung in England, insbesondere die in der Marine, war alles andere als von Nachsicht getragen, was den Umgang mit den Meuterern anging.

Dafür hatten nicht zuletzt die ehrenwerten Herren Sir Joseph Banks, Präsident der Royal Society (Königliche Gesellschaft der Naturwissenschaften), und James Bumey beigetragen. Die Herren, übrigens Freunde Blighs, »frisierten« den eigenhändigen »Bericht über die *Bounty*-Expedition« des Kapitäns, um in der offiziellen Version ja nichts Positives über die Meuterer erscheinen zu lassen. Als das geschah, war Bligh unterwegs auf seiner zweiten »Brotfrucht-Reise«. Die Admiralität ließ keinen Schatten auf Bligh fallen. Im Gegenteil, auf ihn wartete eine glänzende Karriere, und England feierte ihn als Seehelden, der, von wenigen Getreuen abgesehen, auf hoher See heimtückisch verraten und seines Schiffes beraubt wurde. Mitleid haben mit einer Kaperbande? Undenkbar!

An Bord der *Pandora* befanden sich nun alle 14 der 16 auf Tahiti verbliebenen *Bounty*-Meuterer. Jeder in Handschellen und mit den Füßen angekettet. Da das Verlies zu klein geworden war, bauten die Zimmerleute einen soliden Verschlag von 18 qm ohne Fenster aufs Quarterdeck. Das neue Gefängnis wurde »Büchse der *Pandora*« genannt. Der Leichnam Matthew Thompsons, einst Vollmatrose, war auf

Tahiti geblieben, ebenso der Charles Churchills (unter Bligh Polizeioffizier) und der »Vater Bacchus'«, des versoffenen Schiffsarztes der *Bounty*.

Die *Pandora* blieb noch einige Wochen in der Bucht vor Tahiti. Man erkundete die Insel und nahm an einer Hiwa, einem Volksfest, teil, das schon James Cook als obszönes Tanzgelage von Männern und Frauen beschrieben hatte. Dr. Hamilton bemerkte dazu: »... Als sie sich aber wendeten und uns den Rücken zukehrten, um die wunderbare Beweglichkeit ihrer Hüften zur Schau zu stellen, hatten wir einen Anblick, der sich besser denken als beschreiben läßt ... Stolz wurde bei einer solchen Begegnung der gespaltene Schädel Matthew Thompsons gezeigt. (Der Meuterer Thompson war ein primitiver und brutaler Seemann gewesen, der die Eingeborenen haßte. Eines Tages schoß er einen Vater mit seinem Sohn grundlos nieder und tötete seinen Kumpanen Charles Churchill. Häuptling Atuanui rächte die Tat, indem er Thompson mit der Steinaxt erschlug.) Die von wilden Trommelwirbeln, schrillen Flöten und Panpfeifen begleiteten Feste endeten in Liebkosungen der Geschlechter und in Erfüllung der angestauten Wollust.« Hamilton meinte weiter: »Man kann diese Insel wohl mit Recht das Cythere (Land der Aphrodite) der südlichen Hemisphäre nennen. Die Tahitierinnen sind nicht nur schön und reizend, sondern auch in den Geheimnissen der Liebesgöttin höchst eifrig und erfahren.«

So verging die Zeit mit Beobachtungen, Aufzeichnungen und Erfahrungen einer fremden, die Sinne berauschenden Welt.

Herzzerreißend waren die Besuche der Weiber und Kinder der Gefangenen. Peter Heywoods Frau hieß Tehani, sie war jung und sehr hübsch. Die gemeinsame Tochter begleitete sie immer. George Stewart hatte auch eine Tochter. Seine Frau hieß Peggy.

Frauen und Kinder umarmten schluchzend ihre unglücklichen, in Ketten liegenden Väter. Dann wurden allerlei eßbare Geschenke abgestellt. Die Zuneigung und Treue der Insulanerinnen beeindruckte die Crew der *Pandora* sehr. Fortan wurden die »Wilden«, die gemeinhin als gefühllos galten, in einem anderen Licht gesehen.

Stewart konnte den Schmerz bald nicht mehr ertragen. Er riß sich gewaltsam von Peggy und Tochter los. Er wollte seine Familie nicht mehr sehen. Das Leid der Trennung war einfach zu groß.

Da Stewart und Heywood Töchter einflußreicher Häuptlinge geheiratet hatten, befürchteten die Offiziere einen Überfall, mit dem Ziel, die Gefangenen zu befreien. Tatsächlich hatten sich einige Eingeborene verschworen und wollten bei Sturm die Ankertaue kappen, um das treibende Schiff in ihre Gewalt zu bekommen. Der Anschlag wurde vereitelt. Zum Glück, die Feuerwaffen der Weißen hätten ein furchtbares Blutbad angerichtet. Als Kapitän Edwards am 8. Mai 1791 die Anker lichten ließ, schied man in Freundschaft mit den Tahitianern. Die *Pandora* war mit Kokosnüssen und anderen Früchten, Ferkeln, Ziegen, Hühnern bis zum Bersten angefüllt. König Otu kam zur Verabschiedung mit seiner Gemahlin an Bord, beide wollten nach England mitgenommen werden. Doch die Häuptlinge ließen ihren König nicht ziehen. Auf Tahiti rechnete man mit einem neuen Stammeskrieg.

Als die Segel gesetzt wurden, weinte Otu bitterlich. Auch unten in den Kanus hob ein lautes Jammern an. Es wurde getrauert wie um einen verstorbenen lieben Verwandten. »Man entblößte sich seinen Leib, zerriß seine Kopfhaut mit Muschelschalen, bestrich Brust und Schultern mit dem herabrinnenden Blut, und wenn es gerann, wurden sich unter lautem Klagen neue Wunden geschnitten«, beschrieb Dr. Hamilton die ergreifenden Abschiedsszenen.

Bei günstigem Wind segelte die Fregatte an Eimeo, einer Nachbarinsel Tahitis, vorbei. Auf westlichem Kurs, wo die Eilande Raiatea, Tahoa und Bora Bora erkundet wurden, immer in der Hoffnung, auf die *Bounty*, die übrigen Meuterer und den Anführer Flechter Christian zu stoßen. (Edwards wäre vor Scham versunken, wenn er geahnt hätte, daß bereits Wochen bevor er Tahiti erreichte, sein Schiff an Pitcairn vorbeigesegelt war. Jener Insel, auf der sich der harte Kern der Meuterer versteckt hielt).

Am 13. Mai entschwanden die Gesellschaftsinseln der Sicht ...

Neue Archipele und Inselgruppen tauchten auf. So kreuzte Kapitän Edwards drei Monate durch die endlosen Weiten des Südpazifiks. Die meisten bekannten Eilande des Südwestens - darunter Samoa, die Fidschis - wurden angelaufen, und eine Reihe neue unbekannte entdeckt. Die *Pandora* segelte in Gewässern, die nie zuvor vom Kiel eines europäischen Schiffes durchschnitten worden waren. Bei der Entdeckung neuer Seeräume leistete ein schneller, wendiger Schoner als Begleitschiff große Dienste. Der Schoner war auf Tahiti, unter der Leitung von James Morrison, dem Oberbootsmaat der *Bounty*, und John Millward, dem Vollmatrosen, sowie einheimischen Helfern in mühevoller Arbeit gebaut worden. Fünf Meuterer hatten sich vorgenommen, mit der *Resolution*, wie sie den Eigenbau nannten, nach England zu segeln. Die Überfahrt besorgte jetzt die *Pandora*. Der Schoner wurde vom Schiffersmaat Oliver kommandiert. Die Besatzung bestand aus acht Mann. Edwards waren mit Kennerblick die hervorragenden Eigenschaften und die gute Verwendbarkeit für die Weiterfahrt klar geworden. Damit war die *Resolution* als Begleitboot requiriert worden.

An einem Nachmittag verloren sich Mutterschiff und Schoner bei steifem Wind aus den Augen. Zum Glück war für den Fall der Trennung die Insel Nomuka als Treffpunkt verabredet worden. Doch dort traf Edwards nur auf aggressive Eingeborene, die wie auf manchen anderen Inseln den Fremden nach dem Leben trachteten. Die *Resolution* dagegen blieb verschwunden.

Ende August kreuzte die *Pandora* durch einen äußerst gefährlichen Meeresabschnitt. Eine Kette mächtiger Korallenriffe machte die Weiterfahrt zum waghalsigen Unternehmen. Der französische Seefahrer Bougainville hatte bereits Jahre vorher dieses Gebiet durchfurcht und vor den tödlichen Riffen gewarnt. Edwards ließ keine Warnung gelten, er trieb die Fregatte tiefer und tiefer in ein auswegloses Labyrinth. War es krankhafter Ehrgeiz, der ihn vorantrieb? War es die Angst vor der Admiralität, die ihn der Unfähigkeit bezichtigen würde, käme er nach Britannien ohne seinen Auftrag hundertprozentig erfüllt zu haben? In Ketten lagen 14 Meuterer, vielleicht nur Mitläufer, der harte Kern konnte sich dem weltumspannenden Arm der Krone, damit der gerechten Strafe, entziehen. Eine Schmach für die Weltmacht, für die gesamte Flotte. Eine Schmach auch für den Kapitän als Jäger. Ein weiterer Teil seiner Aufgabe bestand in der kartographischen Aufnahme der Endeavour-Street (zwischen Australien und Neuguinea), um die Schiffahrt nach Botany Bay (Sydney) zu erleichtern. Die Endeavour-Street lag vor ihm. Zur Erkundung der Passage mußte er diesen Irrgarten durchsegeln! Eine andere Möglichkeit gab es nicht.

Der 29. August 1791 rückte heran. Damit der Schicksalstag der *Pandora*. Was sich ereignete, durchlebten Besatzung und Gefangene wie einen Alptraum. Und für manchen gab es kein Erwachen. Tags zuvor wechselten sich Windstille und tückische Böen ab. Die Wassertiefe schwankte in mächtigen Ausschlägen. Einmal fand das Senkbeil bei 100 Faden keinen Grund, dann lag es bei 50 Faden auf. Gegen Abend mußte sich die *Pandora* direkt über einem Unterwassergebirge befinden. Eines der Beiboote war der Fregatte vorangefahren, um eine Durchfahrt zu erkunden. Aufgeregte Kommandorufe zeigten an, daß sich der Großsegler in einer brenzligen Situation befand. Mit Leuchtfahnen und Flintenschüssen versuchte man den Kontakt zum Beiboot zu halten. Pausenlos wurde jetzt das Senkblei geworfen und die Fadentiefe dem Offizier zugerufen: »40-36-32!« Die letzte Meldung war kaum verhallt, da krachte der Schiffsrumpf mit einem gewaltigen Stoß auf ein Riff. An Bord flog alles durcheinander, und es sah aus, als brächen die Masten nieder. Es war stockdunkel. An den Segeln zerrte eine heftige Bö. Der Sturm riß die Kommandos von den Lippen. Chaos erfaßte das Schiff.

»Alle Segel setzen!« kommandierte Edwards.

»Aye, aye, Sir«, schallte es durch Nacht und Sturm. Das Schiff bäumte sich auf, augenblicklich ächzten und krachten die Spanten über dem Riff, als wolle die Pandora auseinanderbrechen. Befreien konnte sie sich nicht.

»Alle Segel einholen!« bellte der Kapitän. Der Sturm flaute ab. Die *Pandora* saß auf wie einbetoniert. Beiboote wurden zu Wasser gelassen. Da brüllte der Zimmermann von unten: »Drei Fuß Wasser im Schiffsraum!« Die *Pandora* mußte schwer Leck geschlagen sein. Das Wasser stieg rasch. Im Gefängnis brüllten die Meuterer wie Raubtiere und zerrten an ihren Ketten.

Die Besatzung eilte an die Pumpen. Das Gitter im Gefängnisdach wurde geöffnet. Der Waffenmeister stieg mit einer Laterne herab und schloß Coleman, Norman und McIntosh aus den Eisen. Sie wurden an die Pumpen befohlen, während die übrigen wild nach Freilassung schrien. Wieder hob eine Bö das Schiff und ließ es donnernd auf das Riff fallen. An Bord glaubte jeder, daß jetzt das Ende nahte. Dr. Hamilton: »... die schwarzen Schrecken des Todes umgaben uns zwischen Riff und Brandung.« Edwards befahl, die Kanonen und anderen Ballast über Bord zu werfen. Wer nicht pumpte, versuchte das Bramsegel unter den Kiel des Schiffs zu ziehen, um das Leck von außen zu dichten. Eine Pumpe fiel aus, und die Männer schöpften mit Eimern wie die Berserker. Das Wasser stieg unaufhörlich. Man ließ das Bramsegel fahren und schöpfte ums nackte Leben. Plötzlich neigte sich die *Pandora* über Backbord,

12

und die Kanonen, die noch nicht über Bord geworfen worden waren, rutschten über Deck und zerquetschten einen Seemann. Aus dem Fockmast stürzte eine Bramrah herab und erschlug einen weiteren Mann.

Der Morgen graute, und jedem war klar, daß die *Pandora* verlorenging. Jeden Moment konnte sie sinken. In fieberhafter Eile wurde Schwimmbares in die wütende See geworfen, in der verzweifelten Hoffnung, sich daran festzukrallen. Das Wasser schoß jetzt durch die Kanonenpforten... Dann kippte die Fregatte flach auf die Seite. Aus dem Verschlag flehte man, befreit zu werden. Hodges, der Rüstmeister, hastete heran und schloß Byrne, Muspratt und Skinner aus den Fesseln.

»Das Schiff sinkt!« gellte es von der Reling. Die Offiziere, der Kapitän, die Mannschaft, wer konnte, sprang über Bord. Im Gefängnis stieg das Wasser. Die Meuterer brüllten aus Leibeskräften...

Eine Tauchfahrt

Eine kleine Jacht dümpelte im oberen Drittel des Great Barrier Reefs in Höhe der Siedlung Captain Billy Landing, 130 sm vor der Küste des australischen »Stachels« Cap York. An Bord des Seglers befanden sich drei Männer und eine hübsche, schwarzhaarige Frau. Der Skipper, um die 40, war Australier, seine Begleiterin aus Canada. Die Crew stand am Anfang eines großen Abenteuers. Sie wollte die nördliche Hälfte Australiens wilder Küste ertauchen. Zwischen 1977 und 1978 sollten 15000 Tauchkilometer zurückgelegt und unbekannte Korallen, neue Riffe, Schiffs- und Flugzeugwracks geortet werden. Und gleich zu Beginn der Reise sollte es zu einer spektakulären Entdeckung kommen.

Der Skipper hieß Ben Cropp, die Frau Lynn Patterson. Angeregt durch Kapitän Matthew Flinders, den ersten Umsegler Australiens, kehrten die beiden der Zivilisation den Rücken und begaben sich mit Freunden auf das zwei Jahre währende See- und Tauchabenteuer.

Ben war in Australien kein Unbekannter. Seine Filme und Bücher waren beliebt, sie gelangten auch nach Amerika und Europa. Sie berichteten über die geheimnisvolle Unterwasserwelt des Großen Barrier-Riffs, über Haie und Tauchexpeditionen. Ben war Australiens Hans Hass. Als Sohn eines deutschstämmigen Missionars wurde er 1934 auf den Salomon-Inseln geboren. Dort entdeckte er auch seine Liebe zur Unterwasserwelt, die er sich beim Schnorcheln mit Eingeborenenkindern erschloß. Der Vater ging später mit der Familie nach Australien und starb früh. Ben wurde Lehrer und übte den Beruf fünf Jahre lang aus, bis er Tauchen, Abenteuer und Lehren nicht mehr vereinbaren konnte. Die Faszination der Unterwasserwelt war stärker als das geregelte Schulmeisterleben. Er hängte den Beruf an den Nagel und erforschte den Süd-Pazifik. Dabei entstanden seine ersten Berichte und Filme. Die Karriere als Meeresforscher hatte auch ihren Preis: Seine Familie brach auseinander, Frau und Tochter trennten sich von ihm. Sie konnten das unstete Leben zwischen Land und See nicht mehr ertragen. Ihn wiederum machte die geordnete Häuslichkeit kaputt. »Die Nordküste Australiens ertauchen« war seine Antwort auf die unterdrückte Lust auf neue Abenteuer. Jetzt, da er ungebunden war, konnte er sich seiner Berufung ganz verschreiben.

Gerade tauchte Ben das vierte Mal auf. Das Wasser rauschte ihm vom Körper. Er hievte sich die Bordleiter hoch, nahm das Mundstück heraus und stellte die schwere Sauerstofflasche ab. Als er die schwarzen großen Flossen abgestreift und sich abgetrocknet hatte, ging er kopfschüttelnd an den Kartentisch. Obenauf lag eine zusammengerollte, recht vergilbte Seekarte. Ben rollte sie aus, während Lynn die störrischen Ecken mit Büchern beschwerte. Die Karte zeigte den nördlichen Abschnitt des Great Barrier Reefs in allen Einzelheiten. Keine Insel war ausgelassen worden. Den Riffverlauf und kleine Atolle hatte Ben eigenhändig ergänzt, ungenaue Angaben zu Untiefen nachträglich korrigiert. Seine braune, von Sonne, Wind und Salz-

14

wassergegerbte Hand glitt über das Gebiet der Torres Street und der Endeavour Street in Richtung Südost. Dann deutete sein Finger auf einen Punkt, an dem die Riffkette unterbrochen war, und verweilte an einem feinen Eintrag, der »*Pandora* Entrance« hieß.

»Irgend etwas stimmt hier nicht«, murmelte er nachdenklich. »Was haltet ihr davon?« wandte er sich an Ron Bell und Steve Domm, seine Tauchfreunde, und Lynn. Lynn schaute ihm über die Schulter. »Im Umkreis dieser Stelle habe ich jeden Quadratmeter abgesucht. Nichts! Nicht der geringste Hinweis«, sagte Ben.

»Deine Karte stimmt nicht«, meinte Lynn.

»Kann ich mir nicht denken.«

»Seit einer Woche durchstöbern wir jeden verdammten Korallenwinkel...«

»Wir haben sie übersehen. Ihr Rumpf ist auseinandergebrochen. Sie liegt verstreut, verschüttet, mit Seepocken und Muscheln überwachsen, unauffindbar unter uns - seit fast 186 Jahren.«

»Dennoch, es müßte Spuren geben, denk an die Wracks, die wir gefunden haben«, beharrte Lynn.

»Hast ja recht«, sagte Ben, »aber die verflixte Karte!« Er tippte ungeduldig auf das Kreuz mit dem Hinweis «Wrack HMS *Pandora*«. »Das Wrack muß hier liegen. Ich hab mir die Lage aus einer Karte der Britischen Admiralität übertragen: exakt acht nautische Meilen nördlich von Raine Island.«

Als Lynn Kaffee brachte, grübelten Ben und die anderen noch über der Karte.

Schließlich schaute er auf und sagte: »Wir teilen das Gebiet in Sektionen ein und suchen im Umkreis von fünf Meilen das Riff ab, Meter um Meter. Okay?« Lynn sah erschrocken auf: »Meine Güte, das bedeutet wochen-, vielleicht monatelanges Suchen ohne Erfolgsgarantie.«

»Durchaus«, meinte Ben, »aber der Versuch ist die *Pandora* wert. Immerhin ist sie Australiens ältestes bekanntes Schiffswrack.«

Ben vergrub sich an diesem Nachmittag in Karten- und Literaturmaterial. Lynn widmete sich etwas mißmutig ihrer und Bens Taucherausrüstung und klarierte das Sonnendeck. Die See war glatt und ruhig wie Samt. Als sich die Sonne im Westen hinter ein Wolkenband schob und das Meer sich von smaragdgrün in dunkles Blau färbte, lichtete Ben den Anker, setzte das Großsegel und manövrierte seine *Freedom* eine halbe Meile nach Süden... und die Nacht legte sich über das Riff und den Pazifik wie ein schwarzes Tuch.

Viele lange Tage suchten die einsamen Taucher das Riff ab. Sie hatten sich jetzt auf die zerklüfteten, für die Seefahrt gefährliche Nordbarriere konzentriert. Ihre Stimmung schwankte von Optimismus zu Niedergeschlagenheit... bis Ben eines Morgens mit einem runden grauen Gegenstand auftauchte. »Wir haben sie!« rief er vom Wasser hinauf, »unter uns liegt sie, 120 Fuß tief.« An Bord lag man sich in den Armen. Der graue runde Gegenstand war eine von Seepocken überzogene Kanonenkugel. Ben und Ron unternahmen einen zweiten Tauchgang. Das Wrack der *Pan*-

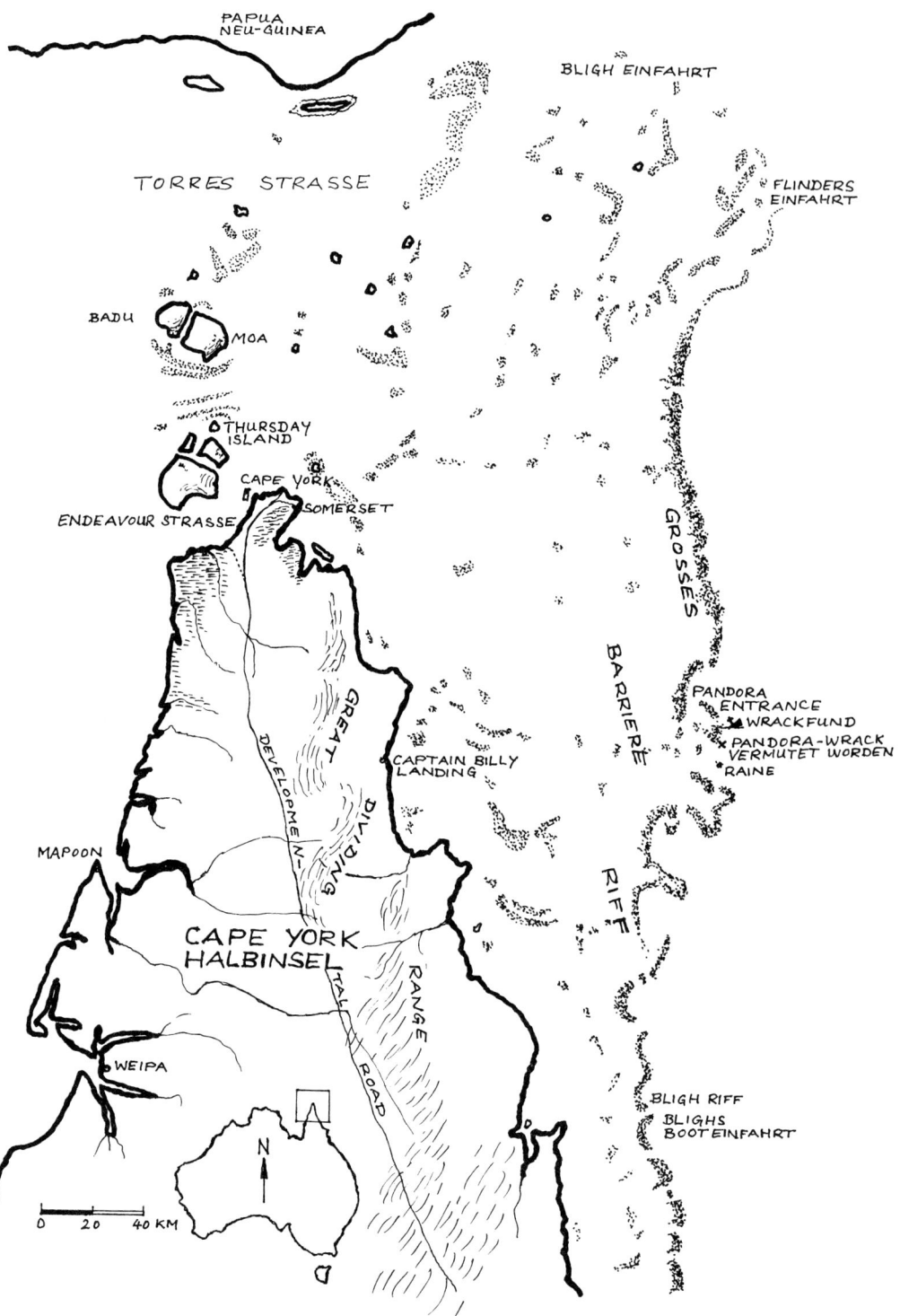

PAPUA NEU-GUINEA

BLIGH EINFAHRT

TORRES STRASSE

FLINDERS EINFAHRT

BADU

MOA

THURSDAY ISLAND

CAPE YORK

ENDEAVOUR STRASSE

SOMERSET

GROSSES

BARRIERE

PANDORA ENTRANCE
WRACKFUND
PANDORA-WRACK
VERMUTET WORDEN
RAINE

CAPTAIN BILLY LANDING

MAPOON

RIFF

CAPE YORK HALBINSEL

GREAT DIVIDING RANGE

DEVELOPMENT- ROAD

WEIPA

N

BLIGH RIFF
BLIGHS BOOTEINFAHRT

0 20 40 KM

dora lag tatsächlich, vom Meersand halb verschüttet, zwischen zwei Korallenriffen eingekeilt. Man barg einige leicht zugängliche Gegenstände.

Am Kartentisch markierte Cropp die richtige Position des Wracks. Es lag elf nautische Meilen nördlich der Insel Raine. Demnach hatte sich die Britische Admiralität um drei Meilen geirrt. Nun gab Ben per Funk seinen Fund bekannt. Es dauerte nicht lang, da kreuzten Boote und Wasserflugzeuge der Royal Australian Air Force auf. Später stießen Taucher aus Cairns und Brisbane hinzu. Über Funk traf der Befehl ein, daß alle Aktivitäten am Wrack einzustellen seien. Zuwiderhandlungen würden Strafen zur Folge haben. Nanu, fragte sich Ben erstaunt, was wird denn da ausgeheckt?

Seine sensationelle Meldung hatte in Regierungskreisen in Sydney hektische Betriebsamkeit ausgelöst. Die *Pandora* wurde zur »nationalen Sache« erklärt, um so erst einmal private Initiative zu unterbinden. Im Eiltempo passierte ein neues Gesetz das Parlament, das die *Pandora* unter die Obhut des Staates stellte. Kultur- und Innenministerium reagierten prompt und verweigerten Ben jeden weiteren Tauchgang. Seine ersten Bergungen wurden registriert, aber für unerheblich eingestuft. Ben durfte Musketen und Kanonenkugeln, etwas Prozellan, Schatullen, einige Ballastblöcke aus Eisen behalten.

Schwer enttäuscht segelte er einige Tage später davon, nach Norden, neuen Tauchgründen entgegen. In Sydney ließen sich die Kulturhüter nun Zeit. Die neue Lage des Wracks wurde vermerkt, und erst 1983 befaßte sich ein Team mit der Bergung der *Pandora*. Die maritime archäologische Abteilung des Museums von Queensland organisierte drei jeweils achtwöchige Bergungsexpeditionen. Daß man den Entdecker der *Pandora* und den Experten für Seewracks nicht aufforderte, dabei zu sein, kränkte Ben doch sehr.

Im Queensland-Museum von Brisbane sind heute eine Reihe interessanter Artefakte aus dem Rumpf der *Pandora* zu besichtigen. Bemerkenswert sind medizinische Instrumente des Schiffsarztes Dr. George Hamilton. Der Arzt war nebenbei Chronist an Bord der Fregatte *Pandora*.

Es wurde ein zusätzlicher Anker entdeckt, und die Experten nahmen an, daß es sich um einen der fünf *Bounty*-Anker handelte, dessen Tau in der Nacht des 6. Februars 1789 gekappt wurde. Ob durch Sabotage von Leuten aus Blighs Mannschaft, die auf Tahiti bleiben wollten, oder versuchten Diebstahl der Insulaner, wurde nie geklärt. Zumindest löste der Vorfall bei Kapitän Bligh einen seiner gefürchteten Wutanfälle aus. Ob der Anker wirklich verlorenging ist unwahrscheinlich, da das genau geführte Logbuch Blighs nichts über einen solchen Verlust erwähnt. Auch die Spekulation, den Anker hätte der Meuterer Fletcher Christian gekappt, als er nach der Meuterei und seiner zweiten Landung vor Tahiti mit Inselschönen unauffällig bei Nacht und Nebel in See stieß, ist gewagt. Dieser Anker nämlich soll in den sechziger Jahren in der Matavai-Bucht Tahitis geborgen worden sein und im Auckland War Memorial Museum von Neuseeland liegen. Immerhin, Edward Edwards, Kapitän der *Pandora* hatte einen Anker an Bord, der nicht zu seinem Schiff gehörte. Wie nun dieser 12 Fuß große *Bounty*-Stockanker zwei Jahre später auf das Kriegsschiff geraten war, wird wohl ein weiteres Rätsel in der bis heute mysteriösen *Bounty*-Story bleiben.

Dann wurden die Pumpen geborgen, mit denen die Männer der *Pandora* in der Katastrophennacht um ihr Leben pumpten. Viele weitere Kanonen und Kanonenkugeln sahen wieder Tageslicht. Andere Gegenstände gestatteten Historikern einen wichtigen Einblick in die damalige Ausrüstung britischer Kriegsschiffe. Es stellte sich heraus, daß die *Pandora* im Vergleich zu den Expeditionsschiffen Cooks und Blighs hervorragend ausgerüstet worden war. Als die Kapitäns-Kajüte durchsucht wurde, entdeckten die Taucher eine Kuriosität: In einer wasserdichten Schatulle lag aufgerollt der Hinweis der Admiralität, das auf Kapitän Edwards in London eine Prämie über 200 Pfund warte, wenn seine Mission einen erfolgreichen Abschluß fände. Die Summe stellte in damaliger Zeit ein Vermögen dar.

Da die finanziellen Mittel für eine vorsichtige und fachgerechte Bergung des Wracks nur sehr langsam flossen, zogen sich die Arbeiten bis 1986 hin, fanden aber mit einer höchst erstaunlichen Entdeckung ihren Abschluß: Achtern im Rumpf wurde das Skelett eines Menschen gefunden. Nur eines? fragten sich die Experten. Wenn es sich um einen angeketteten Meuterer gehandelt haben sollte, so hieß es doch, daß auf der *Pandora* zur Zeit der Seenot mehrere Männer in Ketten lagen. Nach Dr. Hamiltons Tagebuch wurden alle in letzter Sekunde aus den Eisen geschlossen. Eine andere Quelle sagt, daß der Rüstmeistermaat in der Aufregung Thomas Burkitt und Henry Hillbrandt nicht mehr von den Handschellen befreien konnte. Dennoch wurde Burkitt wie durch ein Wunder gerettet, während Hillbrandt und drei weitere Meuterer ertranken. Fanden sie außerhalb des Schiffes den Tod oder gar in der Zelle? Wo also befinden sich ihre Skelette?

18

»Hänge deinen Träumen nicht nach - erfülle sie dir!«

(Ben Cropp)

Port Douglas, Queensland, Australien, im Juni 1991

Das Museum

An einem strahlenden Julitag befahre ich den Captain Cook Highway in südlicher Richtung. Vor mir befindet sich Port Douglas, hinter mir liegen Wochen im Outback Australiens: Cape York mit dem Blick auf Thursday Island, über die Torres Street und die Endeavour Street. Auf der anderen Seite ahnte ich Papua Neuguinea. Die Insel liegt kaum mehr als 100 km nördlich. Viele Schiffshavarien haben die Halbinsel Cape York und das vorgelagerte Riff früh bekannt, mehr noch berüchtigt gemacht. Dennoch ist der Landzipfel von Europäern kaum besiedelt. Er gilt als »last frontier« des Kontinents. Zwischen Crystal und Palm Creek leben die Aborigines fast wie in glücklicher Zeit. Südlicher folgen die wilde Sir William Thompson Range, der feine ewige Staub der Developmental Road und die uralten Felszeichnungen von Laura. All das ist trockenes, - selbst im Winter - heißes Australien, getaucht in gleißendes Sonnenlicht. Das Licht ist immer intensiv und grell in diesem Erdteil! Weiter südlich schließen sich Eukalyptushaine an, die allmählich in Farmland, dann in grün wogende Zuckerrohrplantagen übergehen. Zur Küste hin verfilzt das Kulturland in subtropischen Regenwald. Dicht, sumpfig, von geheimnisvollen Geräuschen gefüllt ist dieser Wald. An den Flußufern werden Mangroven von kapitalen Krokodilen belauert. Mein ramponiertes Fahrzeug blieb in Schlammlöchern und Flüßchen stecken und im Bloomfield River glaubte ich, es aufgeben zu müssen. Müde, durchgeschüttelte Knochen legte ich in Backpacker-Herbergen nieder, mit so abenteuerlichen Namen wie »Jungle Lodge« oder »Crocodylus«. Alles war schön und aufregend, aber was mich wirklich faszinierte, waren die vielen historischen Spuren großer Seefahrer. Wenn ich am Strand über den Pazifik schaute, hatte ich das gewaltige Riff vor mir. Am Korallengebirge brach sich fern draußen donnernd die Brandung. Ich konnte die Urgewalten als schmales, weißes Schaumband am Horizont ahnen. Zu meinen Füßen war die See harmlos und lief in kleinen gurgelnden Wellen auf. Man wurde an eine Lagune erinnert, hatte den Eindruck, geschützt hinter einem Wehr zu stehen. Jenseits des Walls und im Gewirr gefährlicher Kalkfelsen stellte ich mir die leckgeschlagene *Endeavour* Kapitän Cooks vor, bangte mit Bligh in seiner übervollen Barkasse oder hatte den Untergang der *Pandora* vor Augen. All diese Ereignisse finden im Riff ihre unvergessene Würdigung in den schlichten Hinweisen: »Cook's Passage«, »Bligh Boat Entrance«, »*Pandora* Entrance«...

In Cooktown stieg ich zum Leuchtturm, dem Grassy Hill Light House, hinauf. An dieser Stelle hatte Cook über die See geschaut, in der Hoffnung, eine Passage durch das Riff ins offene Meer hinaus zu finden. Zuvor, am 10. Juni 1770, war er mit der *Endeavour* aufgelaufen und mußte sein Schiff am Festland reparieren. Als er das Riff glücklich durchfahren hatte, entschied er sich für eine geschützte Bucht, nördlich meines Standorts, in die ein Flüßchen mündet. So ließen sich neben den Reparaturarbeiten auch die Süßwasserreserven auffüllen. Der unfreiwillige Ankerplatz wurde das spätere Cooktown, doch das Flüßchen nannte bereits der Kapitän Endeavour River (Fluß der Bemühungen). Cooks Zwangsaufenthalt dauerte 48 Tage. Die Besiedlung der Gegend durch Europäer erfolgte 1873 während des Goldrauschs am nahen Palmer River. Cooktown zählte zeitweise 40 000 Einwohner. Heute ist der Ort klein, verschlafen, zehrt mit kaum 600 Bewohnern von Touristen und von seiner Geschichte, die sich im »Cook Historical Museum« nachvollziehen läßt. Das Museum ist ein großes weißes Gebäude in der Helen Street. Keine geringere als Königin Elisabeth II. von England hatte dieses Museum 1970, zum 200. Jahrestag von Cooks Landung, persönlich eröffnet. Ich blieb einen ganzen Tag in den Räumen und studierte alle Exponate. Verweilte vor aufgeschlagenen Geschichtsbüchern und alten angefressenen Seekarten großer Seeleute. Im ersten Stock befindet sich ein kleinerer Raum mit einem Balkon, und von dort aus kann man über den Ort auf die Bucht schauen.

Der Blick ist so schön, daß ich fast die kleine Vitrine übersehen hätte, in der zwei Eisenkugeln lagen, und unter diesen las ich auf einem kleinen Kärtchen in Schreibmaschinenschrift: »Kanonenkugeln des Schiffes *Porpoise*. Matthew Flinders, der erste Umsegler Australiens, fuhr auf der *Porpoise* via Torres Street nach England. Am 17. August 1803 rammte die *Porpoise* das Große Barriere-Riff im Nordabschnitt. Geborgen und dem Museum vermacht: Ben Cropp, Taucher und Kameramann. Port Douglas...« Ich stutzte, als ich den Namen las und beschloß, der Sache auf den Grund zu gehen...

Ich verlasse jetzt die Hauptstraße und biege mit dem Wagen links ab, dem Hinweisschild »Port Douglas« folgend. Die breite Asphaltstraße führt durch ein parkähnliches Gelände und ist von Dattelpalmen eingerahmt. Später erfahre ich, daß die Palmenallee der Stolz des Ortes ist und 2000 Bäume zählt, zum Stückpreis von umgerechnet 3000 Mark. Port Douglas ist ein von Touristen sehr geschätzter Ort. Er liegt am Ende einer Landzunge. Die riesigen Zuckerrohrfelder von Queensland enden am Captain Cook Highway vor dem Ort. Fast parallel zur Palmenallee verläuft der »Four Mile Beach«, ein schier endloser, herrlicher Sandstrand. Und die Attraktion des Ortes ist, daß das Große Barriere-Riff nirgends näher an das Festland heranreicht als hier. Ich halte an einer Telefonzelle, suche im Buch einen Namen und die Telefonnummer dazu, dann wähle ich. Keine Verbindung. Ich fahre in den Ort hinein, parke den Wagen unter einer mächtigen Tamariske in der Murphy Street und beschließe, zum Strand zu gehen. Es ist früher Nachmittag und recht heiß. Der Strand fast menschenleer. Im Westen der Landzunge haben sich schwarze zerklüftete Felsen aufgetürmt, die bis ins Meer reichen. Handgroße Gespensterkrabben huschen im Gestein umher. Ein Angler hält geduldig seine Rute über dem Wasser. Er mag Mitte dreißig sein, etwas grobschlächtig, trägt ein T-Shirt, kurze Hosen und einen typischen australischen Hut mit breitem Rand auf dem kantigen Schädel.

»Hei«, sage ich.

»Hei«, sagt er, ohne aufzuschauen.

»Kann man hier weiterkommen?«

»Etwas beschwerlich, aber es geht«, meint der Mann.

»Und wo kommt man raus?« frage ich.

»Sie landen bei Ben vor der Tür, auf der anderen Seite von Douglas«, lacht der Angler.

»Ben? Ben Cropp etwa?« frage ich.

»Genau, sein Schuppen steht am Ende der Felsen überm Wasser, nicht zu verfehlen.«

»Guten Fang«, rufe ich dem Mann zu und hüpfe auf den Felskuppen weiter.

Nach kanpp zwei Stunden treten die Felsen zur Seite und gestatten den Blick auf eine große weiße Halle, die auf dicken Pfählen über dem Wasser schwebt. In roten Lettern lese ich: »Don't miss Ben Cropp's Wreck Museum.«

Ich nähere mich vom Hafen her der Halle. Sie ist über einen breiten Steg zu erreichen. Gehe am Museumseingang vorbei über einen langen Holzsteg zum hinteren Bereich des Gebäudes. Eine Klapptür trägt das Schild »private«. Während hinter mir ein weißhaariger Mann mit rotem Kopf einen langen Hals um die Hausecke macht, um zu beobachten, was ich vorhabe, klopfe ich an die Haustüre. Eine Sekunde denke ich: Ob da Ben um die Ecke schielt? - Unmöglich! Der Hallenkomplex ist klar gegliedert: Zwei Drittel Museum, daran schließt sich zu einem Drittel der Wohntrakt an.

»Keiner da!« krächzt die Stimme des Alten. Ich komme zurück und steuere auf den Museumseingang zu. Der Alte ist wieder verschwunden. Taucht dann hinter einem Tresen auf, an dem es Eintrittskarten gibt. »Vier Dollar!« sagt er. Ich luge in die Ausstellungshalle, um festzustellen, ob es sich lohnt. Der Raum ist gut besucht. Ich gebe dem Alten die vier australischen Dollar. »Tragen Sie sich doch ein«, sagt er und deutet auf ein dickes Gästebuch. Neugierig schaut er mir zu. Als ich meinen Namen geschrieben habe, meint er: «Oh, hab mir's fast gedacht, Sie gehör'n zur Familie? Bens Bruder?«

»Nein, nein«, meine ich, »vielleicht ein entfernter Verwandter.«

»Egal«, sagt der Alte, grinst freundlich und stellt sich mit Bob Ottway vor. »Ich führ' Ben das Museum. Schätze, daß er in 'ner Stunde wieder da ist. - Außerdem sind Sie Gast des Hauses.« Damit schiebt er mir das Geld zurück. Dann muß sich Bob neuen Besuchern widmen.

Ich betrete die Halle, sie ist mit Ankern, Netzen, großen Vasen, Porzellan, Sextanten, allerlei Bildern und Zeitungsartikeln angefüllt. Alle von Ben geborgenen Wrackteile haben eine Ecke, eine Geschichte, eine Legende. An der Seitenwand läuft ein Videorekorder mit seinen neuesten Filmen. Meine Augen bleiben an einem Schiffsmodell hängen, das den Namen *Pandora* trägt. Darunter liegen Kanonenkugeln, zerbrochenes Geschirr, Ballastblöcke aus Eisen, alte Schriftstücke und ein Dutzend Bleikugeln von Musketen. »1977 aus dem Wrack der *Pandora* geborgen«, lese ich. Daneben stehen Exponate aus Cooks *Endeavour*. Wie er dazu kam, ist nicht festgehalten worden.

Auch eine Menge Wrackteile von Schiffen und Flugzeugen aus dem Zweiten Weltkrieg kann man betrachten.

Nun gelange ich einige Treppen abwärts in einen halbdunklen Nebenraum, der geschickt wie das Innere eines Wracks dekoriert wurde. Das Wrack wirkt, als ruhe es auf dem Meeresgrund. Über das mit Seepocken überzogene Oberdeck erreiche ich eine schwarze kleine Kajüte und schaue durch eine Luke: An feinen Drähten hängt ein komplettes Skelett. Schädel und Brustkorb leuchten kalkweiß im Licht eines Strahlers. Neben dem Knochengerüst: Reste von Planken, eine Flasche und Meersand. Das Skelett eines *Bounty*-Meuterers? Ein Skelett aus der *Pandora*? Die Handgelenke tragen Eisen. Ich lehne mich vor, um das Skelett zu untersuchen. Am liebsten wäre ich in die Kajüte gekrochen... Da legt sich eine feste Hand auf meine Schulter. »Don't touch the exponats!« sagt eine Stimme. Ich drehe mich um, schaue in das leicht verwitterte Gesicht eines gleichgroßen Mannes um die fünfzig. Im fahlen Licht erkenne ich, daß er einen Goldring im Ohr trägt und am Hals einen großen Haifischzahn. »Ben?« frage ich.

»Ja«, sagt er. Wir begrüßen uns. »Komm rauf«, sagt Ben, »Bob hat mir erzählt, daß da so ein komischer Typ auf mich wartet.« Dabei lacht er breit.

Ein Abenteurer aus dem Bilderbuch, denke ich, als er barfuß, in Shorts und kurzärmeligem Hemd vor mir auf dem Steg zur Wohnung geht. Kein Gramm zuviel an dem Burschen, und seine Muskeln sind nicht ohne. Der muß noch topfit sein. Neben dem Steg hatte jetzt eine Jacht festgemacht. Ein Motorkatamaran mit zwei schneeweißen Decks. Am Heck steht *Freedom*. Ich taxiere das Schiff auf gut 500 000 Mark. Vor der Haustür, über dem Wasser, spielen zwei Jungs mit Harpunen. Wir steuern auf eine Veranda mit einer Sitzgruppe über dem Meer zu. Auf einem runden Tisch stehen drei Gläser und drei Flaschen Bier. Wir lassen uns nieder. Nach einer Weile erscheint ein gut aussehender, dunkler Typ von etwa 38 Jahren. »Lynn, meine Frau«, sagt Ben, »und die Burschen da sind meine Jungs.« Lynn setzt sich auf die Stuhllehne ihres Mannes. Im Abendlicht erscheinen beide unverschämt braun. Sie trägt langes schwarzes Haar, hat dunkelbraune Augen und eine gute Figur. Bens volles Haar ist grau wie sein Bart. Seine Augen sind klar, lebhaft und stahlgrau, wie jetzt das Meer. Ich blinzle in die tiefstehende Sonne, die im Begriff ist, in eben diesem stahlgrauen Meer zu versinken.

Wir drei reden miteinander, als würden wir uns seit Jahren kennen. Anfangs geht's um Familiengeschichten und Ahnenforschung. Doch das geben wir bald auf, weil der Urgroßvater nicht bekannt ist, aber von Deutschland aus über England, Neuseeland nach Australien eingewandert sein muß.

Nach der dritten Flasche Power's Bitter wird Lynn müde und verabschiedet sich.

Wir schauen schweigend in die schwarze Nacht. Unter uns schwappt das Meer an die Pfähle.

22

»Eine herrliche Nacht«, sage ich.

»Eine von vielen herrlichen Nächten«, sagt Ben.

Nach einer Weile frage ich gerade heraus: »Sag mal, ist das Skelett aus der *Pandora*?« Ben schaut auf und lächelt vieldeutig. »Wir haben alle unsere Träume und unsere Geheimnisse. Jonny da unten ist mein Geheimnis.« Ich horche auf, einer der in Ketten ertrunkenen Meuterer hieß John (Jonny) Sumner.

Ben erzählt von seiner Tauchfahrt ums nördliche Australien; einem Segeltörn nach Pitcairn, auf die Insel der Meuterer. »Die Reste der *Bounty* vor Pitcairn zu bergen war immer mein Traum«, sagt er. »Aber das war mir nicht gegönnt. Luis Marden aus den USA gelang es 1957, die letzten Zeugen dem Meeresgrund zu entreißen.«

Ich lächele in mich hinein. Kaum ein Seeabenteuer hat die Welt so bewegt wie die Meuterei auf der *Bounty*. Ich war als Kind von den Kontrahenten Bligh und Christian gefesselt, hin- und hergerissen von dem brutalen Kapitän, von dem mutigen Meuterer. Ich kannte jeden Namen der Bounty-Besatzung, und das Schiff war mir vertraut, als wäre ich dort Schiffsjunge gewesen. Ich erzähle es Ben. Ich sage ihm auch, daß es immer mein glühendster Wunsch war, durch die Südsee im Kielwasser der *Bounty* zu segeln. Tahiti, die Gambier-Inseln, Pitcairn zu erleben. Zu erfahren, wie es heute, über 200 Jahre später, dort sein mag.

»Hänge deinen Träumen nicht nach, erfülle sie dir«, sagt Ben in meinen Wortschwall hinein. »Fahre in die Südsee, und du wirst vieles mit anderen Augen sehen. Die Sehnsucht kannst du nur stillen, wenn du da warst. Das ist meine Erfahrung. Ich war vor 20 Jahren dort.«

Wir schweigen.

»Du solltest eine Fahrt mit der *Bounty* machen. Sie liegt im Hafen von Sydney«, sagt Ben auf einmal.

Mit der *Bounty* durch die Südsee, welch' Gedanke, welch' irrer Törn! überlege ich. Von einem Original-Nachbau des Meutererschiffs hatte ich schon gehört. Es soll zu bestimmten Zeiten zwischen Tahiti und den Fidschis kreuzen. »Und jetzt liegt es im Hafen von Sydney?« frage ich nach.

»Hab so was gehört. Die Eigner vertragen sich nicht mehr. Woll'n das Schiff wohl verkaufen. So einen Pott zu unterhalten, muß verdammt teuer sein.«

Mir geht das Schiff nicht mehr aus dem Kopf. Schließlich schlägt sich Ben auf die Knie. »Machen wir Schluß für heute«, sagt er. »Du kannst 'ne Koje auf der *Freedom* beziehen. Und, wenn du Lust hast, fahren wir morgen ans Riff.« Er wirft mir die Schlüssel zu und verschwindet im Haus.

In der Koje liege ich noch lange wach, denke an die *Bounty*, an Tahiti, an den Zauber der Südsee.

Das Riff

Das Great Barrier Reef ist der Welt größtes Korallenriff. Es zieht sich von Gladstone im Süden in nordwestlicher Richtung hinauf bis Papua-Neuguinea. Das ist eine Distanz von fast 2000 Kilometer. Die Entfernung zur Küste beträgt zwischen 20 und 400 Kilometern. Innerhalb des Riffs wimmelt es von meist unbewohnten Inseln, Korallen- oder Lava-Eilanden. Irgend jemand hat sie einmal gezählt und kam auf rund 300 Lava- und 100 Korallen-Inselchen. 2500 bedeutende Riffpositionen erhielten einen Namen.

Die bizarre Riffarchitektur ist das Werk winziger polypenartiger Lebewesen, die Kalk absondern. Das geschieht seit rund 30 Millionen Jahren, denn so alt ist das Riff. Ideale Wasserbedingungen - was Temperatur, Strömung, Salzgehalt, Licht, Sauerstoff oder gelöste Mineralien angeht - haben dieses natürliche Kalkgebirge aus etwa 320 verschiedenen Korallenarten wachsen lassen. Die Farbskala reicht von weiß über grau bis zur leuchtend roten Schmuckkoralle. In und an den labyrinthartigen Kalkmassiven aus Gängen, Nischen, Grotten, Höhlen, Domen, Furchen, Schächten, Stollen tummelt sich eine buntschillernde Meeresflora und -fauna, deren faszinierendes Kaleidoskop dem Taucher den Atem verschlägt. Berauschend schön ist das Riff, aber auch gefährlich für den neugierig arglosen Schnorchler oder Taucher, den es reizt, alles zu betatschen: Sea-Whasps (Quallen), unscheinbare Stone-Fishs, giftige Seeschlangen, bunte Kegel-Muscheln, Rotrock-Dorsche oder Kuhschwanz-Rochen und hungrige Haie sind nur einige Vertreter, die nach dem Leben trachten.

Wir gleiten in die Kühle des Morgens von der Hafenmole und tuckern nach Nordosten, dem Riff zu. Die See ist ruhig. Tiefblaue Flächen werden von hellgrünen Mustern unterbrochen: Untiefen. Einzelne Korallenberge kommen hier bis fast an die Oberfläche. Ein Schiffsrumpf, der sie touchiert, schlägt unweigerlich leck. Auf einmal bäumt sich die *Freedom* auf und prescht mit 50 Knoten über das Wasser. Ihre beiden 500-PS-Motoren können sich austoben, dabei brummen sie wie ein Kampfpanzer. »Am liebsten segel ich mit 'ner Jolle ans Riff«, brüllt Ben gegen den Lärm an, »aber man muß mit der Zeit gehen. Die Japse wollen Komfort, und alles soll schnell gehen.«

»Japaner?« frage ich.

»Neben Amis sind die Japse meine Hauptauftraggeber. Sie bestellen Filme, die morgen fertig sein sollen, oder chartern mich mit der *Freedom* für Tauch- und Angelausflüge.«

Ben sitzt oben am Steuerrad, läßt sich den Fahrtwind um die Nase wehen und lenkt mit den Füßen. Nach einiger Zeit nimmt er etwas Gas weg und beobachtet den Video Sounder, der auf dem Monitor die Wassertiefe und die Struktur des Meeresbodens sichtbar macht. Jetzt stoppt Ben die Maschinen und fährt eine Schleife. »Hier ist es«, sagt er und tippt auf den kleinen Bildschirm, »direkt unter uns liegt das Wrack eines Mitchelbombers, der im Zweiten Weltkrieg wegen Spritmangel abstürzte. Wenn ich Zeit habe, schaue ich mir die Mühle mal genauer an.«

120 Fuß Wassertiefe gibt der Sounder an. Für mich sieht die Unregelmäßigkeit am Meeresboden wie ein Felsen oder eine Korallenbank aus.

Wir brausen weiter, vorbei an palmenbestückten Inseln, über blaßgrüne Flächen, deren Korallen nah an die Oberfläche gewachsen sind. Gegen zehn Uhr haben wir eine Stelle erreicht, die Ben zu gefallen scheint. Wir werfen Anker. Lynn versorgt uns mit Getränken und Lunchpaketen. Dann begeben wir uns aufs Achterdeck zu den Kindern und angeln gemeinsam. Karpfengroße Burschen in den Farben Rot und Grau beißen wie toll.

»Schmecken alle hervorragend«, meint Ben, als er wieder einen vom Haken nimmt. Als zwei Plastikeimer voll Fisch sind, meint Lynn: »Es reicht, mehr können wir in den nächsten Tagen nicht essen.«

Ben macht sich an verschiedenen Kisten zu schaffen, wirft Flossen, Brillen, Tauchermesser heraus und sagt: »Woll'n wir mal zum sportlichen Teil des Tages kommen.«

Jetzt hievt er zwei 10-Liter-Flaschen aus einer Kammer.

»Tauchen kannst du doch, oder?« fragt er.

»Bin ein paar Mal auf 10, 15 Metern gewesen, ist aber lange her.«

»Okay, ich geh nicht tief.«

Als wir unser Geschirr umgelegt haben, meint er:

»Du schwimmst dicht hinter mir. Und nur anfassen, was ich dir in die Hand gebe. Keine Panik, wenn wir Haien begegnen!« Ben setzt das Mundstück ein, hält seine Kamera mit montiertem Blitzgerät vor die Brust und läßt sich rückwärts von Bord fallen. Ich folge ihm. Das Wasser ist herrlich klar und warm. Ben steuert auf einen Riffberg zu, der isoliert aus schwarzer Tiefe emporragt. Mit ruhigen Flossenschlägen schwimmt er mir davon. Als er sich umdreht, gebe ich Zeichen, daß er langsamer werden soll. Acht Meter tief schwimmen wir. Schmerzend lastet der Wasserdruck auf meinen Ohren. Dann gelingt mir der Ausgleich, der Druck verschwindet.

Wir erreichen die Riffwand und befinden uns augenblicklich in einer Orgie von Farben, Formen und Leben. Ein Schwarm bunter Fische umgibt uns wie eine Wolke. Ein grimmig anmutender Fisch mit Stachelflossen, vielleicht einen Meter lang, schiebt sich neugierig von der Seite heran. Einem fliegenden Teppich gleich schwebt ein Rochen unter uns dahin. So habe ich mir das Unterwasserparadies vorgestellt. Ben drückt mir ein gurkenähnliches Gebilde in die Hand, dessen Haut sich wie Leder anfaßt. Aus dem Hinterteil schießen plötzlich gelbe Tentakel und legen sich wie klebriger Gummi um meine Hand. Jetzt schweben wir über einer riesigen Muschel. Auf Beute lauernd hat sie ihre Hälften aufgeklappt. Ben berührt sie mit der Flosse. Die schweren Kalkhälften klappen zu. Was dazwischengerät, wird nicht mehr losgelassen. Diese Muschel wiegt mit Sicherheit über zwei Zentner. Von weither, aus milchigem Dunst, gleiten zwei Haie auf uns zu. Ben hat mich aufmerksam gemacht. Es sind junge Silver-tip-Sharks, etwa 1,50 m lang. Ich bleibe dicht hinter Ben, und der schwimmt direkt auf die beiden Räuber zu... endlich drehen sie ab.

Nun erscheinen Katzenhaie, unbekümmert, als wollen sie mit uns spielen. Als ich mich einmal umdrehe, schaue ich in die starren kalten Augen eines verdammt großen

Hais. Er muß uns schon eine Weile gefolgt sein. Wie ich scheint auch er sich erschrocken zu haben und peitscht mit der Schwanzflosse. Die Lotsenfische unter seinem Maul streben davon. Sein Maul ist leicht geöffnet. Eine Zahnreihe wächst ihm aus dem Rachen und über die Unterlippe hinaus. Den Rücken ziert ein großes Dreieck wie ein Markenzeichen. Seine Eleganz ist vollendet. Den Hai umgibt eine Aura von Ruhe und Gelassenheit, von Erfahrung und Würde. Jede Bewegung ist majestätisch, der Schlag mit der Flosse, die Bewegung des Kopfes. Sein Leib teilt das Wasser, er schwebt durch den Raum wie eine Sonde. Ein schaurig schönes Tier, eine Kreatur mit angeborener Überlegenheit...

Ben hatte sich umgeschaut und die Situation erfaßt. Macht eine Rolle und schwimmt mit vorgehaltener Kamera dem Tier entgegen. Blitzt zwei, drei Mal. Der Hai verschwindet. Ich ziehe den Sauerstoff heftig in die Lungen.

Vorbei ist das beschauliche Bestaunen der fremden Welt. Dahin die naive Neugierde. Wir tauchen erst eine halbe Stunde, und ich erkenne, daß meine Flasche fast leer ist. Angst läßt hyperventilieren und erhöht den Sauerstoffverbrauch. Meine Zehnliterflasche habe ich gleich verbraucht. Normalerweise reicht sie eine Tauchstunde.

Wieder an Bord frage ich: »Was war das für ein Hai?« »Ein weißer, im Riff sieht man sie selten, davor schon häufiger.«

Ben versetzt die *Freedom* an ein Riff, dessen Oberfläche je nach Wellengang aus dem Wasser ragt. Jetzt stürzt sich die ganze Familie mit Masken und Schnorcheln in die Fluten. Wir tummeln uns den ganzen Nachmittag im Wasser, und Ben gibt mir einen kleinen Einblick in professionelles Tauchen. Mühelos steigt er auf 20 Meter ab, hält vier Minuten die Luft an oder legt in fünf Meter Tiefe eine Strecke von 100 Metern zurück. Als ich ziemlich ausgelaugt an Deck mein Bier trinke, erzählt Ben, daß er morgen hinüber ins Gebiet des »Great Barrier Reef Marine Park« fahren wird, um Aufnahmen von Seekühen zu machen. Er hat einen Film in Arbeit, den er »Die sanften Monster« nennt. Ich könne gern mitkommen. Ein verlockendes Angebot! Es fällt mir schwer, abzusagen. Doch ich muß meinen Traum verwirklichen und auf dem schnellsten Weg Sydney erreichen, in der Hoffnung, mit der *Bounty* in See stechen zu können.

»An diesem Tage sah ich mich genötigt, den Matrosen Matthew Quintal wegen ungebührlichen, widersetzlichen Betragens mit zwei Dutzend Hieben zu bestrafen.«

(Kapitän W. Bligh)

Deptford, England 1787

Die *Bounty* und ihre Crew

Das Schiff

Ein Dreimaster (Art Vollschiff mit Eichenholzrumpf). Er hieß ursprünglich *Bethia* und hatte mehrere Jahre als Handelsschiff gedient. Der Rahsegler war 1787 von der Admiralität für die sogenannte »Brotfrucht-Expedition« erworben und umgebaut worden. Die Masten waren zwischen 14 und 18 m hoch. Vom Klüver vorn bis zum Gieksegel achtern konnte der Wind 14 Segel mit einer Fläche von rund 600 qm blähen.

Die Länge betrug 28 und die Breite 7,50 m. Als bewaffnetes Transportschiff der britischen Marine war es mit zwei drehbaren Kanonen am Vordeck sowie achtern am Oberdeck mit drehbaren Geschützen und vier Vierpfündern auf Lafetten bestückt. Der Tiefgang maß 3,50 m, die Tragfähigkeit 220 t. Die Maximal-Geschwindigkeit lag bei ca. 8 Knoten. Die Besatzung bestand aus 45 Mann. Als Besonderheit war der Rumpf mit Kupfer beschlagen worden, um das Holz vor Bohrwürmern und Fäulnis zu schützen. Nach der Meuterei und einer längeren Irrfahrt durch die Südsee wurde die *Bounty* absichtlich gegen die Brandungsklippen der Insel Pitcairn gesetzt und angezündet. Sie sank 1790.

Die Besatzung und ihr Schicksal

(Die Altersangaben beziehen sich auf den Zeitpunkt der Meuterei)

William Bligh

Leutnant und Kapitän der *Bounty* mit 33 Jahren. 1790 wurde - wieder in England angekommen - gerichtlich festgestellt, daß ihn keine Schuld traf, was den Verlust seines Schiffs anging. 1791-1792 Rückkehr in den Pazifik. Spitzname: »Breadfruit« Bligh. An den Seeschlachten von Camperdown 1797 und Kopenhagen 1801 teilgenommen. 1806-1808 Governeur von Neusüdwales, Australien; 1814 Vize-Admiral; 1817 in England gestorben.

27

John Fryer

Erster Steuermann, 33 Jahre, loyal, überlebte die Barkassenfahrt; fuhr später als Erster Steuermann weiter in der R.N. (Royal Navy); starb 1817 als Seniorkapitän.

Fletcher Christian

Zweiter Steuermann, auf der *Bounty*-Fahrt von Bligh zum Stellvertreter und Leutnant ernannt worden. 22 Jahre; Anführer der Meuterer. Siedelte mit einem harten Kern von Meuterern auf Pitcairn, wo er 1793 ermordet wurde. (Es gibt Chronisten, die daran zweifeln).

Charles Churchill

Polizeioffizier und 1. Waffenmeister, 28 Jahre; Meuterer, kehrte nach Tahiti zurück, wo er 1790 von Matthew Thompson erschossen wurde.

William Elphinstone

Waffenmeistermaat (Unterleutnant), 36 Jahre, loyal, überlebte die Barkassenfahrt; starb auf der Heimreise in Batavia 1789 an Sumpffieber.

Dr. John Thomas Huggan

»Vater Bacchus« genannt, Schiffsarzt. Starb 1788 auf Tahiti, entweder an einer Fischvergiftung oder laut Blighs Logbuch »an den Folgen seiner Trunksucht«.

Thomas Ledward

Arztmaat (Gehilfe des Schiffsarztes), loyal, überlebte die Barkassenfahrt; kam auf der Heimreise in Ostindien ums Leben.

David Nelson

Botaniker (war von Sir Joseph Banks vorgeschlagen worden), loyal, überlebte die Barkassenfahrt, starb auf der Heimreise in Coupang auf Timor an Sumpffieber 1789.

William Peckover

Kanonier (Konstabler), loyal, überlebte die Barkassenfahrt, kehrte nach England zurück.

John Mills

Kanoniermaat, Meuterer, 39 Jahre, wurde 1793 auf Pitcairn ermordet.

William Cole

Oberbootsmann, loyal, überlebte die Barkassenfahrt; kehrte nach England zurück.

James Morrison

Oberbootsmannsmaat, 27 Jahre, wurde auf Tahiti aufgegriffen; als Meuterer vor Gericht gestellt und verurteilt, dann aber begnadigt: 1792. Diente hernach der Royal Navy als Kanonier und starb 1807.

William Purcell

Schiffszimmermann, loyal, überlebte die Barkassenfahrt; kehrte nach England zurück, starb 1834 als letzter Überlebender der *Bounty*-Crew.

Charles Norman

Zimmermannsmaat, 24 Jahre, wurde gegen seinen Willen auf der *Bounty* gehalten. Auf Tahiti gefangengenommen, als Meuterer vor Gericht gestellt, jedoch freigesprochen worden: 1792.

Thomas McIntosh

Zimmermannsgehilfe, 25 Jahre alt, wurde gegen seinen Willen auf der *Bounty* gehalten. Auf Tahiti gefangengenommen, als Meuterer vor Gericht gestellt, jedoch freigesprochen worden: 1792.

Joseph (Josiah) Coleman

2. Waffenmeister (Büchsenmacher), 36 Jahre, wurde gegen seinen Willen auf der *Bounty* gehalten. Auf Tahiti gefangengenommen, als Meuterer vor Gericht gestellt, jedoch freigesprochen worden: 1792.

Peter Heywood

Seekadett, 15 Jahre, auf Tahiti gefangengenommen, als Meuterer vor Gericht gestellt und zum Tode verurteilt, dann aber begnadigt worden: 1792. Er wollte 1809 in Plymouth (England) Fletcher Christian auf der Straße erkannt haben. Heywood starb als Seniorkapitän 1831.

Thomas Hayward

Seekadett, 20 Jahre, loyal, überlebte die Barkassenfahrt; kehrte auf der *Pandora* 1791 nach Tahiti zurück, um die Meuterer unter dem Kommando von Kapitän Edwards zu fassen. Hayward stieg bis zum Fregattenkapitän auf und kam Jahre später in einem Taifun ums Leben.

John Hallet

Seekadett, 15 Jahre, loyal, überlebte die Barkassenfahrt; kehrte auf der *Pandora* 1791 nach Tahiti zurück, um die Meuterer unter Edwards zu fassen. Wurde Leutnant auf der *Penelope*, wo er über Bord gespült wurde und ertrank.

Robert Trinkler

Kadett (Bursche), 15 Jahre (der Jüngste an Bord, Schwager von John Fryer), überlebte die Barkassenfahrt; kehrte nach England zurück, stieg bis zum Fregattenkapitän der Royal Navy auf.

Edward Young

Seekadett, 21 Jahre, Meuterer; starb 1800 auf Pitcairn an Asthma.

George Stewart

Seekadett, wurde auf der *Bounty*-Fahrt zum Maat befördert, 21 Jahre alt. Meuterer; wurde auf Tahiti festgenommen, beim Untergang der *Pandora* 1791 ertrunken.

John Norton

Steuermann (Quartiermeister), 34 Jahre, loyal, zu Beginn der Barkassenfahrt 1789 von Kannibalen auf Tofua getötet worden.

Peter Linkletter

Steuermann (Quartiermeister), 30 Jahre, loyal, überlebte die Barkassenfahrt; starb in Batavia 1789 an Sumpffieber.

George Simpson

Steuermannsmaat (Quartiermeistermaat), 27 Jahre, loyal, überlebte die Barkassenfahrt; kehrte nach England zurück.

Lawrence Lebogue

Segelmacher, 40 Jahre, loyal, überlebte die Barkassenfahrt; kehrte nach England zurück und segelte mit William Bligh (1791-1793) wieder in den Pazifik.

John Samuel

Schiffsschreiber und Proviantmeister, 26 Jahre, loyal und ergeben, überlebte die Barkassenfahrt. Setzte seinen Dienst bei der Royal Navy fort, wurde schließlich Zahlmeister.

Robert Lamb

Metzger, 21 Jahre, loyal, überlebte die Barkassenfahrt; starb auf der Rückreise nach England auf einem Segelschiff.

William Brown

Gärtner (Assistent des Botanikers), 25 Jahre, Meuterer, wurde auf Pitcairn 1793 ermordet.

John Smith

Koch (Smutje), 36 Jahre, loyal, überlebte die Barkassenfahrt; kehrte nach England zurück und segelte mit William Bligh (1791-1793) wieder in den Pazifik.

Thomas Hall

Koch (Smutje), 38 Jahre, loyal, überlebte die Barkassenfahrt; starb 1789 in Batavia an Sumpffieber.

Thomas Burkitt

Vollmatrose, 25 Jahre, Meuterer, auf Tahiti festgenommen, in England zum Tode verurteilt und 1792 an Bord der *Brunswick* gehängt worden.

Matthew Quintal

Vollmatrose, 21 Jahre (ein Amerikaner aus Philadelphia), Meuterer, auf Pitcairn 1799 ermordet worden.

John (Jonny) Sumner

Vollmatrose, 22 Jahre, Meuterer, auf Tahiti gefangengenommen; ertrank beim Untergang der *Pandora* 1791.

John Millward

Vollmatrose, 21 Jahre; Meuterer, auf Tahiti festgenommen, in England zum Tode verurteilt und 1792 an Bord der *Brunswick* gehängt worden.

William McCoy

Vollmatrose, 23 Jahre, Meuterer, starb 1799 im Delirium (stürzte angetrunken von einer Felswand) auf Pitcairn.

Henry (Heinrich) Hillbrandt

Vollmatrose und Küfer, 24 Jahre, ein Deutscher aus Hannover, Meuterer, wurde auf Tahiti festgenommen, ertrank 1791 beim Untergang der *Pandora*.

Alexander Smith (wirklicher Name: John Adams)

Vollmatrose, 20 Jahre, Meuterer, Totschläger; nahm auf Pitcairn, wie vor der *Bounty*-Fahrt, seinen wirklichen Namen »John Adams« an. »Erretter« der Inselgemeinschaft. Starb auf Pitcairn als letzter der Meuterer 1829.

John Williams

Vollmatrose, 26 Jahre, Meuterer, wurde 1792 auf Pitcairn ermordet.

Isaac Martin

Vollmatrose, 30 Jahre, Meuterer, wurde 1793 auf Pitcairn ermordet.

Richard Skinner

Vollmatrose, 22 Jahre, Meuterer, wurde auf Tahiti festgenommen, ertrank 1791 beim Untergang der *Pandora*.

Matthew Thompson

Vollmatrose, 37 Jahre, Meuterer, kehrte nach der Meuterei nach Tahiti zurück. Nachdem er Insulaner und Charles Churchill erschossen hatte, wurde er 1790 von einem Häuptling erschlagen.

William Muspratt

Vollmatrose und Steward, 27 Jahre, Meuterer, auf Tahiti gefangengenommen, in England verurteilt, jedoch begnadigt worden: 1792.

Michael Byrne

Vollmatrose, wurde gegen seinen Willen auf der *Bounty* gehalten. Auf Tahiti gefangengenommen, in England als Meuterer angeklagt, jedoch freigesprochen worden: 1792.

Thomas Ellison

Schiffsjunge, dann Vollmatrose, 19 Jahre, Meuterer, auf Tahiti gefangengenommen, in England als Meuterer zum Tode verurteilt und 1792 an Bord der *Brunswick* gehängt worden.

James Valentine

Vollmatrose, 28 Jahre alt, verletzte sich an Bord der *Bounty* zu Beginn der Reise so heftig, daß er 1788 an Blutvergiftung starb.

Der Auftrag

Die Aufgabe für Schiff und Mannschaft sollte der Einstieg in ein Kapitel unsterblicher Seegeschichte werden:

An einem Spätsommertag des 16. August 1787 erhielt ein gewisser William Bligh das Kommando über die *Bounty* und die Order für eine ungewöhnliche Expedition. Es sollten Brotfruchtpflanzen (Artocarpus altilis) von Tahiti um die halbe Welt zu den Westindischen Inseln, in die Karibik, transportiert werden. Durch die Brotfrucht, die James Cook als geeignetes Nahrungsmittel in seinen Berichten pries, erhofften sich die Handelshäuser für ihre Sklaven und Plantagenarbeiter eine billige und gute Ernährung.

»Hier (auf Tahiti) wächst das Brot auf den Bäumen..., wer einen Brotfruchtbaum pflanzt, ist für Lebenszeit versorgt«, so James Cook. Für die Durchführung des Projekts machte sich der einflußreiche Sir Joseph Banks (Präsident der Royal Society - Köngliche Gesellschaft der Naturwissenschaften) stark, der, wie Cook, von der Verpflanzung der Brotfruchtbäume überzeugt war. Er hatte den Kapitän 1769 auf der ersten Reise als interessierter und vielversprechender Botaniker begleitet. Die Reise führte damals nach Tahiti, Neuseeland und die australische Ostküste. Banks gewann den Minister Lord Sydney und sogar König George III. als Förderer. Die Britische Admiralität erwarb die *Bethia* für 1950 Pfund Sterling und ließ sie in Deptford für weitere 4456 Pfund für den Transport der Setzlinge umbauen. Ob mit der Umtaufe in *Bounty* (»Wohltat«) die »menschenfreundliche« Mission des Schiffes gemeint war, oder ob der Name eine Huldigung an König George sein sollte, der das Vorhaben finanziell unterstützte, ist nicht bekannt.

Der Umbau vom heruntergekommenen Handelssegler zum schmucken, bewaffneten Transportschiff dauerte mehrere Monate und war sehr teuer, wenn man bedenkt, daß der Kapitän eine Tagesheuer von gerade drei Schillingen erhielt.

Die Wahl William Blighs zum Kapitän erfolgte nicht zufällig. Der damals 32jährige Mann, 1,70 m groß, mit rundlichem, fast schwammigen Gesicht, fuhr schon mit 16 Jahren zur See. Er war der ehrgeizige Sohn eines Zollbeamten aus Plymouth. Die Offiziere lobten früh seine Fähigkeiten in der Navigation und im Zeichnen von Landkarten. Das Talent Bligh wurde 1776 vom berühmten James Cook entdeckt. Er nahm Bligh als Schiffsführer an Bord seiner *Resolution* und übertrug ihm zusätzlich die Aufgaben als Navigator und Kartograph. Die Besatzungen der *Resolution* und der *Discovery*, die ebenfalls an der Forschungsreise beteiligt waren, bescheinigten Bligh enorme technisch-nautische Fertigkeiten. Andererseits zeigten sich bei dem Schiffsführer damals schon menschliche Probleme. Er war unfähig, Freundschaften zu schließen, hatte schlechte Umgangsformen und eine vulgäre Sprache, ein launisches Wesen, verbunden mit einer extremen Empfindlichkeit.

Auf der gemeinsamen Reise wurde Englands Entdecker und Seeheld Cook ermordet, und es gab aus der Crew manche, die Bligh indirekt für seinen Tod verantwortlich machten: In einer kritischen Situation wurde Cook an Land von aufgebrachten Insulanern Hawaiis bedrängt. Nervöse Spannung herrschte an Bord der *Discovery*

Gespannt beobachten Südsee-Insulaner die Ankunft eines europäischen Groß- **33**
seglers. Ein Gemälde von Sir Oswald Brierly, 1860.

Der Stich von
John Webber
(1750 - 1793) zeigt
ein Menschenopfer
auf Tahiti, dem
Kapitän Cook bei-
wohnte. Die Insula-
ner flehten die Hilfe
ihres Kriegsgottes
gegen ein benachbar-
tes Inselvolk an.

Diese Szene junger
Tahitianerinnen
vermittelt die Ruhe
des damaligen Insel-
lebens.

34

oben: Die *HMS Pandora* schlug an Korallenbänken des Großen Barriere Riffs leck und sank. Ein Teil der Besatzung und der Meuterer retteten sich in kleine Beiboote. Eine Zeichnung von Robert Batty nach einer Skizze von Peter Heywood, einem ehemaligen Meuterer.

unten: Das Große Barriere Riff vor der Küste Australiens. Unweit von Port Douglas befinden sich Riff- und Inselketten nahe der Küste.

Aborigines haben
sich auf der Halb-
insel Cape York in
Nordaustralien für
den Tanz bemalt.

oben: Jedes Jahr wird die Landung Kapitän Cooks an der Mündung des Endea **37**
vour Rivers nachgestellt. Wenn die Seeleute in ihren alten Uniformen und
Gewehren wie 1770 an Land gehen, herrscht im nahen Cooktown Volksfeststimmung.
unten: Exponate in Ben Cropps Museum, Port Douglas: Kanonenkugeln, der von
ihm gefundenen Fregatte *Pandora*.

oben: Die gefürchtete »Neunschwänzige Katze«. Sie mag auf so manchem See-
mannsrücken blutige Wunden hinterlassen haben.
unten: Das Skelett eines Ertrunkenen. Doch nicht etwa die Überreste des in den
Fluten umgekommenen Meuteres John Sumner?

oben: Ben Cropp, Taucher, Abenteurer und Naturkundler. Er drehte interessante
Filme über die Tier- und Wasserwelt Australiens, die auch bei uns gesendet
wurden.
oben und unten: Mit Ben am Riff zu tauchen war ein Abenteuer für sich: Nirgends
ist die Unterwasserwelt so herrlich wie im nördlichen Abschnitt des Großen
Barriere Riffs.

40   Kapitän James Cook, der große britische Entdecker und Weltumsegler wurde
1779 von Insulanern auf Hawaii ermordet. Den dramatischen Augenblick hielt
George Carters in seinem Gemälde fest.

und der *Resolution*, mit geladenen Musketen verfolgte die Mannschaft den sich anbahnenden Tumult. Plötzlich wurde das Feuer eröffnet. Die überstürzten Schüsse führten zur Ermordung Cooks. Es war Bligh, der als erster geschossen hatte. Das war um so tragischer, da Bligh in Cook eine Vaterfigur sah.

Trotz der Charakterschwächen war sich die Admiralität einig, daß Bligh der richtige Seemann für die Expedition sei. Nicht zuletzt gehörte auch Sir Joseph zu seinen Fürsprechern.

Die Schiffsführer vergangener Tage sollten keine mitfühlenden Psychologen, sondern konsequente Männer sein, die in erster Linie Ordnung und Disziplin durchzusetzen hatten. Nur so konnten die Aufgaben der Flotte erfüllt werden, deren Mannschaften zu 80 % aus Gesindel, Verbrechern, Abenteurern oder von Preßkommandos zusammengetriebenen Tagedieben bestand. Einmal angeheuert, mußte man auf Schiffen der britischen Marine leben und sterben. Stets hatten die Seeleute die unerbittlichen Gesetze im Nacken: Kleinste Vergehen wurden mit Dutzenden von Schlägen geahndet. Wer einen Vorgesetzten tätlich angriff, wurde »durch die Flotte geprügelt«, bis der Rücken in Fetzen hing und die Rippen heraustraten - das überlebte niemand. Auf Meuterei und Fahnenflucht stand der ehrlose Tod durch den Strang. Jeder halbwegs normale Mensch machte um die Seefahrt einen großen Bogen, es sei denn, er hatte Aussicht, rasch Offizier zu werden.

Bligh wurde für sein Kommando zum Leutnant befördert. Nach erfolgreicher Durchführung des Auftrags winkte ihm das Kapitänspatent und eine Ehrenmedaille in Gold. Die bevorstehende Reise war für ihn eine Herausforderung. In der Aufgabe ging er völlig auf, inspizierte im Dock die Umbauarbeiten, setzte seine Vorstellung zur Technik des Schiffes durch. Zum Beispiel ließ er die Masten etwas kürzen, damit der Rumpf nicht zu sehr gestaucht werden konnte, oder er reduzierte den Ballast von 45 t Eisen auf nur 19 t. Mit Sorgfalt ging er an die Rekrutierung seiner Mannschaft. Bligh hatte die seltene Chance, sich im wesentlichen seine Leute selbst aussuchen zu können und griff dabei sogar auf Freiwillige zurück.

Durch Cooks Expeditionsberichte und Bougainvilles schwärmerisches Reisebuch »Voyage autour du monde« übte das Ziel »Tahiti« einen besonderen Reiz aus. Nicht, daß die einfachen Seeleute Cook oder Bougainville gelesen hätten oder etwas von Tahiti als »das neue Kythera, Insel der Aphrodite« gewußt hätten. Nein, in den Hafenkneipen hatte sich ganz einfach die paradiesisch schöne Inselwelt mit ihren herrlich schamlosen Frauen herumgesprochen.

Sicher täuschte auch Blighs rundliches Äußeres, das eher Güte und Verständnis ausstrahlte, über seinen wahren Charakter hinweg und förderte die Bereitschaft der Seeleute, dabeizusein. So waren die Vorzeichen, daß die Crew ein eingeschworener Haufen werden könnte, gut. Gäbe es da nicht den jähzornigen, unberechenbaren Zyniker, der Untergebene in gefährliche Rage oder in resignierende Verzweiflung trieb.

Eines Tages hielt Bligh das Bewerbungsschreiben eines Fletcher Christian in den Händen. Man kannte sich von einer früheren Reise mit der *Britannia*. Bligh wußte zwar, daß der Bewerber ein erstklassiger Navigator war, schrieb aber bedauernd ab, da er genügend Offiziere verpflichtet hatte. Christian antwortete prompt und bot an, die Arbeit eines Matrosen zu verrichten. Als einziges Privileg wollte er am Offizierstisch mitessen. Bligh war überzeugt, daß er die richtige Einstellung mitbrachte und heuerte ihn als Schiffsmaat an.

Was war nun Fletcher Christian - erst Vertrauter Blighs, dann sein großer Kontrahent - für ein Mensch? Ein kräftiger, 1,75 m großer Mann mit sonnengebräunter Haut und schwarzen Haaren. Zehn Jahre jünger als Bligh. Auch Christian war emotional, sprunghaft, bisweilen jähzornig und manchmal etwas depressiv veranlagt. Aber im Gegensatz zu Bligh beliebt, amüsant und unterhaltend. Sein Charme machte ihn bei Landgängen zum Frauenliebling. Fletcher Christian stammte aus einer vornehmen Familie, dennoch liebte er das rauhe Leben auf See. Auf seinen Reisen nach Indien, Afrika und zu den Westindischen Inseln wurde er stets bestens beurteilt, und er konnte damit rechnen, sehr bald Erster Offizier zu werden. Am Ende seiner ersten großen Fahrt erfuhr Christian vom finanziellen Ruin seiner Mutter. Das traf ihn hart. Er wollte so schnell wie möglich wieder auf große Fahrt gehen und bat Bligh um die Anstellung. Noch wußte er nicht, daß das ein großer Fehler war. Konnte er ahnen, daß Bligh seine finanzielle Abhängigkeit nutzte, um den aus immer noch sehr geachteter Familie stammenden Christian lächerlich zu machen und bloßzustellen?

Auf Empfehlung Sir Joseph Banks' wurden David Nelson und William Brown, der Gärtner, angeheuert. Nelson hatte bereits die letzte Reise Kapitän Cooks als Botaniker mitgemacht.

So wuchs die Crew zur Stärke von 46 Mann, stach aber später nur mit 45 in See, da ein Seemann starb. Am 3. September kam die *Bounty* aus dem Dock, die wichtigsten Umbauarbeiten waren beendet worden. Aber die Zimmerleute hatten noch stramm zu tun. Die große Kapitänskajüte wurde zur Aufnahme der Pflanzen hergerichtet. Bligh blieben eine kleine Schlafstelle und ein Speiseraum. Überhaupt mußte ein jeder mit engsten Verhältnissen vorliebnehmen - was auf der beschwerlichen Reise, die zwei Jahre und länger dauern konnte, nicht einfach war.

Neben üblichen Nahrungsmitteln hatte die *Bounty* Sauerkraut (gegen Skorbut), Suppengallerte, Malzessenz, getrocknetes Malz, Gerste und Weizen an Bord. Kurzum, einen Vorrat für 18 Monate. Der Tag des Auslaufens rückte näher und der Mannschaft wurde die Heuer für zwei Monate im voraus bezahlt.

Stolz inspizierte Bligh sein Schiff. Er war in voller Uniform erschienen. Mit ungewöhnlich schroffer, militärischer Stimme rief er nach Christian. Der erschien eilig. Beide schritten die Steuerbordseite der *Bounty* ab. »Ein kleines Schiff, was? Aber ein gutes!« sagte Bligh. Sie stiegen das Fallreep hinauf und musterten jeden Winkel. Im Rumpf war die Hektik der vergangenen Tage verflogen. Tischler und Zimmerleute hatten ihr Werkzeug zusammengeräumt. Maler und Segelmacher turnten nicht mehr zwischen Midshipmen herum, gescheucht von John Fryer, dem Ersten Steuermann.

Es war noch nicht lange her, da mußte Bligh über Berge von Tauwerk steigen, sich an Ankern vorbeidrücken oder den Kopf an immer neu angeliefertem Material stoßen. Jetzt war alles aufgeräumt, das Tauwerk befand sich da, wo es hingehörte, zu Brassen, Taljen, Webleinen und Schoten verarbeitet. Das stehende Gut glänzte frisch geteert wie schwarzer Lack. Der schönste Raum war für die Pflanzen hergerichtet worden. Er besaß zwei große Oberlichter und Luftklappen. Man hatte einen Boden mit vielen Löchern für die Töpfe eingezogen, um die Schößlinge sicher in die Karibik zu bringen.

Der Mannschaft war soviel Aufwand für die Pflanzen suspekt. Sie gaben ihrem Captain den Spitznamen »Old Breadfruit«. Bligh machte sich nichts daraus. Seine Begeisterung war weniger in der »Operation Gewächshaus« verankert als in Aufgaben, die unbekannten Weiten des Pazifiks zwischen Tahiti und Timor zu erforschen und zu vermessen. Bligh sah sich als Entdecker, der das Werk Kapitän Cooks vollendete. Er trat die Reise im Bewußtsein an, eine historische Mission zu erfüllen.

Die *Bounty* wurde von Deptford an der Themse nach Spithea zu letzten Instruktionen gesegelt. Sonntag früh, am 23. Dezember 1787, verließ sie bei frischem Ostwind England. Man machte gute Fahrt im Kanal. Der Wind frischte auf, an Deck war es eisig kalt. Bligh fürchtete, daß der Wind steifer wurde und befahl, das Groß-Brahmsegel einzuholen. Er stand auf dem Quarterdeck und gab Befehle. Vier Mann enterten die Wanten auf, bezogen ihre Position an der Groß-Bramrah und griffen in nasses, knatterndes Tuch. Ein Matrose rutschte aus dem Fußpferd, fand keinen Halt, und stürzte in die Tiefe. Glücklicherweise konnte er im Fallen das Bramstag ergreifen und sich retten. So etwas durfte nicht passieren! Die Crew hatte noch nicht zueinandergefunden.

»Bei Gott, ich werd' euch noch in eine erstklassige Mannschaft formen!« tönte Bligh.

Kurz nach Weihnachten kämpfte sich die *Bounty* durch einen ausgewachsenen Sturm. Eine Woge brach über dem Schiff und schwemmte einen Vorrat an Stengen und Rahen fort. Dann zerschlug ein Brecher Rettungsboote und das Spiegelheck. Bierfässer gingen über Bord, und die Kombüse stand unter Wasser. Ein großer Teil des Brotvorrats wurde ungenießbar. Im Schiff herrschte ein furchtbares Durcheinander.

Das war für die ersten Wochen zuviel. Die Mannschaft murrte wegen der beengten Verhältnisse und schöpfte Verdacht, daß sich ihr Kapitän an Käse und gutem Pökelfleisch bereicherte. Als Fryer, der Erste Steuermann, die Klage der Mannschaft vorbrachte, ihr würde ungenießbares Fleisch vorgesetzt werden, bekam Bligh seinen ersten furchtbaren Wutanfall. Dabei hagelte es wahre Schimpfkanonaden: »Halunken, Diebesbande, Verschwörung... ich werde euch zähmen!«

In Höhe Teneriffas übergab Bligh Fletcher Christian das Kommando über die dritte Wache und machte ihn zu seinem Stellvertreter im Rang eines Leutnants. Für Fryer war das ein Schlag ins Gesicht. Der Kapitän schien solche Spannungen zu provozieren, um sich daran zu ergötzen. Christian gegenüber verhielt er sich auch nicht wie ein souveräner Vorgesetzter, sondern spielte sich als Gönner auf, der seinen »Schützling« heute zum Abendessen einlud und morgen vor versammelter Mannschaft unflätig beschimpfte. Überhaupt war sein Verhältnis zu Christian höchst in-

indifferent. Einerseits hegte er väterliche Gefühle für seinen »Sohn«, da er »nur« eine Tochter hatte, andererseits versuchte er, ihn durch Schikanen fertigzumachen.

Der lange Törn von Teneriffa bis ans Kap Horn war hart, doch schlimmer die ewigen Zwistigkeiten, in denen der Schreiber John Samuel eine traurige Rolle spielte. Samuel assistierte Bligh als Proviantmeister und reservierte für den Kapitän und sich von allem das Beste. Für die Mannschaft war er der Spion des Kapitäns und entsprechend gehaßt.

Manchmal kam es vor, daß Bligh einen Kadetten, Christian, den Arzt und Fryer zum Essen einlud. Bei solchen Anlässen drehten sich die Gespräche um die Crew, die er als »faule Schurkenbande« bezeichnete. Mit vollem Mund zog er über jeden her. Erkundigte sich nach einem »frechen Hund«, den er tags zuvor auspeitschen ließ, dessen Namen er aber vergessen hatte. Dabei stopfte er wieder in sich hinein. Christian bemerkte, daß Thomas Burkitt, der die neunschwänzige Katze zu spüren bekam, eher durch Güte als durch Hiebe zu bessern sei. Bligh lachte grimmig auf: »Einen schönen Kapitän würden Sie mit solchen Ansichten abgeben! Die Matrosen müssen Angst haben! Ohne Angst und Zucht würde Meuterei und Piraterie an der Tagesordnung sein!«... Und so bestand das gemeinsame Essen stets aus einem Schwall von Drohungen und Beschimpfungen.

Blighs Tagebuch liest sich dagegen, als sorgte sich ein Vater mit großer Güte um seine Schutzbefohlenen. Ein Vater, der nur widerstrebend die Peitsche befahl. Nachdem bereits einige Seeleute lebenslang gezeichnet wurden, heißt es bei Bligh zu Anfang ein einziges Mal auf dem Weg nach Tahiti: »Ich sah mich genötigt, auf die Klage des Obersteuermannes den Matrosen Matthew Quintal wegen ungebührlichen, widersetzlichen Betragens mit zwei Dutzend Hieben zu bestrafen. Bisher hatte ich mich noch nicht in der unangenehmen Notwendigkeit befunden, jemanden an Bord züchtigen zu lassen.« Widersprüche, die für Bligh typisch waren. Wenn er in schlechter Laune seine Leute als Lumpenpack tadelte, so passierte es andererseits, daß er die Crew in drei Wachen einteilte, weil er der Meinung war, daß diese Einteilung die beste sei und ungestörte Ruhe während der Freiwachen die Gesundheit der Mannschaft fördere. Nasse Schlafstellen der Leute machten ihm ernsthafte Sorgen, und er war stolz darauf, daß die Mannschaft körperlich in guter Verfassung und gesund war.

Vor der brasilianischen Küste geriet die *Bounty* in eine mehrtägige Flaute. Man vertrieb sich die Zeit mit Angeln und Fischen und schöpfte Kraft für die Kap-Horn-Umrundung. Die wirklich schweren Tage und Nächte kamen dann Ende März. Der Segler jagte berghohe Wellen empor und rutschte in tiefe Täler. Wassermassen donnerten auf Decksplanken und stürzten in den Schacht des Niederganges. Im Takelwerk wimmerte der Sturm, und unten ächzten die Spanten mit den Pumpen um die Wette. Bligh mußte sich mit einem Tau an den Mast binden lassen, wenn er das Besteck machte. Hart und schwer waren die Segel vom Schnee und die Hände, die das Tauwerk bedienten, klamm und zerschunden. Sie liefen noch immer unter gerefftem Marssegel und Klüver. Bligh wollte nicht Segel kürzen, es sei denn, das

44

Großbramsegel ging in Fetzen. Mitten ins Gebrüll der Wogen ertönte das Signal: »Alle Mann an Deck!« Wie erschöpfte Greise taumelten die Matrosen an die Schoten und Brassen. Zermürbt von der unbarmherzigen See, ausgelaugt vom fauchenden Sturm.

Bligh klammerte sich an die Achterreling. Er wischte sich die Gischt aus dem Gesicht und suchte mit zusammengekniffenen Augen die Kimm an Steuerbord ab. Querab mußte Feuerland liegen. Aber bei dem verteufelten Schneesturm sah er rein gar nichts. »Klar zum Halsen!« brüllte Bligh. »Aye, aye, Sir!«

»Die besten Toppgasten nach oben, Fryer. Ich will auf neuem Kurs die Bramsegel setzen!« John Fryers Augen blitzten wütend, als wollte er sagen, der Alte ist übergeschnappt. Doch er stieß ins Sprachrohr: »Klar auf dem Achterdeck! - Fall ab drei Strich Backbord!« Eine See fegte zwei Männer in die Netze. Wasserspuckend kletterten sie zurück.

»Noch drei Mann an die Leebrassen!« schrie Fryer. Dann: »Ruder Luv!«

Mit kreischenden Blöcken und donnerndem Tuch ging die *Bounty* mit dem Heck durch den Wind. Für einen Moment stand der Segler aufrecht, dann wurde er auf den anderen Bug gedrückt, der Sturm preßte ihn wieder ins Wasser. Nach Blighs Berechnungen befand er sich jetzt kaum 20 sm von Port Desire (Patagonien) entfernt. Einige Tage später brüllte der Ausguck: »Land in Sicht!« aus dem Krähennest. Es war die Küste von Feuerland. Bligh entschied sich, östlich um die Staaten-Inseln zu segeln und danach die Le-Maire-Straße zu passieren.

Verbissen kämpften Schiff und Mannschaft im Nordnordost-Sturm, und es sah aus, als könnte Kap Horn umschifft werden. Eines Nachts wurde es unstet, und dann fauchte ein neuer Sturm von Westen heran, wuchs zum Orkan, der heftiger war als alles, was Bligh vorher erlebt hatte. Segel mußten gerefft werden, und die Pumpen jaulten in kurzen Abständen. Schwere Brecher lösten die Decks. In die Kajüte drang Wasser. Die *Bounty* wurde langsam aber sicher zerlegt. Hinzu kam, daß sie immer mehr an Höhe verlor. Es war wie verhext. Der Orkan trieb Bligh zurück in den Atlantik! Nun machte auch die Mannschaft schlapp. Sie hatte 30 Tage in schwerstem Wetter geschuftet. Unfälle und Krankheiten brachten Ausfälle. Bligh hieß ein Schwein schlachten und Rum austeilen, um seine Leute einigermaßen bei Laune zu halten. Während man unten in Nässe und klammem Zeug Fleisch zur Stärkung briet, umtosten oben Schnee- und Hagelböen die *Bounty*.

Endlich, am 22. April kam der erlösende Befehl: »Kurs Nordost - ans Kap der Guten Hoffnung.« Das Wetter änderte sich bald. In rascher Fahrt segelte die *Bounty* nach Osten. Die Stimmung an Bord besserte sich von Tag zu Tag. Und nun, da die Anspannung von Bligh gewichen war, beherrschten wieder Boshaftigkeit und Ränke sein Gemüt. Der Kapitän schien an Schizophrenie zu leiden. Der Sorge um seine Mannschaft vor Kap Horn waren jetzt, in fast fröhlicher Atmosphäre, Mißgunst, Argwohn und übertriebene Härte getreten. Angesichts äußerer Gefahr bewies sich Bligh als Krisenmanager von Entschlußkraft und Weitsicht. Aber wehe, der Alltag kehrte ein, dann sorgte er für Spannung und Konflikte. Manisch wehrte sich sein

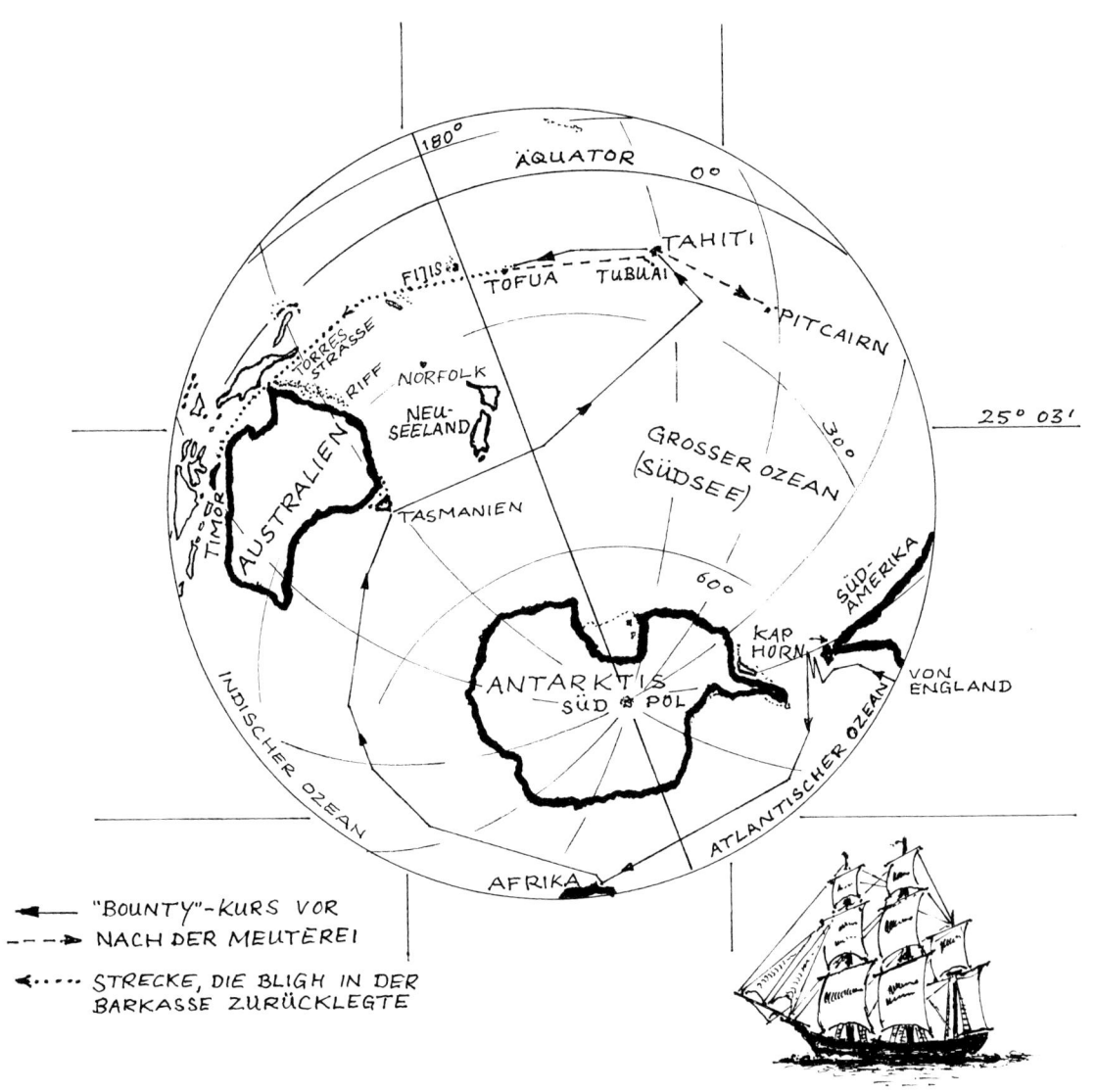

ÄQUATOR
180° 0°
TAHITI
FIJIS TOFUA TUBUAI
PITCAIRN
TORRES STRASSE
RIFF NORFOLK
NEU-SEELAND
25° 03'
GROSSER OZEAN
(SÜDSEE)
30°
AUSTRALIEN
TIMOR
TASMANIEN
60°
SÜD-AMERIKA
KAP HORN
VON ENGLAND
INDISCHER OZEAN
ANTARKTIS
SÜD POL
ATLANTISCHER OZEAN
AFRIKA

◄—— "BOUNTY"-KURS VOR
---► NACH DER MEUTEREI
◄····· STRECKE, DIE BLIGH IN DER
BARKASSE ZURÜCKLEGTE

46

Innerstes gegen die Harmonie seiner Umgebung. So haßte er Eintracht als Verschwörung gegen sich.

Wie hielt es seine reizende Frau Elizabeth mit einem solchen Menschen aus? Nur über die Distanz! Während sie mit ihrer Tochter in England blieb, durchpflügte William die Weltmeere oder versah später seinen glücklosen Dienst als Gouverneur im fernen Neusüdwales (Australien). Bligh, das Talent, das sich zeitlebens im Wege stand.

Ende März ankerte die *Bounty* vor Kapstadt. Das Schiff mußte vom Bug bis zum Heck kalfatert werden, so sehr war es aus dem Leim gegangen. Lecks wurden abgedichtet. Tauwerk, Segel, Rahen und Spieren ausgebessert. Die Rundumerneuerung dauerte fast fünf Monate. Der Törn wurde Ende Juni mit Kurs auf Tasmanien, quer durch den Indischen Ozean, fortgesetzt.

Am 22. August ließ Bligh in der Abenteuerbai vor Van-Diemens-Land (Tasmanien) ankern, um den Holz- und Wasservorrat aufzufrischen. Das Kommando für das Herausschaffen der Güter hatte Fletcher Christian. Im Verlauf einer Streitigkeit über die Qualität von Eukalyptus für Schiffsplanken gerieten sich Bligh und der Zimmermann in die Haare. Am Ende befahl der Kapitän, daß sich William Purcell bei Christian für 14 Tage Haft in Eisen zu melden habe. Überhaupt war der Stopp in der Abenteuerbai geprägt von Hader, Zwist und häßlichen Verdächtigungen: Purcell lag in Eisen, die Offiziere sprachen kein Wort mit Bligh, da der Kapitän verdächtigt wurde, sich am Proviant bereichert zu haben. Der Kadett Edward Young faßte als Strafe ein Dutzend Hiebe mit dem Tampen. Als man endlich die Anker lichtete und bei frischer Brise aus der Bai segelte, war der Spuk erst einmal gebannt. Die Südspitze Neuseelands glitt langsam vorüber, die Tage wurden wärmer und schöner, das Ziel, die Gesellschafts-Inseln mit der Perle Tahiti, konnte nicht mehr fern sein.

Gerade hatte Bligh wieder eine seiner lautstarken Auseinandersetzungen mit John Fryer, als ein Toppgast »Land« meldete. Der Matrose hatte Mehetia, ein winziges Eiland südöstlich von Tahiti, gesichtet. Ungläubig starrte die Mannschaft steuerbords voraus. Sollten die blassen Felskonturen fern an der Kimm Vorboten ihrer Sehnsucht sein?

In der kommenden Nacht schlief kaum jemand, zu groß war die Erwartung. Morgens blähte ein steifer Südwind die Segel, die *Bounty* durchschnitt mit einer weißen Spur das Meer, und dann entstieg ein mächtiger Feuerball dem Horizont: Ein versöhnlicher Tag brach an, ein Südseetag, paradiesisch, als wollte er für alle Mühsal der entbehrungsreichen Fahrt entschädigen. Erregt meldete Alexander Smith vom Topp Umrisse mächtiger Berge. Bligh erschien gut gelaunt auf dem Quarterdeck.

»Dort drüben liegt Tahiti«, sagte er zu Christian, »die Reise war verdammt lang und hart. Aber, bei Gott, wir sind am Ziel und ohne Ausfälle! Eine gute Bilanz, Christian, wenn man bedenkt, daß solche Reisen bis zu 30 % der Mannschaft fordern!«

»Scheint eine schöne Insel zu sein, Sir«, bemerkte Christian.

»Und ob, es gibt keine schönere. Kapitän Cook liebte sie nicht weniger als England.« Die *Bounty* änderte jetzt ihren Kurs und segelte die Nordost-Küste Tahitis in westlicher Richtung ab. Rasch wurde es hell. Am schwarzen Lavastrand sammelten sich immer mehr Insulaner. Sie winkten und eilten zu ihren Booten, die sie behende ins Wasser schoben, um dem Segler entgegenzupaddeln.

Der Botaniker Nelson lehnte an der Reling und genoß den Morgen mit dem herrlichen Panorama: »Seit meiner Fahrt mit Kapitän Cook träumte ich davon, Tahiti einmal wiederzusehen. Und jetzt bin ich hier!« wandte sich Nelson an Thomas Hayward, einen Kadetten.

Wenige hundert Meter vor ihnen brachen sich weiß schäumend die Wellen am Korallenriff. Dahinter lag ruhig die smaragdgrüne See. Kleine und große Kanus zogen ihre Bahnen vor dem Strand. Dann folgte ein sattgrüner Streifen hohen Grases, aus dem die einfachen Hütten der Eingeborenen wie braune Farbtupfer herauslugten. Überragt wurden die Hütten von mächtigen Brotfruchtbäumen und schlanken, hohen Kokospalmen. Am Fuße der Berge hoben sich quadratisch angelegte Anpflanzungen niederer Gewächse ab. Ihr helles Grün verschmolz im Dunkel beschatteter Berge. Welch Kompositionen der Farbe Grün! Welcher Formenreichtum der zackigen, bis zu den Gipfeln bewaldeten Berge! Dann die schwarzen Schluchten, einige zeigten oberhalb silberne Bänder: Wasserfälle, in große Tiefe stürzend.

Die *Bounty* näherte sich Kap Venus. Hier beobachtete James Cook 1769 den Durchgang der Venus durch den Ortsmeridian. Eine kleine Sternwarte, mit hohen Palisaden umgeben, erinnerte jetzt als Fort Venus an das astronomische Ereignis. Es war fast windstill. So schob sich der Großsegler nur langsam an der Küste entlang.

Die Sonne gleißte über der See, aus den Bergschluchten waren die Schatten gewichen. Tahitis mächtige Vulkane zeigten sich in ihrer ganzen Pracht.

Weitere Kanus glitten heran, in ihnen paddelten halbnackte, kupferfarbene Männer mit kräftigen Schlägen. Schnell und lautlos kamen die leichten Boote längsseits. Meist waren es schmale Einbäume mit einem Ausleger und kunstvoll geschnitzten Hecks. Aber es dümpelten auch große Doppelkanus mit 30 Passagieren neben dem Rumpf der *Bounty*. Hatten die Polynesier den Großsegler erreicht, riefen sie die hohe Bordwand hinauf: »Taio? Peritane? Lima?« Sie fragten, ob die Ankömmlinge Freunde seien, aus Britannien oder Lima kämen. »Taio!« rief Bligh, und wieder: »Taio! Peritane!« (Freunde aus Britannien). Das war die Aufforderung. Im Nu enterten die geschmeidigen Insulaner die Bordwand hinauf, mischten sich mit viel Hallo unter die Mannschaft. Die Männer waren durchweg muskulöse, gut gewachsene Gestalten. Einige trugen Stoffröcke und um die Schultern Tücher mit Fransen. Andere waren barbrüstig, und man sah ihre kunstvollen Tätowierungen. Ihre schwarzhaarigen Schädel hatten sie mit braunen Turbanen oder grünen Kappen aus Kokosblättern bedeckt, sogenannten Taumaten. Die Frauen waren im Vergleich zu den Männern klein. Zierlich und schlank nur die jüngeren. Die älteren neigten zur Leibesfülle, darunter gab es richtig feiste Figuren. Selbst ihnen war ein gewisser Liebreiz nicht abzusprechen.

48

Frauen wie Mädchen trugen lange, bunte Röcke, die unter dem Busen verknotet wurden. Eigenartig war das Begrüßungsritual: Dabei wurden die Hände dem Gast auf die Schultern gelegt. Die Nase des Insulaners näherte sich der fremden Wange, berührte und beschnüffelte diese einige Male. Es handelte sich um einen Nasenkuß, den schon Kapitän Cook erwähnte.

Gut hundert Männer und vielleicht 25 Frauen hatten sich eingefunden und ungeniert Kontakte geknüpft. Die Matrosen waren von der Weiblichkeit entzückt. Nur widerwillig kümmerten sie sich um ihre Arbeit an Bord. Das konnte ins Auge gehen. Gerade passierten sie die enge, klippenreiche Durchfahrt am Kap Venus. Der englische Entdecker Tahitis, Kapitän Samuel Wallis, hätte ums Haar sein Schiff an dieser Stelle verloren.

Endlich war es dann soweit. Gegen neun Uhr vormittags rauschten die Ankerketten durch die Klüsen. Die *Bounty* hatte ihren Liegeplatz in der Matavai-Bucht gefunden. Man schrieb den 26. Oktober 1788. William Bligh bemerkte nicht ohne Stolz in seinen Aufzeichnungen: »Die Reise von Tasmanien bis Tahiti dauerte 52 Tage, und von England bis zu diesem Ankerwurf wurden 27068 englischen Meilen zurückgelegt oder umgerechnet alle 24 Stunden 108 sm (200 km) gesegelt. Es gab nur vier Skorbutfälle, und das Schiff hatte sich prächtig gehalten.«

Unterdessen wurde der Trubel an Bord ausgelassener. Es herrschte ohrenbetäubender Lärm. Unterhäuptlinge erschienen mit quiekenden Schweinen und reifen Kokosnüssen und nahmen Gegengeschenke an. Lebhaft erkundigte man sich nach Kapitän Cook, Sir Joseph Banks und anderen, die einst Tahiti besucht hatten. Das Gerücht, Cook sei nicht mehr am Leben, zerstreute Bligh und wies seine Leute an, nichts von der Ermordung des Kapitäns auf Hawaii zu erwähnen.

Bald erschienen Häuptlinge, die Bligh kannten. Die Wiedersehensfreude war groß. Wieder wurden Geschenke als Zeichen der Freundschaft ausgetauscht. Otau, der Vater des großen Eri von Tahiti, war eingetroffen. Dann Oripaia, der Bruder Otaus, und ein Häuptling Poino von Matavai. Zwei Boten überbrachten die Kunde, daß sich König Ofu auf dem Weg zu den Besuchern befände. Für Bligh war es jetzt an der Zeit, einen Landgang zu unternehmen. In Begleitung des Häuptlings Poino und seinem Gefolge bestieg der Kapitän ein Doppelkanu. Kräftige Ruderer brachten das Boot an die Brandung. »A Hoe!« brüllte ein Insulaner am Ruder. »Teie Te Are Rahi!« (Rudert! Jetzt kommt die große Woge).

An Land strömten die Menschen zusammen. Man winkte und rief: »O Parai, o Parai«, (so wurde Bligh genannt) über die See. Das Kanu schoß vor einer Welle dahin, wurde von ihr erfaßt, angehoben, dann an den Strand geschoben. Die Menge packte unter Lachen und lautem Geschrei den Steven und zog das schwere Kanu in den trockenen Sand.

»Wenn du ein Schiff bauen willst, dann trommle nicht Männer zusammen, um Holz zu beschaffen, Aufgaben zu vergeben und die Arbeit zu verteilen, sondern lehre die Männer die Sehnsucht nach dem weiten, endlosen Meer.«

(Antoine de Saint-Exupéry)

Sydney, Australien, Juni 1991

Am Hafen

Ich finde die *Bounty* unten am Circular Quay West. Verlassen dümpelt sie mit ihren Fendern an der Kaimauer. Die Segel ordentlich an den Rahen festgemacht. Es regnet in Strömen, und heftige Böen peitschen ins Gesicht. Ich zurre mein Cape fester und lehne mich an ein eisernes Geländer, das einen Teil des Fährhafens umgibt. Als ich mir den Großsegler »aus alter Zeit« betrachte, kommt ein starkes Gefühl in mir auf. Sicher, es ist »nur« ein Nachbau. Aber ein originalgetreuer, man erkennt die Liebe zum Detail. Mac McGuire, ein kanadischer Schiffsingenieur, studierte die Umbaupläne in London, bevor er die *Bounty* 1978 in Whangrei auf Neuseeland nachbauen ließ.

Das und einiges mehr erfuhr ich vor einer Stunde in der State Library of New South Wales in der Mac Quarie Street. Rein zufällig habe ich in der Nähe der Bücherei ein kleines Hotel bezogen. Das war gleich nach meiner Ankunft in Sydney. Natürlich habe ich erst einmal die Bounty suchen wollen und mich auf den Weg gemacht. Da fiel mir am Eingang des ehrwürdigen Gebäudes ein Hinweis auf: »Exhibition - Mutiny on the Bounty«. Das traf sich ja phantastisch! Im ersten Stock befand sich tatsächlich eine umfangreiche Ausstellung jener Brotfrucht-Expedition mit seltenen Bildern und vielen Exponaten aus Tahiti, England, Australien und Pitcairn. Ich nahm soviel auf wie irgend möglich. Am Ausgang traf ich dann Ed Eyre, der die Ausstellung eingerichtet hatte und mir vieles über die neue *Bounty* erzählen konnte. Es war ein sympathischer Bursche, wir verstanden uns auf Anhieb. Als ich ging, erzählte ich ihm, daß es mein größter Wunsch sei, einmal auf dem Dreimaster zu segeln. Auch er wäre gern dabei, zumal er den Eigner kenne. Ich versprach, wieder vorbeizuschauen. Dummerweise vergaß ich, ihm mein Hotel zu nennen.

Die Schiffsbaukosten betrugen rund 5 Millionen Mark. Ein neuer, damit fünfter »Bounty-Film« sollte die Kosten und außerdem Gewinne einspielen. So jedenfalls kalkulierten die Filmbosse von Columbia und Warner. Als der Segler fertig war, passierte nichts. Und das Projekt sah nach einer gewaltigen Pleite aus... bis schließlich der Film »The Bounty« doch gedreht wurde. Das war 1984, mit Anthony Hopkins

50

als Bligh und Mel Gibson als Fletcher Christian. Roger Donaldson führte Regie. Obgleich die Charaktere der Kontrahenten hervorragend getroffen wurden, war dem Film nur mäßiger Erfolg beschieden. (Anders der auch in Deutschland oft gezeigte Streifen »Meuterei auf der Bounty« von 1962, mit Trevor Howard als Bligh und Marlon Brando als Christian. Dieser eigens von MGM in Auftrag gegebene *Bounty*-Nachbau liegt heute als Museumsschiff im Vinoy Bassin von St. Petersburg in Florida.)

Mit der *Bounty* III, jetzt vor mir, wurde noch ein mehrteiliger Fernsehfilm gedreht, der die Reisen Kapitän Cooks zum Thema hatte. Anfang der achtziger Jahre erwarb ein gewisser Ron Masboury*) mit anderen Geldgebern den Großsegler für gut drei Millionen Mark. Seit dieser Zeit kann das Schiff gechartert werden. Es kreuzt mit einer Stammcrew zahlender aktiver Enthusiasten zwischen Sydney, Neuseeland, Tahiti, Tonga, Fidschi, dann zurück nach Sydney. Auch Pitcairn soll angelaufen werden. Ob es je dazu kommen wird? Im Moment stecken die Eigner der *Bounty* in einer tiefen Krise, hatte mir Ed mit auf den Weg gegeben. Normalerweise wäre das Schiff nämlich 1500 sm nordöstlich im Südpazifik mit Kurs auf Tonga anzutreffen.

Die Krise hat zwei Gründe: Zerwürfnis der Eigner und leere Kassen. Ende Juni soll die *Bounty* versteigert werden. Hier am Circular Quay West in Sydney. Einerseits habe ich Glück, sie überhaupt zu sehen. Andererseits gibt es wenig Hoffnung, mit ihr noch einmal in See zu stechen. (Von Hafenrundfahrten abgesehen.)

Wehmütig betrachte ich den bauchigen Rumpf. Die dunkelbraunen Planken glänzen matt im Regen. Dann die etwas helleren angesetzten Masten, die Rahen, die filigrane, schwarz geteerte Takelage und das Gitterwerk der Wanten. Prächtig muß die *Bounty* unter Segeln aussehen! Mein Herz schlägt höher. Ich stelle mir vor, auf ihren Planken zu stehen, den Fahrtwind im Gesicht und die Gischt auf der Haut zu spüren. Ich rieche das geteerte stehende und laufende Gut, sehe mich als Toppgast in schwindelnder Höhe, fühle das Vibrieren der Spanten, brasse mit schwieligen Händen... Und so in Gedanken auf dem Pazifik, merke ich nicht, wie ich an Land langsam durchnässe und mir die Kälte in die Knochen kriecht.

Dumpfe Stöße einer Schiffssirene bringen mich in die Wirklichkeit zurück. Dieser Kontrast! Hier der Rahsegler aus dem 18. Jahrhundert, dort das betriebsame Ausschwärmen der weißen schnellen Fähren. Modernster Passagierdienst startet aus den Ferry Wharves nach Taronga, Marly, Dee Why hinüber, auf der anderen Seite von Port Jackson und nördlicher.

»Schätze, Sie sind neu hier?« krächzt eine Stimme von der Seite. Links am Geländer steht ein Mann in langem Mantel und Schlapphut. Ein verdammt ramponierter Typ, der in sich hineingrinst. »Richtig - und Sie?« frage ich. Er lacht ein versoffenes Lachen. »Mein Stammplatz!«

Er zupft an seiner Angelschnur. Die Schnur gleitet ihm direkt über den Finger der rechten Hand ins Wasser. Der Mann mit dem triefenden Hut und dem rot verquollenen Gesicht darunter ist kein Angler, das ist ein Berber, ein Landstreicher. Ein fin-

*) Der Name wurde auf Wunsch geändert

51

gerlanger Fisch zappelt jetzt am Haken. Mit steifen, dicken, dazu noch zittrigen Händen nimmt er ihn ab und wirft ihn in eine verbeulte Blechdose. »Für die Möwen«, sagt er.

»Mein Gott«, denke ich.

Sturm und Regen hatten die Passanten verscheucht. Wir sind so ziemlich die einzigen am Hafen. Ab und zu huscht jemand mit einem umgeklappten Regenschirm vorbei.

»Sydney mit seinem sonnenreichen Klima, goldenen Stränden, attraktiv wie Rio de Janeiro oder San Francisco. Das Sonnenlicht ist in New South Wales von besonders blendender Helligkeit, das Meer leuchtet in jenem unglaublichen saphirblauen Ton«, habe ich irgendwo gelesen. Alles Quatsch! Es regnet seit Stunden, ist saukalt, neblig, und von der vielgepriesenen Küstenszenerie, dem attraktiven Naturhafen, ist nichts zu ahnen. Mich fröstelt, meine Laune ist auf dem Nullpunkt. Ärgerlich schaue ich mir den Penner an. Der zwinkert mir mit seinen wasserblauen Augen zu. Ich schätze ihn auf Mitte fünfzig, vielleicht sechzig. Der lange graue Bart, der sein Gesicht einrahmt, kann täuschen.

»So, das ist Ihr Stammplatz?« setze ich das Gespräch fort, »dann wissen Sie sicher, was hier passiert.«

»Das kann man wohl sagen!« knurrt er.

»Ich mache Ihnen einen Vorschlag. Sie packen ihre komische Angel ein und wir gehen etwas essen.«

Der Alte glotzt, als traut er seinen Ohren nicht. »Was?«

»Ich spendiere ein Essen, und sie erzählen mir etwas über Sydney Harbour. Okay?«

»Meinetwegen, wenn Sie sich unbedingt Kleiderläuse holen wollen.«

Wir schlappen über den Cahill Expressway und betreten eine Imbißstube, die um diese Zeit rappelvoll ist. Wir schieben uns an einen Tisch, den wir im nächsten Moment für uns allein haben. Jetzt merke ich, daß seine Ausdünstungen ungeheuerlich sind. Dankbar nehme ich wahr, daß er den Hut auf - und den Mantel anbehält. Um seine Hände ruhigzustellen, trinkt er erst einmal zwei Brandys und schüttet ein großes Bier hinterher. Bei dem Anblick der Auslagen hinter der Vitrine bildet sich Speichel um seine Lippen. »Fleisch und Chips«, sagt er. Die Kellnerin kommt widerwillig an unseren Tisch. Aber sie nimmt ein Rumpsteak und einen Hamburger, jeweils mit Chips, auf. Als das Essen kommt, bedränge ich ihn mit Fragen: Ob er Australier sei, ob er näheres über die *Bounty* wisse, wie er heiße, ob er einen Beruf habe...

Er säbelt sein Rumpsteak klein und gibt mit vollem Mund zu verstehen, daß er sich nicht ausfragen lasse, die Polizei hätte es zur Genüge getan. Er erzähle, wenn er Lust habe, und jetzt habe er keine Lust. Mit beachtlicher Geräuschkulisse leert er seinen Teller, führt ihn dann zum Mund und leckt auch den Soßenrest heraus. Ein saurer Rülpser zeigt an, daß es geschmeckt hat. »Satt?« frage ich. »Nein«, sagt er. Ich bestelle das gleiche noch einmal. »Sehr anständig von Ihnen«, sagt er. »Wissen Sie, manchmal esse ich die kleinen Fische, aber dann hab ich nichts für die Möwen.«

»Und das Geld von der Wohlfahrt?« frage ich. Verlegen blickt er auf. »Das geht

52

durch die Kehle - 'nen Teller Suppe gibt es bei der Heilsarmee. Aber verdammt, das Anstehen dort deprimiert mich. Wissen Sie, ich hab bessere Zeiten erlebt; früher, draußen auf See und in den Häfen mit den Taschen voller Geld und all den süßen Mädchen. Lange her, Mister. Aber meine Träume, die hab ich, die nimmt mir keiner. - Wie heißen Sie eigentlich?« Ich sage es ihm. Er reicht seine Hand herüber, die sich wie ein verdorrter Ast anfühlt. »Nennen Sie mich Jackson, wie den Hafen hier. Ich bin ein Hafenmensch. Nirgendwo sonst könnte ich leben. Ich brauche den Geruch, die Schiffe, das Wasser. Die Sehnsucht, die mich dorthin trägt, wo ich vielleicht sowas wie glücklich war.«

»Uns plagt das Fernweh«, sage ich. Er lacht trocken. »Es zerstört uns. Mich hat es zerstört.«

Jackson läßt seine Lebensgeschichte heraus. Ich komme mir schäbig vor, wie jemand, der sich am Schicksal anderer weidet, wie ein Voyeur. Aber seine Geschichte ist interessant. Ich glaube, es bereitet ihm Erleichterung, sie einem Fremden zu erzählen: Er stammt aus London. Dort besuchte er die Seemannsschule, ging auf mittlere Fahrt. Europäische, afrikanische Häfen und so. Wieder in England machte er sein Steuermannspatent. Nun trieb es ihn in die großen Hafenstädte der Welt. New York, Los Angeles, Rio, Lagos, Kapstadt, Sydney und wie sie alle heißen. Sydney war sein liebster Hafen, hier fühlte er sich am wohlsten... bis er nach Papeete kam und das Unheil begann. In den siebziger Jahren verlegte er sein Domizil nach Sydney und fuhr auf einem australischen Frachter die Route Auckland (Neuseeland) - Papeete (Tahiti) - Sydney. Nach der dritten Reise hätte er ein Schiff als Kapitän übernehmen können. Doch er hatte sich in eine Vahiné verliebt. Das war in Papeete.

»Vahiné heißen die polynesischen Mädchen auf Tahiti, müssen Sie wissen.« Seine müden Augen blitzen kurz auf. »Ist das etwas besonderes? Ich meine, sich in eine Insulanerin zu verlieben?« frage ich. »Ganz und gar nicht, aber Tahoa, so hieß das Luder, war etwas besonderes. Sie war unglaublich. Sie fraß mich mit Haut und Haaren. Wir trieben's überall. Im Einbaum, stehend unterm Wasserfall, bei Gewitter am Strand. Ich nahm sie in meine Wohnung auf. Wir wollten heiraten. Sie erwartete ein Kind von mir. Vielleicht auch von einem anderen. Eines Tages erwischte ich sie in unserem Bett mit einem Touristen. Ich schlug ihr ins Gesicht, sie stürzte und brach sich das Genick. Tot. Das brachte mir acht Jahre Gefängnis ein. In Papeete im Knast sitzen ist nicht besser als in der Hölle. Als ich rauskam, war die Welt nicht mehr so schön und bunt wie einst. Ich bekam keinen Job. Es ging bergab. Lieber in Sydney verfaulen als auf Tahiti, sagte ich mir. Die Menschen dort sind so anders, die Mädchen unbegreiflich, oberflächlich.«

»Ich werde nach Tahiti gehen,« sage ich.

»Hüten Sie sich vor den Vahinés!« sagt er.

»Vielleicht darf man sie nicht so ernst nehmen, wie Sie es taten.«

Jackson begab sich nach Sydney. Er kam nicht mehr auf die Beine, lebte in der Stadt ohne festen Wohnsitz. Zu der Zeit machte die *Bounty* regelmäßig in den Monaten Oktober bis April für Überholungsarbieten im Hafen fest. Eines Tages nahm er all seinen Mut zusammen und stellte sich vor, um anzuheuern. Jackson hatte vernommen, daß der Eigner einen tüchtigen Maat suchte. Vielleicht bekam er ja eine Chance. Ron Masboury, Kapitän, Manager und Eigner in einer Person, wußte sofort, was mit Jackson los war. Aber er gab ihm die Chance. Die Crew bestand aus jungen Leuten, meist segelkundigen Studenten, die eine Saison oder zwei mitfuhren. Dementsprechend karg war die Heuer. Egal, Jackson war dabei und glücklich, berühmte Planken unter den Füßen zu haben.

»Das Glück war nicht von Dauer«, sagt der Mann. »Ich trank an Bord, wie ich es nach meiner Entlassung tat. Eines Tages fiel ich aus den Unterwanten und brach mir ein paar Rippen. Es war auf der ersten Reise, zwischen den Fidschis und Neu-Kaledonien. In Sydney wurde ich gefeuert.«

»Und dann?« frage ich.

»Na, das siehst du doch. Seitdem hab' ich kein Schiff mehr betreten. Aber wenn die *Bounty* im Hafen liegt, bin ich am Sydney Cove, und manchmal hat sogar Ron 'nen Heiamann oder wenigstens ein gutes Wort für mich. Nach dem Unfall hatte er eine Menge Scherereien mit mir.«

Wir reden vertraulicher miteinander, ich frage: »Und sonst? Hast du noch andere Reviere?«

»Meist bin ich bei den Frachtern, die liegen in der Walsh- oder Woolloomooloo-Bay. Schauerleute haben ein Herz für Leute wie mich, auch das fahrende Volk. Abends geh ich rüber zum alten William«, sagt er.

»Welcher William?«

»Na, zum William Bligh. Der steht da im First Fleet Park, schaut auf Sydney Cove und sein Schiff.«

Jackson erzählt, daß es früher in »The Rocks«, gleich hinter der Bronze-Statue Blighs, immer ein Schlafplätzchen gegeben hätte, auch eine Kneipe mit billigem Fusel. Doch seit die Stadtväter das Viertel saniert hätten, sei es aus. Seit der Zeit sei er richtig obdachlos geworden. Antiquitätenshops, Galerien, Restaurants gibt's jetzt dort, sogar einen »Löwenbräukeller«, alles für den Tourismus, nichts für den kleinen Mann. Schlimm, wie »The Rocks« heruntergekommen sei!

Der Wirt schaut feindselig herüber, und ich rechne mit einem Rauswurf. Doch es geschieht nichts. Also bestelle ich nach Jacksons zweitem Steak noch zwei Biere. »Sag mal, möchtest du nicht wieder nach Tahiti, in die Wärme, zu den Stränden?« frage ich.

»Nein!« sagt er und schließt die Augen, »zu schlechte Erinnerungen. - Ich träume oft von Tahiti, ja sehr oft sogar, und es scheint, daß ich mich allmählich mit den Mädchen versöhne. Aber auf die Insel will ich nicht mehr. Ich füttere meine Möwen, wie ich es immer in den Buchten Tahitis tat, und ich weiß, daß sie hinüberfliegen, dorthin, wo mein Herz begraben liegt.« Jackson schluckt. Ein Anfall von Melancholie macht ihm zu schaffen. Ich verstehe ihn. Reisen ist ein Heilmittel gegen Melancholie, eines gegen die Depression, welche die Seßhaftigkeit mit sich bringt. Man scheint immer dort, wo man gerade nicht ist, glücklich zu sein. Jackson weiß es, aber er kann nichts tun, er ist ausgebrannt, und das macht traurig.

Wir schweigen schwarze Löcher in den Raum, dann sagt er plötzlich: »Australien ist wohl in, was sucht ihr bloß alle hier? Das einfache Leben? Die Freiheit? Unberührtes Land? Mir gehn Touristen auf den Geist!« Ich schau auf und sage naiv: »Ich bin auf den Spuren der *Bounty*.« Er kichert in sich hinein. »Auf den Spuren der *Bounty*, daß ich nicht lache! Fünf Filme gibt's darüber und einen Haufen Bücher.«

»Schon möglich, aber ich will tiefer steigen - auf Tahiti, auf Pitcairn und hier mit der *Bounty* segeln.« Jetzt lacht Jackson laut. »Mann, da bist du aber früh dran, das Schiff wird verkauft!«

»Weiß ich, aber wann?«

»Ende Juni.«

»Und vorher?«

»Nichts, wenn das Wetter so bleibt.«

»Wenn es aufklart?«

»Keine Ahnung, vielleicht machen sie noch 'nen Törn durch den Hafen und an der Küste entlang. Aber es kann tagelang regnen, wir haben Winter.«

»Ich muß auf die *Bounty*! Verstehst du das?«

Er denkt einen Moment nach. »Es gibt ein Office in der Playfair Street 22, nicht weit von hier in 'The Rocks'«.

Er trinkt sein Bier aus und sagt mit dem Ausdruck, als habe er noch eine Menge Termine: »So, jetzt muß ich aber gehen.« Er steht auf. Lehnt sich vor. Er riecht nach verfaultem Tang. Nun sagt er mit großem Ernst: »Draußen warten meine Möwen. Nur gestärkt schaffen sie es bis hinauf nach Tahiti!« Er rülpst nochmal und schlurft müde aus dem Lokal. Der Wirt atmet auf, die Gäste entkrampfen sich. Ich zahle.

Sydney und Captain Bligh

Die Playfair Street ist ein kleiner Straßenzug im Zentrum von The Rocks. Jackson hatte recht, das Viertel ist für den Tourismus von Grund auf renoviert worden. Zwar hat man die typischen Holzhäuser aus den Gründerjahren erhalten und den Fassaden schöne satte Farben gegeben, aber die etwas anrüchige Hafen-Idylle der Altstadt ist verlorengegangen. Alles ist glatt, ordentlich. Es gibt nirgends ein dunkles Plätzchen, einen schützenden Bretterverschlag für jemanden, der als Vagabund durch die Welt zieht oder jenen vom Schicksal Gebeutelten. Statt dessen teure Geschäfte, Arkaden, Restaurants für den gehobenen Mittelstand.

Reisebücher schreiben über The Rocks: »Ein Musterbeispiel für eine erfolgreiche Stadtsanierung.« Jackson und die kleinen Leute, die hier verdrängt wurden, denken anders darüber. An der Office-Tür der Hausnummer 22 steht »closed«. Kein Wunder, denke ich, bei dem Wetter! Mit eingezogenem Kopf eile ich weiter bis an eine Bushaltestelle. Hier stehe ich geschützt vor den Regenböen und habe einen Blick über den Teil der Stadt, der Geschichte und Neuzeit ineinander übergehen läßt. Ein Standort, der anregt, über Alt-Sydney nachzudenken.

Lange bevor Kapitän Arthur Phillip mit den ersten Sträflingen aus Großbritannien im Baugewirr des späteren, von ihm gegründeten Sydney erschien, wurden an dieser Stätte prähistorische Werkzeuge der Aborigines gefunden. Sie sollen 30 000 Jahre alt sein. Man kennt rund 500 Plätze mit Hunderten von Felszeichnungen. »Warrane«, so hieß dieser Platz an der Küste, war einst ein bedeutender Kultort, an dem sich viele tausend Ureinwohner zu rituellen Festen trafen. Für die übrige Welt tauchte Australien zwischen 600 vor - und 1440 nach Christus hier und da in chinesischen Berichten auf... und wurde vergessen. Auch die folgenden Hinweise kühner Seefahrer entschwanden dem Bewußtsein. So die Reise des Portugiesen Cristóvao de Mendonça, der 1523 die Ostküste Australiens absegelte. Der Holländer Willem Janszoon erreichte 1606 das heutige Queensland. Louis de Bougainville, ein französischer Admiral, durchsegelte 1768 das Great Barrier Reef. Wenngleich die Landmasse des Südkontinents als imaginäres Gebilde mehr erahnt als erfaßt wurde, hatte es einen Namen: Neu-Holland. Eine französische Landkarte von 1756 zeigt Neu-Holland in einer Form, die der heutigen erstaunlich ähnlich ist.

Die Lorbeeren erntete James Cook, er gilt als der Entdecker des Fünften Erdteils und annektierte 1770 die Ostküste unter dem Namen »New South Wales« für Großbritannien. Cook landete in der Botany Bay, etwas südlich des heutigen Sydneys. Achtzehn Jahre später trafen die ersten Sträflinge ein. Neu-Holland wurde eine Verbrecherkolonie, und bis 1868 wurden 160 000 Gefangene ins Land gebracht.

Der erste Transport zählte 700 Mann, meist irische Rebellen. Arthur Phillip brachte das Kontingent mit. Vor seiner Abreise wurde er zum 1. Gouverneur von New South Wales ernannt. Der Akt wurde im Januar des Jahres dokumentiert, indem er die englische Flagge am Platz des heutigen Sydney hißte. Sydney ist die älteste und mit 3,5 Millionen Einwohnern die größte Stadt Australiens. Sie ist auch die schönst-gelegene. Aber das vermag ich bei dem Sauwetter nicht zu beurteilen. Irgendwo habe ich gelesen, daß die Fläche der Stadt das Siebenfache der Londons betragen soll! Das ist gewaltig, andererseits wird übersehen, daß sich Sydney nach Norden hin rasch und stetig ausgedehnt hat.

In der Gründerzeit sollte der Ort eigentlich Albion heißen, doch das kam nicht an, und so bürgerte sich die Bezeichnung der Bucht Sydney Cove - nach dem damaligen britischen Innenminister - auch für die Stadt ein. Die ersten Häuser entstanden im Viertel »The Rocks«. Bereits 1791 lebten hier über 4000 Weiße: Bürger, bestehend aus Einwanderern, aber auch aus ehemaligen Gefangenen, die kürzere Strafen abge-brummt hatten und das Straflager Port Jackson verlassen durften. Mit dem Goldrausch von Bathurst um 1852 nahm Sydney einen sprunghaften Aufschwung.

Und wie kam Australien nun zu seinem Namen? Zwischen 1802 und 1803 umse-gelte und kartographierte Kapitän Matthew Flinders den gesamten Kontinent. In sei-nen Kartenwerken bezeichnete er die Landmasse nicht mehr Neu-Holland, sondern »Australia«, nach »Terra australis« (Südland).

Wenn der Sturm die Kronen der Eukalyptusbäume nach rechts drückt, erkenne ich William Bligh auf einem Marmorsockel, lebensgroß in Bronze gegossen. Er dreht mir den Rücken zu, breitbeinig steht er da, in der Gala-Uniform eines Gouverneurs mit umgeschnalltem Degen. Bligh schaut auf »sein« Schiff! Welch eine Zusammen-kunft. Den Kapitän trennen kaum 200 m von der *Bounty*.

Bligh hat noch mehr im Blick: Port Jackson mit seiner zerklüfteten Bay-Szenerie. Er schaut auf das spektakuläre Opera House, das Wahrzeichen Sydneys, drüben auf der Halbinsel Bennelong Point. Der futuristische Bau gehört zu den eindrucksvoll-sten Zeugnissen moderner Baukunst. Die Dachkonstruktion ist faszinierend, sie erin-nert an vom Wind geblähte Segel, auch an aufgestellte Muschelschalen. Der däni-sche Architekt Björn Utzon kreierte die Form beim Schälen einer Orange. An dem Projekt wurde 14 Jahre gebaut. Bis zur Einweihung 1973 gab es Probleme über Pro-bleme. Die Baukosten waren von 7,2 auf 102 Millionen A $ geklettert und die Stadt mit dem Architekten heillos zerstritten. Björn Utzon blieb der Einweihung durch Königin Elisabeth II. von Großbritannien fern.

Aber er hatte ein Jahrhundert-Bauwerk geschaffen. Noch heute umweht den Opern-Besucher eine futuristische Aura - eine des nächsten Jahrtausends.

Würde sich Bligh etwas nach links wenden, sähe er das zweite monumentale Bau-werk. Es liegt der Oper gegenüber und trennt Port Jackson von der Walsh Bay. Es ist die Hafenbrücke (Harbour Bridge). Kühn schwingt sie sich in 135 m Höhe von der City über den River Jackson zu den nördlichen Vororten. Mit einer Spannweite von über 500 m und einer Länge von 1150 m ist sie eine der größten Einbogenbrücken der Welt. Seit der Verkehrsübergabe 1932 wird sie von den Australiern liebevoll »Coathanger« (Kleiderbügel) genannt.

Ja, lieber Herr Bligh, Sie müssen gestehen, seit Ihrer Ankunft in Sydney hat sich nicht nur vieles, es hat sich alles geändert! Aber halt, an das Gouvernment House müßten Sie sich, wenn auch höchst ungern, erinnern. Sicher, es sieht heute ganz anders aus, aber immerhin, schließlich haben Sie hier gewirkt.

Bligh hat von seinem Sockel aus auch die Royal Botanic Gardens im Blick, die größte Parkfläche der Stadt. Im Norden der Grünanlage - unweit der Oper - erstreckt sich der Komplex des Gouvernment Houses. Hier wird Bligh von der Geschichte eingeholt und erklärt, warum er den Blick über Sydney genießen darf.

Von Fletcher Christian am 28. April 1789 mit 17 loyalen Seeleuten ausgesetzt, gelang Bligh eine nautische Meisterleistung. Er überwand in dem überladenen Beiboot 3500 sm offenen Ozean und erreichte Mitte Juni die holländische Niederlassung Timor. Im Januar 1790 kehrte er nach England zurück und schrieb einen Bericht über den Hergang der Meuterei. Die Admiralität befahl die *Pandora* in die Südsee, um die Piraten zu fassen. Bligh erhielt im Sommer 1791 das Kommando über die Schiffe *Providence* (Vorsehung) und *The Assistent* (Die Gehilfin) mit dem gleichen Auftrag, Brotfruchtpflanzen nach Westindien zu bringen.

Der Kapitän haderte mit dem Schicksal, als er schwer krank am Kap der Guten Hoffnung das Kommando an Leutnant Portlock übergeben mußte und ums Haar die Reise für ihn zu Ende war. Schließlich gelangte Bligh doch noch mit den Brotfrüchten in die Karibik und wurde der Überbringer des so gepriesenen Nahrungsmittels. Aber welche Ironie! Die schwarzen Sklaven fanden sie abscheulich und wollten sie nicht essen. Der große Verfechter der Brotfrucht-Expeditionen und Gönner Blighs, Sir Joseph Banks, überreichte dem Kapitän die vorgesehene Ehrenmedaille in Gold und erwirkte, daß ihm die Würde eines F.R.S. (Fellow of the Royal Society) zuteil wurde.

England befand sich im Seekrieg gegen Frankreich und Spanien. In den Schlachten von Camperdown (1797) und Kopenhagen (1801) wurde Bligh allgemein als mutiger Seeoffizier beurteilt. Der große Lord Nelson ehrte ihn wegen seiner Tapferkeit. Wenngleich ihm seine Führungsschwäche immer zu schaffen machte. Das sollte sich wieder einmal, fern der Heimat, auf fatale Weise zeigen. In einem anderen Rahmen wiederholte sich das Drama der *Bounty*. Ein zweites Mal wurde Bligh die Hauptfigur eines Aufstandes!

1805 lud Lord Camden Sir Joseph Banks zu einem vertraulichen Gespräch ein. Es ging um Kandidatenvorschläge für den Posten als Gouverneur von Neusüdwales. Eine heikle Aufgabe, da die Ostküste Australiens von dem Schreckensregime des »Rum Corps« geprägt wurde. Banks war von Blighs unerbittlicher Strenge beeindruckt und schlug ihn wieder einmal vor.

Ein Jahr später befand sich Bligh als neuer Gouverneur in Sydney und machte sich, unsensibel wie er nun einmal war, an »Aufräumungsarbeiten«. Er führte einen regelrechten »Rumkrieg« gegen das Offiziers-Corps, welches den Brandyhandel und andere Privilegien an sich gerissen hatte. Bligh reichte die Auseinandersetzung mit den Offizieren nicht, er brachte auch die Großgrundbesitzer und deren Sprecher McArthur gegen sich auf.

Am Mittag des 26. Januar 1806 war es dann schon soweit: In einer Offiziersmeuterei wurde Bligh für »abgesetzt erklärt«. Der Gouverneur wurde im Gouverneurs-Palast arrestiert, kurz darauf auf seinem Schiff *Porpoise* abgeschoben. Von der Verhaftung im Regierungsgebäude existiert ein bitterböses Gemälde. Es zeigt, wie der mit der Festsetzung ermächtigte Leutnant William Minchin den verängstigten Gouverneur unter einem Bett hervorzerrt. Vieles konnte man Bligh vorwerfen, Feigheit aber nicht. So war das Bild eine offenkundige Anti-Bligh-Propaganda. Der Abgesetzte segelte nicht nach England zurück, sondern erkundete die Küste Tasmaniens und machte naturkundliche und kartographische Aufzeichnungen. Britannien reagierte bald. Die Rebellion durfte nicht hingenommen werden. Es wurden Truppen und ein neu ernannter Gouverneur auf den Weg gebracht. Blighs Widersacher abgesetzt, er selbst wieder im Amt bestätigt. Doch die Wiedereinführung währte nur einen Tag, als reine Formsache. Der eingetroffene Nachfolger übernahm die Amtsgeschäfte, und der tüchtige und rechtschaffene, aber leider glücklose Bligh wurde zum Vize-Admiral befördert und nach Hause geschickt.

In diesem bedeutenden Rang ist er aber nicht mehr tätig gewesen. Die widersprüchliche, fast tragische Figur William Bligh brach in London am 7. Dezember 1817 an Herzversagen tot zusammen. Er wurde 64 Jahre alt. In der Familiengruft auf dem St. Mary's Friedhof in Lambeth bei London fand er seine letzte Ruhestätte.

Blighs Gedenkplastik vor mir am Circular Quay West wurde 1987 zur Erinnerung an seine - wenn auch glücklose - Zeit in Sydney errichtet. Noch ein Blick über den wolkenverhangenen Hafen, dann wende ich mich ab, haste fröstelnd die Cumberland Street entlang.

Die »Alte« mit Charme bei Nacht

Als die Dämmerung einsetzt, begebe ich mich in die Lower Fort Street und ins »Hero of Waterloo«, nicht irgendein Hotel mit einem Pub, ganz und gar nicht: Hier verkehrten schon Jack London und Joseph Conrad. Ich hänge meinen nassen Umhang an den Haken, hieve mich auf einen der hohen Barhocker und schaue mich um: ein gemütlicher Laden! Das Gestühl in rotem Plüsch, Tische und Bar in braunem Mahagoni gehalten. Ein langer, polierter Tresen nimmt die ganze linke Seite der Wirtschaft ein. Dahinter agieren vier Barkeeper, die punktgenau Bier, Wein, Whisky und allerlei andere Getränke samt Glas und Flasche über den Tresen sausen lassen. Eine riesige Spiegelwand vergrößert das »Waterloo« und macht glauben, daß die Flaschenbatterie davor ungeheure Dimensionen hat.

Der Bar gegenüber befinden sich Sitzecken auf unterschiedlichem Niveau. Es gibt gemütliche Ecken, die von Mahagonigeländern abgeteilt sind. Der Laden ist gut besucht, das Stimmengewirr beachtlich. Lautstark brüstet sich ein irisch aussehender Angestellter, wie er seinen Chef aufs Kreuz legte. Die Zuhörer, wahrscheinlich drei Kollegen, alle mit Schlips und weißem Kragen, lachen schallend aus hochroten Gesichtern. Unter der Hühnerbrust eines jeden vibriert ein mächtiges Brauereigeschwür. Auf einer Empore sitzt eine Gruppe Geschäftsfrauen in grauen Kostümen. Sie rauchen, haben bedeutende Mienen aufgesetzt, wirken unnahbar, wie das Geld der Central Bank, das sie vielleicht zu verwalten haben.

Geschäftsleute, kleine, große Angestellte, biedere Familienväter, die sich noch einen Drink genehmigen, bevor sie nach Hause fahren, Hausschuhe anziehen und sich mit ihrer Frau vor den Fernseher hocken. Wo bin ich da hineingeraten? Ich suche Abenteurer, Typen wie London und Conrad und deren unsterbliche Helden: Perlenfischer, Rifftaucher, Piraten, Schmuggler, bärbeißige Kapitäne. Die »Helden« des »Waterloo« sind nicht mehr die Abenteurer von einst. Sydney hat längst andere »Helden«, die des Big Business: Manager, Banker, Börsenjobber, Haus- und Grundstücksmakler...

Neben mich haben sich drei Herren im grauen Flanell und feinen Nadelstreifen gesellt. Mit einem Glas Sherry in den Händen sprechen sie über ein augenscheinlich sehr großes Geschäft, das japanische Investoren in Sydney planen. Ich habe mir ein Forsters Lager bestellt, sitze da und spitze neugierig die Ohren. Was etwas bruchstückhaft mitzubekommen ist, weckt heimatliche Gefühle. Häufig fällt das Wort »Deutsche Bank«, dann »Frankfurt«. Einer der drei heißt Winter. Und das große Geschäft muß die Übernahme eines Hotels durch die Japaner sein. Den Deal soll eine Bankengruppe finanzieren.

Nippon gehört zum Hauptinvestor in Australien. Und ein Heer japanischer Touristen gibt eine Menge Geld im Fünften Erdteil aus. So lassen sich auch die vielen touristischen Hinweistafeln in Japanisch erklären.

Plötzlich fällt das Wort *Bounty* im Zusammenhang mit anderen Investitionen. Ich horche auf. Was wissen die Herren schon über den Großsegler? ... Natürlich! Es geht um Kredit, ein neuer Eigner wird sich das Geld leihen wollen. So hat die *Bounty*-Versteigerung Einzug in Bankkreise genommen.

»Schätze, daß die Japaner das Schiff kaufen«, sagt der Mann im Flanellanzug. »Gut möglich, dennoch, ich tippe auf die Engländer, die haben für alte Segler mehr übrig«, meint der Kleinere im Nadelstreifen. »Und die Amerikaner?« fragt der mit »Winter« angesprochene.

»Die haben doch schon die *Bounty II.*

»Am besten wäre es, wenn das Schiff hierbliebe und wieder australische Eigner fände. Ein Jammer, daß es Masboury nicht mehr halten kann!«

»Was es wohl bringen wird?« fragt Winter. »Mindestens fünf Millionen. - Vor ein paar Tagen war ich drauf, es ist in gutem Zustand.«

Nach einer Weile verabschieden sich zwei der drei Geschäftsleute. Zurück bleibt Winter. So weit mitgelauscht, spreche ich Winter an und hoffe, mehr über die *Bounty* zu erfahren. Doch er kann mir nichts Neues berichten. Allerdings ist Winter ein Landsmann, heißt Fritz mit Vornamen und kommt aus Frankfurt. Er gibt mir einen Whisky aus. Ich frage, was ihn nach Australien verschlug. So wird mir eine andere Leidensgeschichte erzählt. »Ich bin jetzt zehn Jahre in Sydney und leite die Niederlassung einer Bank.«

»Zehn Jahre? Das ist toll, Sie müssen eine Menge erlebt und gesehen haben: Outback, die Wüsten, Reservate, Ayers Rock...« »Irrtum«, unterbricht mich Fritz, »was ich sehe, ist unsere Filiale in Melbourne einmal pro Woche. Morgens hin, abends zurück. Nach Feierabend bin ich hier, und am Wochenende bade ich an der Illawara Coast.«

Winter ist geschieden und lebt allein in einem Flat in der Nordstadt. Seit damals hat er die Nase voll von Frauen. Seine eigene hatte ihm übel mitgespielt. Als sie aus heiterem Himmel durchbrannte, ging er zu seinem Chef und fragte, was an Auslandsposten vakant sei - je weiter weg, um so besser. Die Bank bot ihm Australien an, so landete Fritz am anderen Ende der Welt und versucht zu vergessen. Sydney, die Stadt der gehörnten Männer, denke ich und frage: »Abends ausgerechnet ins »Hero of Waterloo«?«

»Der Laden ist in. Man ist unter sich, fast alles Geschäftsleute, viele Banker. Es ist die Atmosphäre, sie steht im krassen Gegensatz zu den Gästen und deren Jobs. Man redet von Transaktionen und denkt an die Pionierzeit, die kaum 200 Meilen westlich im Outback Wirklichkeit ist.«

Fritz weiß, daß das »Hero of Waterloo« 1792 ursprünglich als Offiziersheim gebaut wurde. Im Keller gab es Kerkerzellen, von denen ein direkter Tunnel zum Hafen führte. Ein raffinierter Umschlagplatz für schanghaite Betrunkene, die so im Nu zu Matrosen wurden. Als Hotel mit Pub präsentierte sich der berüchtigte Bau erst 50 Jahre später.

Wir nehmen noch einige Drinks und beschließen, mit dem Taxi nach Kings Cross zu fahren, ins ausgelassene, liederliche Sydney. Als ich meinen Part zahle, muß ich an Jackson denken. Früher war das »Waterloo« bestimmt seine Stammkneipe gewesen.

Wir fahren die George Street in südlicher Richtung, am Sydney Tower vorbei. Durchqueren den Hyde Park mit seinen Palmen und anderen subtropischen Bäumen. Alles glänzt im Widerschein des Lichts: der nasse Asphalt, die Autos, Hausfassaden, Baumriesen. Fritz Winter weist aus dem Fenster. »Da, das Denkmal ist das Anzac War Memorial, es soll an die Waffenbrüderschaft zwischen Australiern und Franzosen erinnern - und an die Toten des Ersten Weltkrieges.« Kurz darauf fahren wir am Australian Museum vorbei. Ein dunkler, düsterer Bau, einer Trutzburg ähnlich. In ihr lagert die größte naturhistorische Sammlung des Kontinents. Auf der William Street geht es direkt ins Nachtleben von Kings Cross. Wir steigen aus und schlendern die Darlinghurst Road hinunter.

»Die Reeperbahn von Sydney«, sagt Fritz. Ich grinse in mich hinein. Es gibt ein Motto aus puritanischer Zeit: »Wenn die Leute schon saufen wollen, dann soll's möglichst wenig Spaß machen.« Sicher, es gibt Discos, Pornokinos, Striptease-Lokale, Jazz-Clubs, Transvestiten-Treffs, billige Stehkneipen, einige teure Restaurants - doch nichts wirklich Einladendes. Die meisten Leute hängen an mächtigen Tresen moderner Bierlokale, trinken und glotzen in zwei, drei Fernsehapparate, die gerade ein Rugbyspiel zeigen. In dunklen Hauseingängen lungern einige Fixer herum, die ihren Trip »genießen«. Sündige Hoffnungen erlebnishungriger Europäer erfüllen sich im Amüsierviertel von Sydney nicht. Die Mädchen sehen blaß und verhärmt aus, abgearbeitet, wie nach einem 16-Stunden-Tag. Fritz scheint anderer Meinung zu sein, er zeigt mir dies und das.

»Ein bißchen Soho, ein bißchen Montmartre, etwas St. Pauli, das ist Kings Cross«, meint er. Ich lasse ihn bei dem Glauben. Sicher ist er lange nicht mehr in Europa gewesen. Sehr viel besser gefällt mir Paddington, ein Stadtteil südlich von Kings Cross. Selbst bei dem miesen Wetter spürt man das Flair urbaner Bohème, das die Anmut des Viertels bestimmt. Hier ist selbst zu vorgerückter Stunde erfrischende, kosmopolitische Lebensart anzutreffen. Im Vergleich zu anderen australischen Städten gilt Sydney als ausgelassen, als charmant. Ja, in »Paddo«, wie der Australier das Viertel kurz nennt, bekommt die Allegorie Wahrheitsgehalt. Terrassenhäuser im spätviktorianischen Stil beleben die Straßen, und seit einigen Jahren ist es chic, hier zu wohnen. Wir bleiben vor den »Tea Rooms« mit ihren einladenden großen Fenstern stehen. Im Innern der Kneipe herrscht ausgelassene Fröhlichkeit: Da singt jemand Shanties zum Schifferklavier, es hallt bis auf die Straße:

»Oh, whisky is the life of man,

oh, whisky, Johnny.

Oh, whisky from an old tin can,

oh whisky, for my Johnny.«

Im zweiten Raum steht ein uriger Typ mit dunkler Brille auf einem Bein. Sein Gesicht ist von einem Rauschebart umrahmt. Das andere Bein ruht auf einem Stuhl, der Fuß steckt in einem hochhackigen Cowboystiefel. Über seinem Trommelbauch befindet sich eine Gitarre, die er wie ein Waschbrett bearbeitet. Dabei grölt er lauthals.

62

»A long, long time and a long time ago,

to my way hay ohio!

A long, long time and a long time ago.«

Dabei reckt er seinen Hals wie ein Gockel beim Krähen.

»Das war nicht immer so fröhlich hier«, sagt Fritz, »in den fünfziger Jahren war Paddo eine Gegend mit Slumcharakter.« »Mir gefällt's gut, wir sollten mal hineinschauen«, schlage ich vor. Allmählich wirkt der spröde und vielgepriesene Charme der älteren Lady »Sydney«.

In den »Tea Rooms« gibt es auch Bier. Es bleibt nicht bei einem. Wir platzen in die beste Stimmung, grölen mit den Aussies um die Wette. Das macht Eindruck, wir kommen nicht umhin, mit Liedern aus Deutschland aufzuwarten. Fritz fällt »Das Wandern ist des Müllers Lust« ein. Bei meinem »Hamborger Veermaster« gefällt Gästen und Wirt der Refrain so gut, daß er die ganze Nacht gebrüllt wird. Noch nach dem Rauswurf hallt es in der Young Street:

»Blow, boys blow, for Califorio.

There is plenty of gold, so I am told,

on the banks of Sacramento...«

Es ist zum Verzweifeln! Heulender Sturm und Regen, der an die Scheiben klatscht, wecken mich. Ich wanke ans Fenster und sehe den gleichen grauen Himmel von gestern. Er hängt so schwer über der Stadt, als wolle er die Sonne für den Rest des Jahres nicht durchlassen. Mißmutig beschließe ich am späten Vormittag, durch die City, dann hinüber in die State Library zu gehen. Vielleicht kann mich Ed Eyre etwas aufmuntern oder noch Informationen zur *Bounty* geben. Was ich später bei Ed erfahre, rückt meinen Aufenthalt in Sydney in strahlendes Licht.

Martin Place ist eine Fußgängerzone, eine Schlucht von Hochhäusern und deren Spiegelglasfassaden. Unter einem Baldachin spielt die »Freddy Jammin Cats Band« Dixieland, dazu steppt sich eine alternde Tänzerin in knappem Trikot warm. Mich fröstelt, keiner bleibt stehen. Aber weiter unten hat sich eine Menschentraube gebildet, ein Zelt aus Schirmen. Trotz des Regens muß einfach Zeit bleiben, um der Wachablösung am Ehrenmal des Kriegshelden zuzuschauen.

Australien hat noch Kriegshelden und ehrt sie, da herrscht kein Zweifel. Ein Fallschirmjäger-Zug ist angetreten, auch Dudelsackpfeifer und Trommler in schwarzen Bärenfellkappen und Schottenröcken. Eine Gruppe präsentiert das Gewehr, mit aufgepflanzten Bajonetten. Trommelwirbel, Kommandos ertönen, dann wird die australische Flagge eingeholt und zusammengelegt. Das Ritual ist beendet, und die Ehrenformation tritt ab, steif wie Zinnsoldaten.

Was Krieg bedeutet, hat der Kontinent nur am Rande mitbekommen, an der Seite der Briten. Als Beute fiel Australien ehemals Deutsch-Neuguinea (heute Papua-Neuguinea) zu. Das war 1918. Im Zweiten Weltkrieg kämpften australische Truppen in Europa, Nordafrika und Malaya. Bis auf die »Tobruk Rats« in Nordafrika hatten sich die schlecht ausgebildeten Soldaten nicht mit Ruhm bekleckert. Als die Japaner Darwin, Cairns, Townsville und andere Orte bombardierten, formierten sich die Rancher zu einem großen Treiben. Eine riesige Rinderherde wurde quer durch Australien gen

Süden getrieben. Man befürchtete im Norden eine japanische Invasion. Tatsächlich gelang es erst General Douglas Mac Arthur mit seinen US-Divisionen, den japanischen Vormarsch zu stoppen. Im »Battle of the Coral Sea« vernichteten amerikanische Flugzeuge große Teile der japanischen Flotte, das brachte die Wende in der Angst vor der gelben Gefahr...

Im Weitergehen verdrücke ich einen Hamburger. Vor der ehrwürdigen State Library hört der Regen auf, und es scheint, als verlöre der Himmel seine bleierne Schwere.

»Sie hier?« empfängt mich Ed.

»Wieso? Ich dachte, wir trinken Kaffee zusammen und Sie erzählen mir etwas mehr über die Ausstellung.«

»Keine Zeit. In zwei Stunden läuft die *Bounty* aus, und ich will dabeisein.«

»Was? Bei dem Wetter?«

»Bei jedem Wetter! Außerdem wird es besser. Ron Masboury rief mich gestern an. Er sticht zum letzten Mal in See. Für eine Woche geht's die Küste entlang, mit seiner Crew und Freunden.«

Jetzt werde ich doch aufgeregt und ärgerlich. »Wegen des verdammten Kahns komme ich extra nach Sydney, und Sie erzählen mir so en passant, daß in zwei Stunden ausgelaufen wird - mit Freunden.«

»Cool down«, lacht Ed, »wir nehmen Sie mit, als Kielschwein. - Ich dachte, Sie hätten längst Kontakt mit Ron aufgenommen und alles abgesprochen.«

»An seinem Office hängt 'closed'«, sage ich.

Wir verlassen gemeinsam die Bücherei. »Also dann bis um zwei am Quay«, ruft er und biegt um die Ecke.

Ich haste zu meinem Hotel. Die Wolkendecke ist aufgerissen und gibt tiefblauen Himmel frei. Eilig werfe ich meine Siebensachen zusammen, gebe das Zimmer auf. Gleißendes Licht empfängt mich auf der Straße. In diesem grellen Sonnenlicht ist Sydney wie ausgewechselt. Der Hafen ist nicht mehr der von gestern. Er ist eine Lichtorgie, die in den Augen schmerzt. Noch nie habe ich eine Stadt mit ihren Menschen im Licht sich so wandeln erlebt! Unglaublich die Farben der Oper, der Brücke, der Fähren, die nie gesehene Küstenszenerie mit ihren Häusern und Felsen stehen plastisch da, zum Greifen nahe. Am Fährhafen drängen sich Menschen, freudige, lebenslustige Menschen in bunter Kleidung mit lachenden Gesichtern: Touristen aller Herren Länder, Straßenmusikanten, einige darunter wie Hippies aufgemacht. Selbst die Geschäftsleute wirken in der Sonne irgendwie freundlich und gelöst.

Ich bin von der plötzlichen Lebensfreude angesteckt worden, muß einfach hier und dort verweilen. Herrlich, wie sie lacht, die Traumstadt am anderen Ende der Welt; wie sie Charme versprüht, die Lady vom »down under«. Wie recht die Prospekte haben, wenn sie den natürlichen Hafen mit seinen 86 malerischen Buchten preisen, die Schönheit der Stadt in ihrer blendenden Helligkeit loben. Man kommt nicht umhin, die Metropole zu lieben.

Wasser ist in Sydney allgegenwärtig. Es gibt der Stadt eine weite, blaue Seele und läßt den Wind, vom Meer kommend, frisch in die Straßen und Gassen wehen und die

64

Lungen von Mensch und Tier gründlich durchatmen. Mit dem Licht flutet Wärme in die Stadt. Meinen Rucksack umgeschnallt, eile ich den Circular Quay entlang, gerate ins Schwitzen und ziemlich außer Atem. Auf dem Rasen rechts vom Kai sitzt ein drolliger Typ in einem Schwarm kreischender Möwen: Bloßer Oberkörper, kurze Hosen, graue Haare, grauer Bart. Auf dem Kopf eine Baskenmütze, in der Lotusblüten stecken. Der alte Mann wirft den Möven kleine Fische und Fleisch zu. Ich trete näher.

»Jackson, altes Haus, was machst du denn hier?« Er schaut auf. »Hallo. Na, du weißt doch, ich bin bei meinen Möwen, fliege übers Meer mit ihnen, nach Tahiti und wieder zurück.« Er weist mit dem Kopf in Richtung *Bounty*. »Drüben ist Leben an Bord, man wird auslaufen.«

»Ich weiß, Jackson. Endlich geht's los!«

»Ahoi!« ruft mir der Alte nach.

»Sie haben das mächtige Meer unterm Bauch und über sich Wolken und Sterne! Sie lassen sich fahren vom himmlischen Hauch mit Herrenblick in die Ferne... Es rauscht die Freiheit. Es riecht die Welt. Naturgewordene Planken sind Segelschiffe. Ihr Anblick erhellt und weitet unsere Gedanken.«

(J. Ringelnatz)

Bounty III und »meine« Crew

Forschen Schrittes und mit abenteuerlichen Bildern der Phantasie im Kopf betrete ich die Gangway. Ein junger Bursche stellt sich in den Weg. Mit schwarzhaarigem Schopf, einen Ring im Ohr, Flaum im Gesicht, gekleidet mit einer schwarzen Jacke und weißen Hosen. Er ist barfüßig. »Halt Mister, wir machen keine Hafenrundfahrten mehr!« Verdutzt bleibe ich stehen. Da ruft jemand aus den Unterwanten: »Schon gut Bill, das ist Lupus, der kommt mit.« In den Wanten hängt Ed und winkt. »Melde dich beim Captain.« »Aye, aye, Sir«, gebe ich zurück. An Bord ist allerhand los. In den Rahen arbeiten Männer und Frauen. An Deck werden Tauwerksenden von flinken Händen gedreht und schneckenförmig aufgeschossen. Auf Anhieb finde ich die Luke mit dem Niedergang, gleich neben dem aufgebockten Beiboot. »Crew only« steht auf einem Messingschild. Unten befindet sich eine große Kajüte mit mehreren Kojen, die direkt an der Bordwand angebracht wurden. Alles glänzt in poliertem Mahagoni, einige Hölzer haben blanke Messingbeschläge. Ich drücke mich einen schmalen Gang entlang nach achtern. Merkwürdig, ich fühle mich an Bord befangen und doch heimisch, als hätte ich so manchen Törn mit der *Bounty* hinter mir. Mit geschlossenen Augen finde ich mich zurecht. Beim Betrachten der Pläne und Modelle blieb jedes Detail im Gedächtnis haften. Ich weiß, wo Bligh bei den Manövern stand, habe vor mir, an welchen Positionen die Meuterer die Getreuen in Schach hielten. Weiß, wo Crew und Offiziere ihre Mahlzeiten einnahmen.

Vor der Kapitänskajüte bleibe ich stehen und klopfe, trete dann ein. Am Kartentisch steht Ron Masboury. Ein dunkler sportlicher Typ, vielleicht Ende dreißig. Er hat einen dunkelblauen Pullover an, mit einem gestickten *Bounty*-Emblem. Auf dem Tisch liegen Winkel und Stechzirkel. »Melde mich an Bord«, sage ich. Ron schaut mürrisch auf. »Verdammt spät, die Crew hat eine Stunde vor dem Auslaufen an Bord zu sein. Jetzt ist es gleich zwei.« »Gehöre ich denn zur Crew?« frage ich verwundert. »Was denn sonst, Sonnenanbeter können wir hier nicht gebrauchen!« Das war eine kalte Dusche. So einen Ton bin ich nicht gewohnt. Ich kann mir nicht helfen, der Bursche ist mir unsympathisch. Ich schlucke, schließlich bin ich an Bord, er nimmt mich mit, das ist die Hauptsache. »Schon mal gesegelt?« raunzt er weiter. »'ne Jolle auf der Nordsee.« Er grinst verächtlich. »Ich meine ein richtiges, ein Tallship.« »Vier Tage auf der Mir.« »Mir? Was ist das?« »Ein russisches Dreimast-Vollschiff, zur Zeit der schnellste Großsegler mit 2771 Quadratmeter Segelfläche.« »Okay, Koje vier, melde dich beim Schiffer für die Wache. Und keinen Schritt in die Wanten, klar?«

»Leck mich am Arsch!« »Was?«

»Schon gut.«

Alles habe ich erwartet, nur keine solche Begrüßung. Was bildet sich der Knabe ein? Mißmutig werfe ich den Rucksack in die Koje, klettere an Deck, um mich beim Schiffer zu melden. An den Epauletten erkenne ich ihn. Er steht an der Backbordreling und gibt Kommandos zum Ablegemanöver. Tampen fliegen durch die Luft, Fender werden gehievt. Am Kai stehen jetzt viele Schaulustige, einige winken. Zwischen den Fähren ist an Segeln nicht zu denken, deshalb tuckert der Hilfsmotor. Der Schiffer heißt John Brown, ist ein blonder Seemann mit Bart, in schneeweißem kurzärmeligen Hemd und Jeans. Ein lässiger Typ um die 30 Jahre. »Willkommen an Bord«, sagt er und gibt mir die Hand. »Du machst die Fockmast-Wache mit Ed von 12 bis 16 Uhr und von Mitternacht bis vier.«

Verdammt, denke ich, das ist die schlimmste, die Hundewache. »Schon mal auf einem Pott wie diesem gewesen?« »Na klar, nur nicht so antik.«

Er zeigt zum Fockmast. »Die Fockrah ist schwach besetzt, hilf beim Klarieren.« Mit den Händen an den Hoftauen, die Füße treten abwechselnd auf die Webleinen, so entere ich das Want auf. Recht luftig und wackelig an der Rah, die Füße können sich im Fußpferd kaum halten, so schlackert die Leine. Ich hangle mich auf Position und löse ein Stück der Breitfock. Mit vier anderen hänge ich hier ungesichert an der Rah. Auf der Mir gab es ein Donnerwetter, wenn der Karabiner nicht am Jäckstag eingepickt war, und ohne Takelgurt durfte sich keiner auf der Wache sehen lassen. Die Regel heißt: Eine Hand für den Mann, die andere für das Schiff. Nur - so läßt sich nicht arbeiten.

»Hei!« sagt eine helle Stimme neben mir. Erstaunt schaue ich in ein hübsches Gesicht. Nicht zu fassen, das ist ja 'ne seute Deern! Hat der alte Seemannsspruch keine Gültigkeit mehr: »Frauen und Klabautermänner an Bord bescheren den Untergang?« Egal, die Kleine hält sich hier oben wie ein Vollmatrose, vielleicht ist sie auch einer.

Unten spricht der Kapitän mit dem Schiffer, beide schauen herauf und gestikulieren. Da haben wir den Salat, denke ich. Als wir unseren Job getan haben, klettere ich wieder hinunter an Deck. Mit eisiger Miene erscheint der Schiffer. »Ab zum Kapitän, aber sofort!« Der steht am Ankerspill und blafft mich an. »Ich hab große Lust, dich an Land zu setzen!« »Und warum?« »Befehlsverweigerung!« »Moment mal, Ron, wo sind wir denn hier, spielst dich auf ... wie, ja wie der alte Bligh. Gehört das zu dieser Rolle?« »Deckschrubben, drei Tage!« kreischt er. Ich wende mich ab und begebe mich nach achtern zum Ruder. Das kann ja heiter werden! Ed gesellt sich zu mir und fragt: »Stunk?« »Was haben wir denn da für einen verrückten Kapitän?« antworte ich, »behandelt der jeden so?«

»Paß auf, es gibt da ein paar Dinge, die du wissen solltest: Eigentlich wollte er niemanden mehr an Bord haben. Ich hab mich für dich ins Zeug gelegt. An Land ist er ein anderer Mensch als auf seinem Schiff. Außerdem ist er mit den Nerven zu Fuß. Die Schulden und die Versteigerung machen ihm schwer zu schaffen. Nimms nicht so tragisch, Ron steckt voller Probleme.«

»Drei Tage Deckschrubben - behandelt man so einen *Bounty*-Fan aus Übersee?«

»Für Ron ist jeder Neuling ein Kadett, der durch die Scheiße muß, um der *Bounty* würdig zu sein - ein Spleen von ihm.« Ed gibt mir einen Schlag auf die Schulter. »Wird schon gutgehen. Im Vorpiek liegen Klötze zum Schrubben.«

Ich besorge mir einen Holzklotz und Sand, klemme das Holz unter den Schuh, dann fange ich in Höhe des Ruders an zu schurren. Ab und zu läßt sich jemand sehen und macht seine Späße. Mein lieber Ron, denke ich, meine Geduld ist nicht grenzenlos.

Rudergänger ist Bob Young, ein junger Knabe mit der Frisur eines Skinheads, dem die Haare ein paar Millimeter nachgewachsen sind. Seine einst weiße Montur ist von Teerflecken durchsetzt. Die dreiviertellangen Shorts hat er sicher irgendwann abgeschnitten, sie sind ausgefranst. Überhaupt, so barfüßig und verwegen wirkt er wie ein echter Südseepirat. Eine einheitliche Kleiderordnung gibt es auf er *Bounty* nicht. Jeder läuft herum wie es ihm gefällt.

In Sydney Cove geht es zu wie in einem Taubenschlag. Fähren streben hinauf zum Nordteil der Stadt oder aus westlicher Richtung herein, dazwischen unzählige Barkassen und Jachten. Bob wahrschaut, um die *Bounty* sicher in die Fahrrinne zu bugsieren. Ein Manöver, das nicht ganz einfach ist. Der 400-PS-Hilfsdiesel schiebt den Großsegler zwar recht munter durchs Wasser, dennoch bleibt seine Maschinenkraft, im Vergleich zu den dröhnenden Motoren ringsum, ein lächerlicher Flautenschieber und eine halbherzige Konzession an das technische Zeitalter. Aber so soll es ja auch sein! Abgesehen davon klingt das Wuppern der Maschine befremdlich, unpassend sind auch die stinkenden Abgase, die bisweilen als blaugraue Wolke an der Bordwand hochquellen. Steuerbords gleiten wir jetzt an der erhabenen Hafenbrücke vorbei, ändern den Kurs und umrunden Bennelong Point mit der Oper, deren Dachschalen weiß und gebläht wie Segel wirken.

Schrilles Pfeifen schreckt auf: Sieben mal kurz, einmal lang. »Alle Mann an Deck - Segelalarm«, sagt Bob.

Der Kapitän hat sich neben dem Großmast aufgebaut, hinter ihm steht das aufgebockte Beiboot der *Bounty*. Aus allen Winkeln und Löchern eilt die Crew heran und formiert sich auf dem Mitteldeck im Halbkreis um Ron Masboury.

»Für den, der es noch nicht weiß: Ich bin der Kapitän. Die Stammcrew besteht aus 15 Leuten. Der erste Offizier ist John Brown. Wie ihr seht, gibt es auch weibliche Matrosen unter uns. Außerdem haben wir 12 Gäste an Bord, alle stehn im Rang von

Kadetten, arbeiten mit und folgen den Befehlen der Vorgesetzten. Dies, Leute, ist nach vielen Törns in der Südsee zwischen Tahiti, Tonga und Fidschi der letzte unter dieser Führung. Das Schiff wird verkauft. Dann gibt es keine Fahrten mehr mit der *Bounty*, und ich will die Ära abschließen mit einem Schlag in der Tasmanischen See. Dahin, wo für Australien alles begann. Wir werden in die Botany Bay segeln.«

Ron hat gesprochen. Mit verschränkten Armen steht er da und schaut auf seine Leute. Sichtlich genießt er die Macht, die er über Schiff und Mannschaft hat. Dann ruft er: »Auf die Manöverstationen!« Und zum Schiffer: »Laß die Segel setzen!«

Ein heilloses Durcheinander entsteht. Während die eingespielte Stammbesatzung im Nu ihre Positionen eingenommen hat, rennen die Gäste wie kopflose Hühner umher. »Jeder hält sich an den Bootsmann seiner Wache!« brüllt Brown und lacht dabei, »Blitz und Donner, aber etwas plötzlich!« Ich begebe ich zu Ed Eyre, der diese Fahrt als Bootsmann mitmacht und ein erstaunlich routinierter Seemann ist.

Pfeifen schrillen, ein Mann stolpert über einen Tampen und schlägt lang hin. »Fock und Klüver setzen!« ertönt Johns Stimme, »bei Gott, das ist keine Mannschaft, das ist ein Sauhaufen, aber ich werde euch schmieden, mit dem Hammer auf dem Amboß, das schwör ich euch!«

Männer auf den Rahen lassen das Tuch auswehen. An den Brassen, Halsen und Schoten unten warten andere auf Befehle, die das ruhige Schiff zur Rennziege machen sollen. Abwartend schauen Schiffsingenieur Pat Cown und sein Schmiermax Alex Miller vom Niedergang aus dem Treiben zu. Die Maschine steht, kein Vibrieren, kein Lärm, nur das ruhige Plätschern des Wassers. Die *Bounty* fällt ab. Jetzt knallt die Leinwand. »An die Schoten, an die Brassen - zu - gleich, zu - gleich!« Schwerfällig bewegen sich die Rahen. »Gut so - Kurs halten!« ruft der Schiffer und beobachtet den Rudergänger. Bobs Gesicht entspannt sich, seine Hände greifen in die Speichen des großen Rades. Die Marssegel blähen sich, die *Bounty* nimmt Fahrt auf, gleitet hinaus aus dem Jackson Port, den Parramatta-Fluß abwärts und der offenen See zu.

»Kurs Nordnordost! Voll und bei!« ruft John. Er schirmt die Augen mit einer Handfläche ab und beobachtet die Segel.

»Bramsegel und Besan setzen - und höher an den Wind, so hoch es geht!« Wir brassen mit ganzer Kraft. Die *Bounty* vollführt einen Satz. Mit Macht rauscht die See am Rumpf vorbei. Das Flußufer ist nur noch als schmales grünes Band auszumachen, auch die ankernden Jachten werden kleiner. Wir pflügen durch den Nachmittag, und unsere Welt ist die See, die am Bug als Gischt hochwirbelt, dann seitlich davonfliegt.

Ich stehe an der Reling und genieße den Fahrtwind. Segeln auf einem alten Windjammer. Gibt es etwas Schöneres? Die *Bounty* fährt - bis auf die Außenbinde - unter vollem Tuch. Sie hat ihre Flügel entfaltet. Wie ein Kondor zieht sie ihre Bahn, leicht, fast schwerelos, als habe sie nur Berührung mit Luft und Wind. Der alte Großsegler ist faszinierender, als ich ihn mir vorgestellt habe. Neben dem Gefühl grenzenloser Freiheit überwältigt der Formenreichtum. Wenn ich hinauf zu den Segeln blicke: Graues Tuch zerteilt den Himmel in Dreiecke, Trapeze, Halbkreise und Quadrate - geometrische Flächen erscheinen wie edles blaues Glas. Auch das glitzernde Wasser wird von dem filigranen Netzwerk aus Wanten und Takelage zerteilt, in viele kleine gesprungene Spiegel. Und alle Formen und Farben sind in ständiger Bewegung und Verwandlung. Wir gleiten durch ein Meer changierender Formen und Farben. Je nach Position ist eine Segelfläche schwarz, grau oder weiß, je nach Winddruck wölbt sich eine Form aus dem Tuch: gestochen scharf in vollendeter Geometrie oder amorph, undefinierbar. Der Schiffer sieht die technischen Eigenschaften der Segel, ich sehe sie als lebendige Plastik, als vollendetes, pralles Kunstwerk. Richtig, es sind pralle, weibliche Formen, deshalb sind für den Seemann alle Schiffe weiblichen Geschlechts. Das erscheint logisch, wenn man den Blick nach oben richtet.

»Wir segeln dem Teufel ein Ohr ab!« ruft Bob Young und stemmt sich in die Speichen. »Wie du willst, Bob, des Teufels Ohr absegeln oder dem Schiff die Masten«, sagt Ed und schaut nach oben ins knatternde Tuch. »Wie schnell segeln wir?« frage ich. »Gut fünf Knoten«, sagt Ed.

Meine Wache ist noch nicht zu Ende. Also schrubbe ich weiter das Deck. Eine Sträflingsarbeit! Andere Kadetten meiner Wache haben sich am Großmast um Ed geschart. Wer will, kann Knoten lernen oder zerschlissene Tauenden reparieren. An Bord gibt es ewig etwas zu tun. Meist ist Pönen die Hauptbeschäftigung der Matrosen, und so streicht Glen gerade die arg ramponierte Nagelbank, das ist der Lochbalken zur Aufnahme der Belegnägel. Glen Douglas ist ein Hansdampf in allen Ecken, ein Seemann aus Leidenschaft. Nie habe ich ihn herumstehen sehen. Er trägt einen braunen Filzhut, den er mit einer Schnur unter dem Kinn verknotet hat, und eine schwarze Sonnenbrille. In den Wanten bewegt er sich wie eine Katze. Wenn er oben im Mast etwas zu reparieren hat, sieht man ihn mit einem Messer quer im Mund. Natürlich ist er immer barfuß, wie hier alle »Teernacken« und »Salzbuckel« an Bord. An den Füßen unterscheidet sich die Crew von den Gästen.

»Achtung, der Alte«, zischt Bob und läßt seinen Blick angestrengt in die Ferne schweifen. Masboury baut sich neben mir auf: »Das ist kein Deckschrubben, das ist Staubwischen!« Er wendet sich um und ruft nach Bill. Der trabt an. »Zeig dem Neuen mal, was Deckschrubben auf der *Bounty* heißt.« Bill schleudert einen Eimer Wasser auf die Planken, eine Schaufel Sand hinterher, krallt seine Zehen um das Holz und scheuert, daß es nur so knirscht und spritzt. Wechsel, das linke Bein ist dran. Im Takt der fliegenden Füße singt er ein Shanty. »Worin besteht der Unterschied?« fragt Ron bissig. Anstelle einer Antwort würde ich ihm brennend gern einen Tritt in den Hintern versetzen. Das letzte Mal machte mich ein Reitlehrer auf diese Weise an, das war vor über dreißig Jahren! Aber ich sage: »Barfüßig singen.« Ron zieht ab. »Der Alte hat dich aber gefressen«, meint Bill. »Wir mögen uns wohl nicht, das ist alles.«

Bill scheuert jetzt deutlich langsamer und singt so schleppend, daß ich den Shanty verstehe und übersetze:

»Fern hinter Sturm und Woge ruht
manch selig grün Gefild:
So grüßte über Jordanflut
eines Kanaans holdes Lied.«

Endlich schlägt es acht Glasen, das ist 16.00 Uhr. Ich feuere den Holzklotz in die

Ecke, schütte zwei Eimer Wasser über die Poop, nehme am Fockmast Aufstellung zur Wachablösung.

Wütend und müde werfe ich mich in meine Koje. Koje! Eigentlich habe ich Hängematten erwartet, doch in denen schaukelt man an Deck, wenn die *Bounty* zwischen Tahiti, Tonga und Fidschi kreuzt.

Übrigens, die Koje ist nicht übel. Die untere ist die meine. Hohe Seitenbretter in Mahagoni haben sie alle. Das ist gut, so kippt man nicht so leicht hinaus. Unter der Koje befinden sich Schubladen. Die rechte hat Anne Smith freigemacht. Anne ist das Mädchen mit den langen dunklen Haaren. Sie stand mit mir in den Rahen. Alles was ich bisher von ihr sah, war, daß sie hübsch, zierlich und jung ist - ein atypisches Seemannsweib also. Mein Blick fällt auf ein Foto am Kopfende ihrer Koje: Ein blondgelockter Bursche im Footballdress mit strahlendem Lachen ist darauf zu sehen, Typ Paul Newman. Na, wer sagt's denn!

Kurz vor dem Einnicken gehen mir drei Dinge im Kopf herum: Lohnt sich die Konfrontation mit einem Footballspieler? Mein gestörtes Verhältnis zum Kapitän und die Reise an der Küste entlang nach Süden in die Botany Bucht, jene Gegend, die Cook im April 1770 mit seiner Bark *Endeavour* erreichte ...

Seenot

Barsches Wecken läßt mich hochfahren. Lärm von Stimmen und Pfeifen dringt ans Ohr. »Raus aus der Kiste«, brüllt jemand, »Seenotfall!« Barfuß, nur in Hemd und Hose haste ich den Niedergang hinauf. »All-hands-Manöver«, sagt Ed, »alle Wachen sind erforderlich.« »Was gibt's denn?« »Steuerbord voraus ist ein Boot gekentert.«

Tatsächlich, da treibt etwas flach auf dem Wasser, und auf seinem höchsten Punkt winken zwei Menschen. Jetzt ist »Zustand«, Ron hat das Kommando selbst übernommen. Segel werden gerefft, der Diesel springt an. Wir, das Fußvolk, werden von einer Ecke in die andere, vom Bug zum Heck gescheucht. Backbrassen, aufheißen, festzurren ... alles soll gleichzeitig geschehen. Halsen ist angesagt. Die Maschine unterstützt den Gegenkurs. Der Wind ist ablandig, will uns mit der Flußströmung aus der Bay hinaustreiben. Im schummerigen Licht des späten Nachmittags ist von den Ufern kaum etwas auszumachen. Unten hat unser Funker mit der Hafenpolizei Kontakt aufgenommen.

Die *Bounty* ist auf Rufnähe an die Jolle herangekommen. Auf dem umgeschlagenen Bootsrumpf sitzen zwei Männer, sehen aus wie Vater und Sohn und machen einen ziemlich erschöpften Eindruck. »Maschine stopp!« Näher können wir nicht herangehen, die Bay ist aufgewühlt. Den Gekenterten wird eine Leine zugeworfen, nach dem zweiten Wurf fängt sie der Alte, rutscht an den Vordersteven und befestigt sie. Ans Aufrichten des Bootes ist im kabbeligen Wasser nicht zu denken. Die *Bounty* wird auf neuen Kurs manövriert. Mit der Jolle im Schlepp begeben wir uns, hart am Ufer entlang, in eine geschützte Bucht. Dabei muß höllisch aufgepaßt werden. Wie Katzenbuckel schauen die vielen Basaltscheren aus dem Wasser. Gar nicht daran zu denken, welche Felsen unter der Oberfläche auf den Rumpf lauern. Eben halten wir den Atem an, es scheint, als schramme die *Bounty* über eine solche Klippenfalle. Ron Deer ruft dem Kapitän in kurzen Abständen die Wassertiefen zu. Vier Meter ist ausreichend, unser Tiefgang mißt 3,20 m. Das besagt aber nichts, wenn der Felsen senkrecht vom Grund aufragt. In kritischem Fahrwasser wie diesem taugt das beste Echolot nichts. - Wir erreichen eine windstille Ecke. Es wurde auch höchste Zeit, denn die Stimmung gegen die beiden im Schlepp wächst merklich. Ron Masboury läßt die Jacht bis fast an den Rumpf holen. Bill wirft das Fallreep außenbords und klettert mit Glen abwärts. Beide haben sich Eimer an die Arme gehängt. Sie versuchen das Boot aufzurichten. Die Gekenterten sind so unbeholfen, vielleicht auch erschöpft, daß sie keine Hilfe sind. Sie können sich auf ihrem Schiffchen kaum halten.

»Ein Mann noch, dann stellen wir den Kahn auf!« ruft Glen herauf. Bevor Ron jemanden bestimmt, schwinge ich mich über die Reling. Zu dritt stehen wir am Schwert der Jolle und ziehen an einem Tau, das vorher an der Mastspitze befestigt worden ist. Fock und Großsegel haben Vater und Sohn vorher gerefft. Als der Kahn sich halb aufrichtet, schöpfe ich Wasser. Zehn Minuten später steht die Jolle geborgen und kerzengerade zur Übergabe bereit. Was soll nun mit den beiden Männern geschehen? Gerührt vor Freude und Dankbarkeit stehen sie im Boot, sind pudelnaß und klappern vor Kälte. Den größten Teil ihrer Ausrüstung haben sie verloren. Die

»Breadfruit« Bligh.
Ein altes Portrait des
Kapitäns der *Bounty*
von R. A. Russell,
das ihn in seinem
33. Lebensjahr zeigt.

Von Fletcher Chris-
tian, dem Anführer
der Meuterer, gibt es
nur diese Abbildung
als Detail eines
Gemäldes von
Robert Dodd (siehe
S. 153 oben).

74   oben links: Sir Joseph Banks (1743 - 1820) der berühmte britische Naturwissenschaftler. Ölgemälde von Thomas Phillips, 1809. Daneben Peter Heywood, Seekadett auf der *Bounty*. Er wurde auf Tahiti festgenommen, zum Tode verurteilt,
dann aber doch begnadigt. Ölgemälde von Robert Batty, 1830.
unten: Das alte Regierungsgebäude des damaligen Gouverneurs von New South
Wales, William Bligh, in Sydney. Ein Aquarell von George William Evans.

oben: Hier führte der Zufall Regie. Der in Bronze gegossene William Bligh, einst Gouverneur von New South Wales, bekommt Gelegenheit »sein« Schiff zu inspizieren, die *Bounty III*, am Circular Quay West im Hafen von Sydney.

unten: *Bounty III* unter Deck. Blick in die Kojen.

76   oben: Die Stammbesatzung der *Bounty III* besteht aus 15 meist enthusiastischen Studenten, die sich dem Rahsegeln verschrieben haben.
unten: Keine Frage, der Nachbau ist gelungen.

Die Galionsfigur wurde ebenfalls nach Originalplänen gefertigt.

78   oben links: Glen Douglas, Matrose und Botaniker. Er klariert in luftiger Höhe das Groß-Marssegel.

oben rechts: Graues Tuch zerteilt den Himmel in geometrische Flächen. Die Masten ächzen unter der Kraft des Windes.

unten: Es ist soweit: »Leinen los!« Bill May löst den Tampen vom Poller.

Auch dem Verfasser wurde auf diesem Törn nichts geschenkt. Hier als Rudergänger vor der Küste Australiens.

Anne Smith ist an Bord eine richtiges Seeweib geworden: immer rührig. Hier spleißt und beschmart sie verschlissene Tauenden.

Die *Bounty III* unter vollen Segeln.

Männer beschließen, die Nacht an Land zu verbringen, sie wollen sich Feuer machen und trocknen. Von der *Bounty* werden Streichhölzer heruntergeworfen. Wir entern auf, damit ist die Hilfsaktion beendet. Die *Bounty* nimmt Kurs auf die Fahrrinne. Michael, der Funker, gibt der Hafenpolizei durch, daß unser Einsatz erfolgreich abgeschlossen wurde.

Über die Bay legt sich Dunkelheit. Im Abendwind machen wir gute Fahrt. An den Rahen wird jetzt Feinarbeit geleistet, das heißt, die Segel entsprechend den Windverhältnissen optimal ausgerichtet. Unter der Anströmung versteht man den Winkel zwischen Schiffsrichtung und Windeinfallsrichtung. Die Rahen werden so gebraßt, daß sie die Anströmung halbieren. Jetzt stehen sie leicht über Backbord. Bekanntlich wirkt auf die Segel nicht nur Schub, sondern auch die Sogkraft des Windes. Überdruck herrscht auf der Schubseite, und Unterdruck auf der Zugseite. Aus der Richtung der Anströmung ergibt sich das Verhältnis von Druck und Sog. Bei spitzer Anströmung entsteht wenig Druck, jedoch viel Sog. Ich schaue nach oben. Vor dem sternklaren Himmel stehen die Segel wie schwarze Fahnen. Mondlicht überflutet das Deck wie flüssiges Chrom. Jetzt stehen die Rahen fächerförmig. Die Wache braßt nach, und ächzend bringen sich die Querbäume in Deckung. Ich wundere mich und frage Glen, der gerade an mir vorbeihuschen will... Endlich verstehe ich das Manöver: Bei achterlichem Wind wird nur fächerförmig gebraßt, wenn die Komponente aus Fahrtwind und wahrem Wind oben eine achterlichere Richtung hat als unten.

Ich schlendere übers Mitteldeck. Ein Seemann macht sich an der Schiffsglocke zu schaffen und ruft: »Wahrschau, es wird geglast!« Schon schlägt die Glocke, laut und klar. So nah dran, erschrecke ich. Alle halbe Stunde wird geglast. Es ist 20 Uhr. Essenszeit.

Man begibt sich in die Messe und nimmt an Tischen und Bänken Platz, die fest mit dem Boden verbunden wurden. Ich rutsche neben John Brown, den Schiffer, und sage ihm, daß es mir leid täte, daß er wegen mir Unannehmlichkeiten mit dem Kapitän gehabt hat. John grinst nur: »Schon gut, Ron ist in Braß, diesen Törn hätte er lieber bleibenlassen sollen.«

Der Kapitän läßt sich nicht sehen, wahrscheinlich speist er allein.

Helen Baxter ist »der« Smutje. Sie reicht Teller mit dampfenden Kartoffeln, Gemüse und Steaks aus der Kombüse. Die Augen der Gäste werden immer größer, denn vor ihnen landen Holztröge mit Sauerkraut und einem Schlag grau-grüner, undefinierbarer Masse, die abscheulich stinkt.

John grinst in sich hinein und schiebt das zarte Fleisch in die Futterluke, während die anwesenden Gäste - einige haben Wache, andere schlafen oder sind schon seekrank - mürrisch in dem Fraß herumstochern. »Schönen Gruß vom Kapitän, der meint, zum Oldtimer-Segeln gehört auch zünftiges Essen. Was ihr da auf dem Teller habt, gab's tagein, tagaus auf der *Bounty*: Rohes Sauerkraut und Pökelfleisch. Und beißt euch am Schiffszwieback nicht die Zähne aus!« Helen reicht noch steinharten

Zwieback und ein Glas dickflüssige, jaucheähnliche Brühe heraus. Die Brühe preist sie als frisches Trinkwasser an. Ich weiß nicht, ob beabsichtigt ist, uns Neue erst einmal zu demoralisieren. Auf jeden Fall steigt in jedem von uns ein Würgegefühl empor, das uns fluchtartig aus der Messe stürmen läßt. Nur Ben Collin rächt sich, indem er seinen Teller in die Kombüse schleudert und »dem« Smutje Helen grauenhafte Schläge androht. Leider ist der Koch eine Frau. Um auf der Hundewache zwischen 24 und 4 Uhr wach zu bleiben, müßte ich jetzt in die Koje, doch mein Magen rebelliert. Ich brauche frische Luft und einen Platz, wo ich heimlich und ungestört die Fische füttern kann. Oben, an der Reling, stülpen sich schon einige Mägen um. Ich begebe mich an den Mastgarten am Fuß des Fockmastes und harre der Dinge. Schließlich übermannt es mich. Als ich mich erleichtert an der Reling aufrichte, meint eine freundliche Stimme: »Das ging uns allen so, beim einen früher, beim anderen später.« Ich schaue in das Gesicht Annes. »Hallo, Seefrau«, versuche ich zu scherzen, »schläfst du nicht auf mir?« »Über dir«, verbessert sie bestimmt und lacht.

Wir schauen über die Bay, deren schwarzes Wasser rauschend den Rumpf umspült. Wäre der Magen in Ordnung, könnte man von einer romantischen Nacht sprechen. Anne erzählt, daß sie nun die zweite Saison auf der *Bounty* fahre. Mit ihrer Freundin Sue Miller habe sie einst auf den Fidschis angeheuert. Die *Bounty* lag im Hafen von Suva und brauchte Personal für niedere Arbeiten. Sue und Anne hätten sich spontan verpflichtet und seien den ganzen südlichen Sommer unterwegs gewesen. Ron zahlte nur den Hin- und Rückflug von Sydney oder einem anderen Hafen in die Heimatstadt. Die Stammcrew bestehe aus besessenen Seglern und *Bounty*-Fans. Kost und Logis seien frei, für die Arbeit gäbe es keinen Pfennig. Auf Tahiti habe das vor Jahren zu großem Ärger geführt. Ein Journalist bezeichnete Ron als skrupellosen Ausbeuter und brachte die Sache in die Zeitung. »Sicher, ein kleines Taschengeld hätten wir uns schon gern verdient«, sagt Anne, »doch der Wartungsaufwand ist so gewaltig, daß sich Ron keine bezahlte Mannschaft leisten kann.«

»Und die Einnahmen der zahlenden Gäste oder die Chartertouren?« frage ich. »Die decken die Kosten nicht. Ron versuchte es auch mal mit schlecht bezahlten Insulanern. Das war eine Katastrophe! Die kamen und gingen wann sie wollten. Ewig gab es Streit untereinander und mit den Gästen. Nein, dies ist die beste Lösung. Die Crew versteht sich prima. Die meisten sind Studenten aus den Staaten, Australien und Neuseeland und alle schwer begeistert.« Anne und Sue stammen aus San Francisco. An der Universität in Berkeley studieren sie Jura. Für die *Bounty* haben sie ihr Studium für einige Trimester unterbrochen.

»Was machst du nach dem Juni?« frage ich. »Sue und ich gehen weiter auf die Uni. Wir sind ganz froh über das notgedrungene Aus. Wer weiß, am Ende wären wir auf der *Bounty* total versackt. Aber traurig sind wir alle, die Zeit auf dem Schiff war einfach toll.« »Bei dem Kapitän?« sage ich und schaue wieder über das Wasser. »Ron ist ganz in Ordnung, manchmal etwas launisch, das gibt sich.« »Mich behandelt er wie einen dummen Jungen«, sage ich. Sie lacht: »Kein Wunder, das ist die Rache des kleinen Mannes. Ed Eyre hat dich als seinen Freund empfohlen, dann bekam er heraus, daß du Journalist bist. Eigentlich wollte er dich nicht an Bord lassen.« »So ein

Unsinn, ich bin weder Journalist noch interessiert mich, ob er seine Crew gut oder schlecht bezahlt.«

»Dann sag's ihm doch!« meint Anne.

»Ich kann mit ihm nicht vernünftig reden.« »Na fein, auf die *Bounty* gehört eben ein skurriler Kapitän«, damit verschwand sie in Richtung Niedergang. An Bord ist bis auf verhaltenes Segelknattern alles ruhig. Das Schiff macht gute Fahrt in Richtung offene See. Die Wache beschäftigt sich mit Wartungsarbeiten. Ich stecke meinen Kopf noch einige Zeit in den Fahrtwind, dann begebe ich mich auch nach unten. Die Kammer mit den Kojen ist dunkel, ich ertaste mein Lager und rolle mich hinein. Im Aufenthaltsraum, dem »Salon«, herrscht noch fröhliches Treiben. Ich höre es an den Stimmen ... Dann werde ich vom Schaukeln des Schiffes in den Schlaf gewiegt.

Die Nachtwache ist kalt und feucht. Der Himmel hat sich bezogen, und größere Wellen entladen sich als Gischt über dem Deck. Naß und klamm stolpere ich über die glitschigen Planken. An allerlei Gegenständen stoße ich mir die Knochen und fühle mich in der Finsternis verdammt unwohl. Bootsmann Ed Eyre führt die Wache. Seine Kommandos zu den Kurskorrekturen verstehe ich nur halb, und weil ich nichts sehe, kapiere ich nicht, was er meint. Also renne ich treudoof einem Tom Baxter hinterher, einem Matrosen, der wenigstens weiß, welche Strippe wann zu ziehen ist. In dieser ersten Nacht bin ich lediglich zum Brassen zu gebrauchen, das auch nur, wenn man mir das richtige Tauende in die Hand drückt. Hilflos und überflüssig komme ich mir vor, zum Glück sind keine großen Manöver angesagt. Ich begebe mich an eine Nagelbank und schieße Taue auf, um die Koffienägel wieder sauber mit Untermarsschot, Großgeitau, Toppnant, Großinnengording ... und wie die Taue alle heißen, zu belegen. So kann man sich auch nützlich machen. Andere Tauwerksenden werden gedreht und schneckenförmig aufgeschossen.

Mit Tauwerksenden kann man sich ewig beschäftigen. Sie fransen aus und müssen neu umwickelt, ja regelrecht vernäht werden. Ich übe jetzt einige Seemannsknoten. Bestimmte werde ich wohl nie lernen: Stopperstek, laufender Palstek und doppelter Schotstek gehören dazu. Im Schein einer Petroleumlampe mache ich mich an die Knoterei, es ist das »Kleine 1 x 1« eines jeden Kadetten. Nebenbei präge ich mir die Funktion der Gordings ein. Gordings sind Taue zum Aufgeien von Segeln. Sie dienen zusammen mit den Geitauen, die an den Schothörnern (untere Ecken der Rahsegel, an der die Schot befestigt ist) ansetzen, zum Aufholen der Segel unter die Rah. Die Gordings ziehen die Segel wie Rollos hoch. Wir haben es uns auf einem trockenen Plankenplätzchen neben dem Niedergang bequem gemacht. Ed sitzt vor uns und erzählt von früheren Törns zwischen Tahiti und Tonga. »Östlich von Suva in den Atollen von Lakeba segelten wir ums Haar ins Seemannsgrab. Wir rammten ein Riff. Das Leck war klein und ließ sich mit Segeltuch von außen stopfen, dennoch wären uns fast Besan- und Großmast aufs Deck geschlagen.« »Wieso das?« fragt der Schmiermax Alex, er hat nur wenig Erfahrung mit Großseglern. »Auf Windjammern ist das Zug- und Drucksystem der Takelage so fein ausgeklügelt, daß schon bei einem mittelschweren Stoß alles zusammenbrechen kann. Starke Dünung bei Windstille ist das schlimmste, was einem Großsegler widerfährt. Er kommt in unkontrolliertes Taumeln und verliert den Halt im Wasser und am Wind. Was ein schwerer Sturm kaum schafft, passiert bei heiterem Himmel: Die Rahen stürzen ab, die Takelage kommt herunter. Das Schiff wird zum Wrack. Es hat Segler gegeben, die wurden regelrecht entlaubt.«

Gerade stelle ich mir Captain Bligh vor, wie er mit seiner murrenden und knurrenden Mannschaft auf der *Bounty* I durch unerforschten Ozean segelte. Mit primitivsten Navigationshilfen hatte er sich den Kurs nach Tahiti gesucht ... und ihn gefunden. Position, Geschwindigkeit, Wassertiefe, alles waren Bestimmungen, die Mühe machten und Zeit kosteten. Neben Bligh beherrschten sie Fletcher Christian und der Schiffer John Fryer. Und auf unserer *Bounty*? Ein Blick auf die Instrumente gibt über alles Auskunft. Ich will es wissen: »Wie schnell sind wir eigentlich? Wassertiefe und Position bekannt?« Tom Baxter spielt mit und steigt in den Kartenraum mit den Instrumenten. Kurz darauf erscheint er wieder. »Geschwindigkeit vier Knoten bei Windstärke sechs. Wassertiefe 22 Meter, Position: fünf nautische Meilen südöstlich von South Head.«

Im Grunde ist unsere *Bounty* eine Hybride, ein frisierter Oldtimer mit seinem Hilfsdiesel, dem kleinen Generator, dem Kreiselkompaß, Echolot, Wetterkartenschreiber, Radar, dem UKW-Sprechgerät. Dennoch spüren wir auf ihr echte alte Seefahrtsromantik. Auf Deck geht es in der Tat zünftig zu und ohne Hilfsmittel wie Braßwinden oder maschinelle Hilfe fürs Steuerrad. Technik dient der *Bounty* nur zur Sicherheit, nicht zur Erleichterung der Arbeit. In der Nacht haben wir den Schutz der Watsons Bay verlassen und segeln nun auf dem offenen Ozean bei frischer Brise aus Nordost auf Südkurs. Dieser Abschnitt des Südpazifiks zwischen Neuseeland und Australien heißt Tasman Sea, stellenweise ist sie 5000 m tief.

Am Tage müßten wir jetzt die Bucht von Bondi ausmachen können. Doch wir pflügen die See in schwarzer kalter Nacht. Kurz vor der Wachablösung fängt es an zu regnen. Wie sehne ich mich nach meiner Koje! Da heißt es zu guter Letzt: »Toppgasten der Wache enter auf!« Ein Segelmanöver bei dem Sauwetter! Befehl ist Befehl.

»Klar zum Manöver!« ruft Ed. In der Marssaling und der Bramsaling nehmen vier Matrosen ihre Positionen ein und haben das Klarlaufen der Tampen beim Hochhieven der Rahen »im Auge«. Sie sehen nichts, aber sie hören, wann sie in Aktion treten müssen. Ich lege den Kopf in den Nacken und staune in die Dunkelheit. Was sich da hoch oben unsichtbar abspielt, ist hohe Segelkunst. »Jetzt kommt der Wind ideal«, sagt Ed, »am liebsten fährt sie mit 'ner satten Brise von querein bis vier Strich von achtern.«

Endlich kann ich mich in der Koje langmachen. Das Schiff liegt brettsteif. Ich spüre kaum Bewegung. Die Krängung, etwa zehn Grad nach Steuerbord bei auflandigem Wind, ist konstant, das flaue Gefühl in der Magengegend ist verschwunden.

*»Ich, der ich den Ehrgeiz hatte, nicht nur weiter-
zukommen als irgendein Mensch vor mir, sondern
auch so weit, wie es einem Menschen nur möglich
war...«*

(Kapitän James Cook)

Botany Bay, damals und heute

Der dritte Tag auf See. Gestern mußten wir durch schweres Wetter segeln, hinzu kam, daß der Wind drehte und Stunde um Stunde stramm aus Süden blies. Wir kreuzten gegenan, dennoch verloren wir stetig an Höhe. Mit 27 Leuten an Bord gab es keine Hand zuviel. Wir Kadetten mußten ran wie die Galeerensklaven. Kein Wunder, daß sich die Handflächen vom Brassen und dem Bedienen von 5000 m Tauwerk mit Schwielen überzogen, die dann platzten und im Salzwasser überkommender Wellenberge verdammt brannten. Aber wir waren stolz, die *Bounty* auf Kurs zu haben. Immerhin standen Bligh im rauhen Wetter 44 Mann zur Verfügung. Ich war froh, daß Wachen und Freiwachen gefordert waren, so brauchte ich das Gebetbuch, das verfluchte Scheuerholz zum Deckschrubben, nicht unterm Fuß haben.

Meiner Schätzung nach furchen wir den blauen Acker östlich von Cape Banks. Bald muß der Befehl zur Kursänderung kommen: Westwärts in die Botany Bay - es sei denn, wir haben uns verfranzt. Land haben wir lange nicht mehr gesehen. Ich stehe mit Pat Cown an der Steuerbordreling. Bleigrau und verhangen ist der Morgenhimmel. Die See gespenstisch ruhig. Feuchte dicke Nebelschwaden liegen auf dem Wasser und lassen die Welt um uns herum schrumpfen. Selbst vom Schiff befinden sich Mastspitzen, Bug und Heck in der Waschküche. Ab und zu zeigt sich am Himmel eine fahle, silbrige Scheibe, während über der See der Nebel undurchdringlich dicht ist.

Außer dem Schwappen des Bugwassers ist nichts zu hören. »Wenn sich der Morgennebel verflüchtigt, wird es einen schönen Sonnentag geben«, sagt Pat und späht angestrengt in die graue Wand. Ob er auch Land vermutet oder einfach Bedenken hat, mit einem dicken Pott zu kollidieren? Wie erst dem Rudergänger zumute sein muß? Oder Ron Masboury, der den Kurs bestimmt? Ich betrachte mir Pats sorgenvolles Gesicht. Er sieht grau und übernächtigt aus. »Norman Peters wahrschaut im Krähennest«, sage ich, um ihn zu beruhigen.

»Ich bin gut zehn Jahre auf der *Bounty*, sie ist mir ans Herz gewachsen wie 'ner Mutter ihr Kind. Bei so einem Wetter hab ich keine Ruhe.« So starren wir in die graue undurchsichtige Masse. Nach geraumer Zeit stößt mich Pat plötzlich an und deutet in das konturenlose Nichts. Mein Gott, da zieht etwas vorbei, absolut lautlos, wie von Geisterhand geschoben. Ich sehe den schwarzen Rumpf eines Windjammers mit zerfetzten, blutroten Segeln dicht vor uns. »Der Fliegende Holländer«, murmle ich. »Fürwahr, er ist es - ein böses Omen!«, sagt Pat. Ich glaube lieber an einen Zufall. Aber welch Zufall! Vor 221 Jahren geriet auch Kapitän Cook an diesen Küstenabschnitt in dichten Nebel und vom Kurs ab. Als er es merkte, war es zu spät, er vermochte nicht mehr festzustellen, ob Van Diemens Land (Tasmanien) eine Insel war oder nicht.

In einer Bucht, auf 34 Grad südlicher Breite, derselben, die jetzt irgendwo vor uns liegen muß, suchte er für sein Schiff, die *Endeavour*, einen Ankerplatz. Einen Ankerplatz, der ihm und einem Teil seiner Leute fast zum Verhängnis geworden wäre.

Was es mit dem Fliegenden Holländer auf sich hat? Nun, ihm liegt das Schicksal eines holländischen Dollbrägens von Kapitän aus dem 17. Jahrhundert zugrunde. Dem Menschenschinder, Säufer und Segelvirtuosen war kein Wetter zu arg, kein Orkan zu wild. Als er einst versuchte, um Kap Horn herumzukommen, fluchte und lästerte er Gott: »Beim Teufel und allen Heiligen, das Kap bezwinge ich, auch wenn der Kampf bis zum Jüngsten Gericht dauern sollte!« Kaum war sein Fluch von den Lippen, jagte eine mächtige Bö Schiff und Mannschaft auf den Meeresgrund. Der Sage nach verwandelte sich der gesunkene Windjammer zum Geisterschiff, das seit jener Zeit ruhelos auf allen Ozeanen spukt. Bei völliger Windstille soll das verhexte Schiff unter prallen Segeln dahinrasen, daher der Name »Fliegender Holländer«. Immer wieder wollen Seeleute den Holländer gesehen haben: Im Sturmgetöse oder in einer Flaute, so nah, daß sie an Deck sogar Männer mit langen, eisgrauen Bärten erkennen konnten. Das Erscheinen dieses Ahasverus der Ozeane gilt als schlechter Bote und ist eine Warnung für unmenschliche Kapitäne.

Ich denke an einige jener wirklichen »Geisterschiffe«, die, von der Mannschaft verlassen, jahrelang auf dem Meer herumtrieben, oder solche, deren Crew tot war, von einer Seuche oder durch Durst und Hunger dahingerafft. Authentisch ist die Irrfahrt eines Sklavenschiffs, dessen Seeleute eine Augenkrankheit befiel. Der Segler war mit der blinden Mannschaft monatelang unterwegs gewesen...

Wir atmen erleichtert auf, als es klar wird und aus dem Großmast plötzlich: »Laaand Hooo!« - Land in Sicht - erschallt. Die Morgensonne spiegelt sich in der See. Ich schaue nach achtern, nichts. Die *Bounty* ist das einzige Schiff weit und breit. Mit dem Fernglas suche ich den grünen Küstensaum ab. Wir befinden uns zwischen Cape Banks und Cap Solander, dazwischen liegt die Einfahrt zur Botany Bay. Ein paar verspielte Delphine begleiten uns. Elegant, wie ihre spindelförmigen Körper aus dem Wasser schnellen, zehn Meter durch die Luft fliegen - wegtauchen. Wasser und verbrauchte Luft spritzt aus ihren Atemlöchern.

John Brown ruft der Wache den neuen Kurs zu: »Westnordwest!« »Wir haben hier nichts mehr zu tun«, sagt Pat, »laß uns unter Deck gehen.«

Im »Salon« sitzen einige Kameraden der Freiwache bei augenscheinlich bester Stimmung. Der Schiffsjunge Joe May ist rot bis hinter die Ohren und gestikuliert recht unkontrolliert. Kein Wunder, unter dem Tisch kreist eine Buddel Rum, die

86

heimlich an den Mund gesetzt wird. Wenn das der Alte erfährt! Andererseits sind wir alle von der letzten Nacht fix und fertig, aber aufgewühlt, kein Auge findet Schlaf. Ein Grund für Rick Aldon, den Schiffszimmermann, die Flasche herumgehen zu lassen. Pat Cown tut so, als merke er nichts. Wir setzen uns dazu. Ich mag den Schiffsingenieur. Sein gutmütiges Gesicht wird von einem weißen Bart eingerahmt. Mit seinen 55 Jahren und der ausgeglichenen Art ist er die Vaterfigur an Bord.

Heißt es: »Alle Mann an Deck«, beruft er sich nicht auf Privilegien, sondern packt an wie jeder Matrose. Eigentlich ist Pat ein sensibler Mensch, der eines Tages als Betriebsleiter einer Maschinenbaufirma in Chicago keine Erfüllung mehr fand. Das aufgeblasene Gehabe mancher Geschäftsleute war ihm zuwider. Das Spießerdasein kotzte ihn an. Quasi als Philosoph ging er seinen zweiten Lebensabschnitt an: Er las einschlägige Bücher und Zeitschriften, bis er eines Tages entschied, das Angelesene umzusetzen und mit dem bisherigen Leben Schluß zu machen. Einer der Gründe, weshalb Pat Cown sich auf die *Bounty* als Schiffsingenieur zurückzog, war, sein Inneres mit seinem Äußeren in Einklang zu bringen. Pat hat das Bedürfnis, etwas über sich zu berichten, über seine Enttäuschung in Chicago, den Schmutz, das deprimierende Wetter, die Menschenmengen, die Unrast, Gangstertum und Korruption. Er beklagt die Enge und die Monotonie des Großstadtlebens. Auf diesem Schiff fühlt er sich wie neugeboren. »Ich führe ein besseres Leben. Es ist, als wäre man von einer Zwangsarbeit begnadigt worden«, sagt er lächelnd und fügt hinzu: »Als ich anfing, war es fast so, als entdecke ich, daß es einen Gott gibt - als leibhaftige Natur. - Kaum zu fassen, daß alles zu Ende sein soll!«

Die Flasche kreiste zum dritten Mal. Oder ist es eine neue? Joe singt mit hoher Kinderstimme ausgerechnet ein Shanty über ein Seemannsgrab:

»Ruhe sanft auf kühlem Grunde,
von den Wellen eingewiegt,
deiner Mutter bringt die Kunde,
wo ihr Sohn begraben liegt.«

Und Joe senkt die Stimme und fühlt sich wie ein Jan Maat, dem Rasmus voll ins Gesicht brüllt. Pat schaut den Zimmermann an und sagt: »Rick, sieh zu, daß du ihn ohne Aufhebens in die Koje bekommst.«

Der vierschrötige Rick Aldon nimmt den Jungen liebevoll auf die Arme und trägt ihn hinaus. Es gibt keinen Protest. Makaber klingt unser Abgesang:

»Da liegt er nun in guter Ruh -
Bootsmann mach die Klappe zu!
Pfiff, an die Arbeit!«

Makaber im doppelten Sinne: Um den tapferen Joe May wäre es zwei Tage später fast geschehen gewesen. Der blanke Hans riß mächtig an seiner Back-Nummer.

Gegen Nachmittag rauscht donnernd die Ankerkette über das Spill. Der Stockanker faßt, der Segler ruckt an der Kette und bleibt wie gefesselt liegen. John teilt die Ankerwache ein. Auf Deck ist es heiß geworden, die Sonne sticht. Bob Young schleudert von Zeit zu Zeit einen Eimer Meerwasser über die Planken. Das Pech in den Fugen soll nicht kleben und die Beplankung nicht schrumpfen.

Wir machen das Beiboot klar und lassen es zu Wasser. Dann rudern wir dem Südufer der Bay zu, die wegen ihres üppigen Pflanzenwuchses von James Cook »Botany Bay« getauft wurde. Was war aus der artenreichen Bucht geworden? Heute steuert man auf Öltanks und Raffinierien zu und auf die Startbahn des internationalen Flughafens von Sydney. Die Aborigines wurden verdrängt. Lediglich im Stadtteil Redfedern leben noch einige in Wellblechverschlägen. Bis ins letzte Jahrhundert hinein wurden die Ureinwohner in regelrechten Treibjagden dezimiert. Gerade dröhnt ein Jet über uns hinweg, so laut, daß der Magen vibriert.

Wir rudern einem grünen Uferstreifen entgegen, so fällt die Vorstellung leichter, wie sich im April 1770 die *Endeavour* an die Bucht herantastete: Der Nebel hatte sich verflüchtigt, sichtbar wurde bewaldetes, flaches Land. Der junge vielversprechende Botaniker Joseph Banks suchte die Küste mit dem Fernrohr ab. Der erste Versuch, mit der Barkasse zu landen, mißlang. Cook, Banks und Tupaia, ein Mitreisender aus Tahiti, wurden von der Brandung zur Umkehr gezwungen. Auf 38 Grad südlicher Breite kamen die Entdecker an eine Bucht, in die der Dreimaster bei leichtem Westwind und ausreichender Tiefe bequem hineinsegeln konnte. Am Strand fischten Eingeborene mit Speeren; von dem Großsegler mit den Europäern nahmen sie keine Notiz. Etwas später ließ Cook vor einer kleinen Siedlung ankern. Die Schwarzen zeigten keinerlei Neugier. Man stieg an Land. Plötzlich tauchten Aborigines, mit Speeren und gebogenen Holzscheiten (Bumerangs) bewaffnet, auf. Die Gruppen standen sich gegenüber. Alles war ruhig. Kein Windhauch. Gleißend hell war der Tag. Der Rauch der Feuerstellen stieg senkrecht zum Himmel. Hier die Schwarzen, dort die Weißen. Alles verharrte in Spannung. Eine gespenstische Szene. Tupai als Dolmetscher rief ihnen etwas zu. Keine Antwort. Da schwirrten Speere durch die Luft. Es war wie in einem bösen Traum. Abermals flogen Speere, die nur kanpp die Weißen verfehlten. Es war wieder ruhig. Man starrte sich an. Banks wollte die Schwarzen mit Perlenketten beruhigen. Mit einem Begleiter ging er ihnen entgegen und warf die Ketten in den Sand. Die Schwarzen kamen heran, hoben sie auf, untersuchten sie und warfen sie achtlos zurück. Nun verschwanden die Eingeborenen. Unglaublich! Was für ein merkwürdiges Land? Cook plagten böse Vorahnungen. Noch nie hatte er einen Ort betreten, an dem die Stille so gespenstisch war.

Dennoch herrschte in der Bucht pralles Leben. Da wimmelte es von Stachelrochen, üppigen Mangroven, Muscheln aller Art, bunten Vögeln, besonders Papageien und Kakadus. Menschen sah man selten. Sie schienen scheu wie Rehe zu sein, blieben auf Distanz und huschten durch den grünen Busch als schwarze Schatten.

Banks, Solander und Parkinson eroberten sich die Pflanzenwelt. Von morgens bis abends sammelten, klassifizierten und malten sie alles, was sie fanden. Manche Spezies waren endemisch. Die Wissenschaftler hatten sie niemals zuvor gesehen, auch die Artenvielfalt verblüffte sie.

Cook selbst vermaß die Bucht und fertigte einige sehr exakte Zeichnungen an. Die *Endeavour* nahm Nahrung, Holz und vor allem frisches Süßwasser an Bord. Die

Matrosen fischten, dabei wurde reiche Beute gemacht. Nachmittags schütteten die Männer den Fang auf den Strand, um die Fische auszunehmen.

Plötzlich waren die Schwarzen wieder da, lautlos und drohend verweilten sie. Dann kamen sie näher. Wildheit lag im Ausdruck und der Gebärde. Körper und Gesichter hatten sie mit weißen Farbstrichen bemalt, ihre Fäuste schwangen lange Speere. Während sie heranhuschten, kreischten die Papageien in den Bäumen. Die Europäer sprangen auf, spannten die Hähne der Musketen. Cook befahl ihnen, sich langsam, ohne Hast in die Barkasse zu begeben und sich abzusetzen. Als die ersten der Crew ins Boot stiegen, bohrte sich ein Speer vor Gibson in den Boden. Banks war im Begriff, die Nerven zu verlieren. Er wollte, daß auf die Schwarzen geschossen wurde. Gibson tat dies nicht, da er sicher war, dadurch einen wütenden Angriff der zahlenmäßig überlegenen Schwarzen zu provozieren. In barschem Ton befahl Cook dem Botaniker Banks, ins Boot zu steigen. Schließlich waren alle hineingeklettert, und man bedauerte, die vielen Fische am Strand zurücklassen zu müssen. Gibson, der als letzter ins Boot sprang, wäre ums Haar doch noch von einem Speer getroffen worden. Vom Boot aus schoß er den nächsten Angreifer nieder. Die Horde hielt inne und starrte auf den Toten, dann untersuchten sie ihn. Das Beiboot wurde jetzt mit äußerster Kraft hinaus in die Bay zur *Endeavour* gerudert.

Der Vorfall hatte Cook nachdenklich gemacht. Er war überzeugt, daß die Eingeborenen sie der Fische und der Schildkröten wegen, die sie gefangen hatten, angreifen mußten. Seine Leute hatten zuviel Beute gemacht. Diese Menschen waren gänzlich anders in ihrer Einstellung. Aus Perlen und anderen Geschenken machten sie sich nichts, auch nichts aus den fremden Weißen. Aber es schien ihnen wichtig zu sein, daß nur gejagt und gefischt wurde, was auch selbst gegessen werden konnte. »Die Eingeborenen hielten die Europäer für gierig und unersättlich. Ein Verhalten, das bestraft werden mußte, weil es ihre Nahrungsgrundlage bedrohte«, sinnierte Cook.

Nach dem Zwischenfall gingen die Männer vorsichtiger bei der Nahrungsbeschaffung vor. Als Banks und Cook ihre Aufgaben abgeschlossen hatten, der eine in den Eukalyptuswäldern, der andere als Landvermesser, beschloß die Schiffsführung, in der Bay ein Zeichen der Erinnerung an ihren Aufenthalt zu hinterlassen. Ein Schild wurde angefertigt und der Union Jack gehißt. Die Männer grüßten die Flagge. Nun schlug man das Schild feierlich in den Boden, auf ihm war zu lesen: »Botany Bay. Lt. James Cook, Bark *Endeavour*, 28. April 1770«. Als das Schiff die Segel setzte, um aus der Bucht heraus und weiter an der Küste hinauf nach Norden zu gelangen, waren alle froh, das Land mit seinen stummen, bedrohlichen Bewohnern verlassen zu haben.

Wir haben den Landgang vor uns. Er wird nichts Geheimnisvolles, nichts Besonderes bieten. Die Bay ist erschlossen, in ein kultiviertes Korsett geschnürt worden. Nichts bleibt zu entdecken oder zu belauschen. Es sei denn der Grad der Wasserverschmutzung oder die Phonstärke der Düsentriebwerke. Es ist schon so, daß das einzig Romantische an der Bucht die Einfahrt mit der *Bounty* war. Nun kann man vor den Toren einer Millionenstadt keine Urnatur verlangen. Schon beachtenswert, daß sich südlich Southerlands, kaum 40 km von Sydney entfernt, der großflächige Royal National Park befindet, der älteste Australiens.

Wir gleiten an Mangroven vorbei, suchen ein sandiges Uferplätzchen, wo das Beiboot auf den Strand geschoben werden kann. Im wassernahen Gehölz quaken Ochsenfrösche. Enten schnattern in kleinen Formationen in einer Lagune. Fische springen, darüber segeln kreischend weißgraue Möwen. Gravitätisch schreitet abseits ein Reiher durch knietiefes Naß. Die Natur scheint sich mit der Unruhe der nahen Metropole zu arrangieren. Was bleibt ihr auch anderes übrig?

Festen Boden unter den Füßen, schwärmen wir aus. Jeder erkundet den Ufersaum nach seinen Interessen. Ich bin erstaunt, welche unvermuteten Potentiale sich da unter dem Einerlei zweckmäßiger Seemannsroben verbergen: Ed Eyre sucht den Strand nach besonderen Steinen und Muscheln ab, sein Hobby ist die Mineralogie. Helen Baxter sammelt Federn, eigentlich ist sie Ornithologin. Den Smutje »spielt« sie an Bord, weil Kochen und Segeln ihre Leidenschaften sind. Leider ist sie nicht schwindelfrei und darf nicht in die Wanten klettern.

Glen Douglas, ein Matrose, ist wie Joseph Banks hinter allerlei Grünzeug her. Als angehender Botaniker, kurz vor dem Examen, verstaut er Unmengen von Blättern und Gräsern in seiner Botanisiertrommel. Hilfsmaschinist Alex Miller ist gar kein wirklicher Schmiermax, sondern Biologe. Ihn interessiert das Kleintierleben an der Wasserwechselzone. Ich gehöre mit Michael und noch einigen wenigen zu denen, die keiner ernsthaften Beschäftigung nachgehen. Michael angelt vom Boot aus; Pat, Ron, Anne und ich schwimmen und tauchen mit Brille und Schnorchel. Im trüben Baywasser ist die Unterwasserwelt diffus und milchig. Ich schwimme zum Boot. Michael ist mit seiner Angelei überaus erfolgreich. Makrelenähnliche Fische beißen fabelhaft. »Das wird ein köstliches Menü heute abend«, ruft Helen. Sie hat nebenbei noch Miesmuscheln gesammelt und Glen schleppt einen Arm voll wilden Spinat heran. Wie eine Nixe schwingt sich Anne Smith ins Boot. Während das Wasser von ihrem Körper rinnt, frotzelt sie über Glen, der nicht weiß, wo er seinen Spinat lassen soll.

Ich präpariere eine zweite Angel und geselle mich zu Michael. Bisher habe ich mich mit dem jungen Mann, der auf der *Bounty* unter anderem für das Funkgerät zuständig ist, noch nicht unterhalten. Er ist ein dunkler, muskulöser Typ mit einem schmalen Gesicht und einer großen Hakennase. Aus seiner Bräune schließe ich, daß er irgendwo tropische Sonne genossen haben muß. Er fragt mich nach meinem Beweggrund, diesen Törn mitzumachen. Ich sage ihm, daß ich im Kielwasser der *Bounty* einen letzten Hauch Südseeabenteuer einfangen möchte. Da lacht er und erzählt seine kuriose Geschichte: Michael Tonner ist jüdischer Abstammung, geboren in New York, ein Amerikaner also, der aber mit der Politik Johnsons nicht einverstanden war. Nach der Militärzeit als Kampfschwimmer wanderte er nach Israel aus. Dort diente er der Armee als Fallschirmspringer und Funker, war an Kommandos im Libanon beteiligt. Doch dann paßte ihm die Siedlungspolitik nicht, er verließ Israel. »Ich nehme die Politiker zu ernst, das ist mein Problem. Wenn sie die Unwahrheit sagen, fühle ich mich persönlich betrogen. Jetzt weiß ich, daß ich eher Amerikaner als Israeli bin. Leider kommt die Einsicht zu spät, die amerikanische Staatsbürgerschaft habe ich verloren. Aber ich werde sie wiederbekommen, und wenn ich mich wieder als Kampfschwimmer bei der Marine melde!«

»Dann ist Australien deine Warteschleife?« frage ich.

»Genau, und auf der *Bounty* will ich zu mir selbst finden. Am zwanzigsten fliege ich nach Los Angeles, und in einem Jahr bin ich wieder Yankee - oder staatenlos.«

Mit der untergehenden Sonne rudern wir zurück zum Windjammer, bauen auf Deck einen Grill auf, den wir mit Fisch, Muscheln, Fleisch und Folienkartoffeln beschicken. Der wilde Spinat schmeckt bitter, dafür ist er frisch. Das köstliche Barbecue runden ein paar Flaschen Wein und Schnaps ab. Unsere Crew ist selten so ausgelassen und fröhlich gewesen. Trotz oder gerade wegen der fehlenden Integrationsfigur, die nach heutigem Verständnis von Führung der Kapitän sein sollte, formieren wir uns allmählich zu einem eingeschworenen Haufen, bereit, durch dick und dünn zu gehen.

Keiner ahnt, daß wir bald auf eine harte Probe gestellt werden. Ich fühle mich in der *Bounty*-Mannschaft wohl, bin froh, daß mich das gestörte Verhältnis zu Ron Masboury nicht isoliert. Im Gegenteil, Ron erscheint mir immer deutlicher als kontaktloser, unsicherer, eher bedauernswerter Mensch, mit den größten Problemen im zwischenmenschlichen Bereich. Ein Mann, der sich im Wege steht und der im Grunde unter seinem kleinkarierten, humorlosen Dasein leidet. Wie traurig für ihn, der doch als Miteigner und Kapitän der *Bounty* Gespür für besonderes Unternehmertum bewiesen hatte.

Welche Schicksalsironie, daß die neue *Bounty* heute, 203 Jahre nach William Bligh, von einem Mann ähnlichen Charakters kommandiert wird? Es war Mitte September 1788 als er, von der Adventure Bay Tasmaniens kommend, an der Südspitze Neuseelands vorbeisegelte, mit dem Kurs auf Tahiti. Vom Ankerplatz trennen uns höchstens 500 sm zum West-Ost-Kurs Blighs. Würde der Kapitän auf Deck der neuen *Bounty* stehen, in seiner goldbetreßten Uniform, dem weißen Rüschenhemd, in enger weißer Wadenbundhose mit dem Degen an der Taille, sein blasses, etwas schwammiges Gesicht würde zornrot anlaufen. Mit wüsten Flüchen auf den Lippen würde er uns an die Arbeit oder unter Deck jagen. Ausgelassene Gesellschaften waren ihm ein Greuel.

In meiner alkoholisierten Stimmung gröle ich nach achtern:»Wo steckt Bligh?« Verhaltenes Lachen, dann ruft der Schiffszimmermann zurück: »Unten in seiner Kammer, wo sonst?« Merkwürdig, Zimmerleute waren schon auf den alten Windjammern für ihre Respektlosigkeit bekannt. Auch Bligh hatte disziplinarische Probleme mit seinem »Holzwurm« William Purcell. Er ließ ihn zwei Wochen lang in Eisen legen.

Als erster legt John, der Schiffer los, dann fallen nach und nach alle in lautes Singen ein. Schon bald hallen ungewollt vielstimmige Kanons über die Bay - in die australische Nacht. Auf der Poop rücken wir zu einem Kreis zusammen und schmettern aus rauhen Kehlen - auch Seefrauen können aus rauhen Kehlen singen, sie müssen nur lange genug mit der *Bounty* unterwegs gewesen sein.

»... Falle ich einst zum Raube empörtem Meer,

fliegt eine weiße Taube zu dir hierher.

Lasse sie ohne Fehle zum Fenster ein,

mit ihr wird meine Seele dann bei dir sein.

Auf Matrosen, ohe! In die wogende See!

Schwarze Gedanken, sie wanken und fliehen geschwind uns wie

Sturm und Wind...«

Auch mit »meinem« La Paloma läßt sich kein Ron an Deck in unsere fidele Runde locken. Schade, in dieser Nacht hätte ich mich mit ihm versöhnt...

Allmählich beginnt die kühle lange Nacht. Müdigkeit und Ruhe legt sich über das Schiff. Man hört nur noch die kurzen Wellen, die an die Bordwand plätschern. Im Mondlicht wirkt der Rahsegler wie ein filigraner Scherenschnitt. Auf einmal summt Anne Smith leise vor sich hin: »Ich bin müde und schmutzig - ich weiß einfach nicht, warum ich so glücklich bin.«

Sturz von der Großrah

Bei herrlichem Wetter segeln wir aus der Botany Bay, umrunden Cap Solander und machen zwei große Schläge nach Süden. Der Wind kommt aus Norden, und Ron will der *Bounty* das mühsame Gegenankreuzen ersparen, er rechnet stündlich mit einem Windsprung, um dann zügig die Küsten hinaufzubrettern. An Bord gibt es nicht sonderlich viel zu tun. Die Wache erledigt Routinearbeiten. Einige Leute arbeiten mit Garn und Marlspieker am Tauwerk oder übergießen das von der Sonne gedörrte Deck mit Wasser. Andere versehen reihum Dienst als Rudergänger, im Ausguck oder als Navigator. Die Freiwache döst in der Sonne. Die Mädchen liegen auf den Planken wie Robben am Strand.

Ich übe mich mit Glen Douglas im Kalfatern undichter Fugen, die mit Pech verstrichen werden. Dann werden verschlissene Tauenden gespleißt und beschmart. Am liebsten beschäftige ich mich mit den alten Meß- und Navigationsmethoden: Das Zeitnehmen mit der Sanduhr, die jede halbe Stunde umgedreht werden muß. Mit dem Senklot, das über die Bordwand geworfen wird, können die Wassertiefe und die Strömung festgestellt werden. Mit der Logleine stellt man die Geschwindigkeit nach Knoten fest. Nach alter Seemannstradition wird immer noch die Maßeinheit Knoten verwendet. Ein Knoten entspricht einer Seemeile pro Stunde oder 1,85 km/h. Internationale Wettermeldungen geben auch Windgeschwindigkeit in Knoten an.

Und wie bestimmt der Seemann die Geschwindigkeit mit dem Log? Das einfache Gerät besteht aus einem beschwerten Holzbrett, dem Logscheit, das an einer Leine hängt, die in bestimmten Abständen mit Knoten versehen ist. Gemessen wird außenbords. Das Logscheit wird im Wasser gebremst und wickelt die Logleine von einer drehbaren Handrolle. Mit der Sanduhr (dem Logglas) läßt sich bestimmen, wie viele Knoten in einer bestimmten Zeit zurückgelegt werden. Nebenbei bemerkt, segeln wir gerade mit etwa sechs Knoten. Es hat aufgefrischt, der Wind ist auflandig, weht aus Osten. Die englische Seeflagge zerrt wild an der Besangaffel.

Etwas zur Kursbestimmung: Die alten Kompasse hatten eine Windrose, die in 32 Striche von je 11,25 Grad eingeteilt waren, außerdem fehlte ihnen die kardanische Lagerung. Die heutigen Geräte hängen immer waagerecht und sind mit ihrer 360-Grad-Einteilung genauer. Bligh hatte für die Standortangabe Quadranten, um die Winkelhöhe bestimmter Sterne über dem Horizont zu messen. Auf diese Weise wurde die geographische Breite festgelegt. In dieser Zeit stellte die Feinmechanikerwerkstatt Jesse Ramsden einfache Sextanten her, und die Firma Larcum Kendell die ersten Chronometer. Bligh und seine Offiziere bestimmten damit die Längengrade. Aber das Seekartenmaterial dieser riesigen Wasserwüste, Magellans »Mare Pacifico«, war ja erst in der Entstehung. Was bedeuteten die simplen Geräte gegen die heutige Satellitenpeilung oder Computernavigation?

Ich lausche dem harten Knattern der Segel, dem Knirschen der Masten, dem Wimmern der Taue, dem Brodeln schaumiger Bugwellen. Merkwürdig, für mittleren Wind läuft die Dünung ungewöhnlich hoch auf. Wir gleiten in fünf, sechs Meter tiefe

Wellentäler. Ob wir uns in den Ausläufern eines mächtigen Tiefs befinden? Der Ozean gibt sich unschuldig, abgründig wie seit seiner Geburt.

Während die *Bounty* schwer durch die endlose, aufgewühlte See pflügt, überkommt mich eine unerklärbare Spannung. Ich fühle mich auf einmal wieder elend, und jeder Schritt auf dem schwankenden Deck wird zur Bewährung. Aber das ist es nicht, die Spannung hat einen anderen Ursprung. Mir geht es nicht allein so. Ron Masboury lehnt an der Reling und blickt besorgt zum Horizont. »Hinter der Kimm tanzt Rasmus, man riecht es!« ruft er John am Mast zu, »wir wenden, Kurs Nord - es wird höchste Zeit!«

Der Rudergänger packt das Rad fester. In das Signal für: »Alle Mann an Deck!« alarmiert Ben Collin aus der Luke: »Das Barometer fällt gewaltig!« Kaum haben wir das Manöver beendet, mausert sich der Wind zum Sturm, der das Meer peitscht und über die *Bounty* wie wilde Rösser jagt. Die See ist verdammt grob und schmettert übers Deck. Unten lenzen die Pumpen, die Luken sind jetzt dicht. Die Freiwache hockt im Logis um die Back herum.

»Wir halten doch den Kurs, was hält den Kapitän an Deck?« fragt Bob. Pat Cown meint: »Er ist in Sorge, daß uns der Sturm an die Küste drückt.« Wieder orgelt eine Bö heran, und wir hören, wie sie im Rigg an den Tauen reißt, daß die Rahen und Stengen ächzen. Uns ist mulmig zumute. Vorbei ist das handige Wetter; klar, daß uns eine wüste Nacht bevorsteht. Schiffer Brown saugt kräftig an seiner Pfeife, legt sie weg und sagt: »Ich schau mal nach dem Rudergänger:« Mit dem Öffnen des Niedergangs dringt ein Schwall Wasser ein.

Pat rückt zu Joe May. Joe ist unser Benjamin, 16 Jahre alt, und der einzige auf der *Bounty*, der eine seemännische Ausbildung durchläuft. Wir mögen den aufgeweckten Burschen sehr. Nach der Versteigerung wird er auf einem amerikanischen Handelsschiff anheuern, das hat Ron für ihn gemanaged. Wie gern wäre er später einmal als Erster Offizier auf der *Bounty* gefahren! Er ist der einzige echte Kadett an Bord. Bei den anfallenden Arbeiten stellt er sich geschickt an. Selbst bei stockdunkler Nacht steht er in Wanten und Rahen seinen Mann.

Der Schiffsingenieur fühlt sich berufen, dem Jungen in der steilen See väterlichen Rat zu erteilen: »Laß nie ein Tau los, ehe du das andere gepackt hast! Und noch eins, niemals in Lee aufentern. Wenn du bei schlechtem Wetter in den Bach fällst, bist du verloren, das Rettungsboot wird nicht ausgesetzt. Ein Sturz aufs Deck zerschlägt dir den Balg. Ich kenne einen Moses, der flog von der Vor-Bramrah, und die nächste Welle warf ihn wieder an Deck, aber bei Gott, so'n Sott hat nicht jeder!«

»Aye, aye, Ing, hab's kapiert, sagt der Junge und grinst. Längst fühlt er sich als Salzbuckel, dem man nichts vormachen kann.

Brecher auf Brecher wäscht das Deck, und wir haben Mühe, die Sturmbesegelung zu setzen. Hart an der Küste brettern wir jetzt mit Besan, Großsegel, Fock und Klüver gen Norden. Ich habe mir vorsorglich ein Tau um den Bauch gebunden und hangele zu Bob Young, dem Glatzkopf, der mit Bill breitbeinig am Steuerrad steht, vier Hände haben die Speichen gepackt. Im schwarzen Wasser leuchten die Schaumkro-

94

nen wie die Rücken dahinstürmender Schimmel. Ab und zu phosphoresziert Plankton gleich Wunderkerzen.

»So aufgebracht hab ich den Stillen Ozean noch nicht erlebt«, schreit Bob gegen das Belfern des Sturms. »Hoffentlich hält der Kahn!« Steuerbord baut sich eine Wasserwand auf, brüllend und hoch. Sie entlädt sich über uns. Ans Schanzkleid geschleudert finde ich mich wieder. Das Tau hat mich gehalten.

Gegen Morgen springt der Sturm. Die Freiwache wird hochgescheucht, um zu halsen. »Klar zum Großbrassen!« ertönt Rons Stimme. Die *Bounty* dreht vom Wind ab, kurz darauf stürmt sie mit achterlichem Wind davon, kippt vor, als wolle sich ihr Bug in die See bohren. Der Klüver wird übergeholt. Wir eilen über Deck auf die nächste Station. Schließlich liegt das Schiff auf dem anderen Bug. Was hier in wenigen Sätzen gesagt ist, hat uns zwei Stunden in Atem gehalten und Blut und Wasser schwitzen lassen. Die Freiwache verschwindet wieder.

Windstärke zehn wird dem Kapitän gemeldet. Er gibt die Order, das Großsegel festzumachen, weil er fürchtet, der Druck wird es auf die Dauer zerfetzen. Wieder muß die Freiwache ran. Der junge Joe May stürmt in Luv ins Rigg. Ron pfeift ihn zurück und läßt ihn ein Tau um die Hüften schnüren. Schon entert er das Want hoch. Hinter dem Matrosen Bill erreicht er die Großrah und schiebt sich der Nock zu. Acht Meter unter ihm harte Planken und kochende See. Seine Füße stehen auf dem Fußpferd, mit dem Bauch liegt er auf der Rah und versucht, beidhändig das nasse schwere Segel in Buchten zu schlagen, um es auf dem Rundholz mit Zeisingen zu verzurren.

Plötzlich verlieren seine Füße den Halt am Fußpferd, am Zeising kann er sich nicht halten, seine Hände gleiten aus dem dünnen Tau, er stürzt ab... mehrere Meter tief. Wie ein Pendel hängt er in der Fangleine. Sein Schrei wird vom Knattern, Schlagen der Taue und Sturmesbrausen verschluckt. Gespenstisch schwingt er hin und her, Kopf und Oberkörper abwärts gerichtet. Die Rudergänger brüllen: »Da hängt einer!« Bill läßt das Tuch flattern und versucht, Joe vorsichtig nach oben zu ziehen. Der Junge rutscht aus der Schlinge und schlägt aufs Deck. Wir halten den Atem an. Ron und Ed eilen zu ihm. Hat er den Sturz überlebt? Von den beiden Männern wird er zum Niedergang getragen.

Joe hat gewaltiges Glück gehabt, sein Sturz wurde durch ein Paket verzurrter Fender gedämpft. Wie sich später herausstellt, hat er sich das Schlüsselbein und den rechten Arm gebrochen.

Vom Sturm gebeutelt und ausgelaugt laufen wir an einem rauhen Junitag im Hafen von Sydney ein. Ich stand fünf Stunden am Ruder und kann mich kaum noch auf den Beinen halten. Wir machen die *Bounty* fest. John Brown bringt den Jungen ins Krankenhaus. Wir kriechen in die Kojen. Am nächsten Tag wird jede Hand zum Aufklaren gebraucht. Bald fällt der Hammer zur Versteigerung, bis dahin muß der Segler daliegen wie aus dem Ei gepellt. Die Crew pönt, schrubbt, putzt, macht Backschaft - schiebt Küchendienst, auch dort muß es blitzen, bis in die Nacht. Ron läßt nichts durchgehen, keine Roststelle, kein angescheuertes Tau.

Der Auktionstag ist ein sonniger Donnerstag, für uns allerdings und besonders für Ron Masboury ein trüber Trauertag. Morgens nehmen wir unsere Bündel und gehen von Bord. Auf der Poop wird ein Podium aufgebaut. Der Auktionator erscheint pünktlich. Mit ihm die Presse und das Fernsehen. Schaulustige haben sich eingefunden. Am Kai entsteht Gedränge. Die Wetten stehen 100 zu eins, daß sich ein japanischer Industrieller die *Bounty* unter den Nagel reißt. Die Gesichter der Bieter sind verschlossen wie beim Pokern, die der Eigner - allen voran Ron - grimmig, als wollen sie meutern.

Mac McGuire taucht auf, es geht ein Raunen durch die Reihen der Insider. Was hat das zu bedeuten? Schließlich ist der Kanadier der Konstrukteur des Rahseglers. Will er etwa mitbieten? Dann löst sich die Spannung rasch und unerwartet. Nur einmal und endgültig fällt der Hammer. Der Großsegler *Bounty* Nr. 399924 aus dem britischen Schiffsregister wechselt für lächerliche 800000 australische Dollar, etwas mehr als eine Million DM, den Besitzer. Neuer Eigner ist eine amerikanische Firma, die sich von Mac McGuire und Anwälten der Kanzlei Ebsworth and Ebsworth vertreten läßt.

Tony Latiner, Sprecher der Anwaltskanzlei, gibt ein knappes Statement: »Die Firma will ungenannt bleiben. Die *Bounty* wird in den nächsten Tagen von einer neuen Crew übernommen und an einen unbekannten Ort gesegelt.«

Mysteriös! Weder von McGuire noch von Tony Latiner ist etwas mehr über die geheimnisvollen amerikanischen Erwerber zu erfahren. Patrick Slatery, der Auktionator, rechnet fest damit, daß die *Bounty* Australien verlassen wird. Masboury, der über den Preis mehr als enttäuscht ist, tröstet sich vor Reportern und laufenden Fernsehkameras: »Es war eine phantastische Sache, Eigner der *Bounty* zu sein. Mit einem hohen Verkaufspreis habe ich nie spekuliert.« Der Historiker Jonathan King aus Sydney ist unter den Beobachtern und meint: »Der Verlust der *Bounty* an die Amerikaner ist eine tragische Angelegenheit. Der geschichtsträchtige Großsegler hätte unbedingt im Land bleiben müssen. Es ist eine Schande, daß wir Australier so wenig für die Vergangenheit übrig haben!«

Kaum eine Stunde später versammelt sich die Stammcrew für ein letztes Gruppenfoto vor der Galionsfigur der *Bounty*. Als die Presseleute auch diese Bilder im Kasten haben, verläuft sich die Menge. Anne und Helen stehen Tränen in den Augen. Man umarmt sich, haucht einen Kuß auf die Wangen. »Der Abschied geht näher als gedacht«, schluckt Anne. Dann ziehen wir unserer Wege. Ron ist mit den Offiziellen verschwunden, ohne einen Gruß, er wird »mein« Captain Bligh bleiben.

Ich bekomme heraus, das McGuire im Sheraton wohnt. Mein verzweifelter Versuch, herauszubekommen, wo die *Bounty* künftig kreuzen wird, mißlingt. Er schweigt wie ein Grab, und ich muß meinen Traum, mit dem Schiff einmal nach Pitcairn zu segeln, begraben... Vier Tage später ist die *Bounty* mit unbekanntem Ziel ausgelaufen. Ed Eyre spekuliert, daß sie nach San Francisco unterwegs ist. Ich habe mich zum Abschied mit Ed am Hafen getroffen. Ohne den Segler erscheint er sonderbar leer, farblos, ja langweilig. Wir trinken nachdenklich unser Bier und blicken hinüber zum Circulation Quay. William Bligh schaut jetzt über Sydney Cove, ohne sein Schiff zu sehen.

»Schade, daß sie weg ist!« sagt Ed. »Sehr schade, war ein tolles Schiff und ein toller Törn! Ich bleibe in seinem Kielwasser.«

Ed schaut mich fragend an.

»Morgen geht's weiter, Kurs Tahiti, dann irgendwie nach Pitcairn - die Story hält mich gefangen, ich muß sie ganz erleben!«

Ozeanien

Wer die Weiten des Pazifiks im Flugzeug überfliegt oder sie gar mit dem Schiff durchpflügt, dem erscheinen die Kontinente klein, das Meer aber unvorstellbar groß. Der Pazifische Ozean umschließt fast die halbe Erdkugel, eine Fläche von 166 Millionen qkm. Sie übersteigt damit wesentlich die Landfläche unseres Planeten. In der grandiosen Weite liegen irgendwo verstreut Tausende von Inseln, geschaffen aus Feuer und Stein die einen, aus dem Meer gewachsenen sind die anderen. Eine Hemisphäre, die begreifen läßt, daß unsere Erde einen anderen Namen verdient hätte: »Ozeanien« nämlich.

Der Jet braucht von Chile zur Osterinsel fünf Stunden, von dort nach Tahiti noch einmal die gleiche Zeit, und dennoch hat man nach zehn Stunden erst die Hälfte des Pazifiks überfolgen.

Wie mögen Seefahrer aus Europa, die jahrelang unterwegs waren, Räume solcher Dimensionen empfunden haben? Wie erschlossen die Polynesier diese Wüste aus Wasser, lange bevor die Weißen erschienen?

Viele Wochen bin ich durch den Südpazifik gekreuzt. Neugierde, Sehnsucht, Träume treiben mich im Kielwasser der *Bounty* von Insel zu Insel. Manchmal, so auf Morea, sehe ich mich dem Paradies nahe - aber die Insel ist von dieser Welt, das Paradies finde ich nicht, so wenig, wie es die Meuterer auf Tahiti oder Pitcairn fanden.

Doch ich glaube, ein wenig mehr über die Geheimnisse und Wunder der Erde erfahren zu haben. Vielleicht ging es mir wie Gulliver, den der Schriftsteller Jonathan Swift in die Südsee reisen ließ, um die Zusammenhänge in einer komplizierten Welt zu begreifen. Allmählich lernt man die Südseewelt mit anderen Augen zu sehen, anderen Sinnen aufzunehmen.

Eines Tages, in einem Korallengarten eines Atolls, sah ich das Riff nicht mehr als Schiffsrümpfe zerstörendes Gebirge, sondern als der Erde größtes Lebewesen aus Abermillionen winziger Kreaturen, vereint zu einem bizarren mächtigen Kollektiv...

Und so bin ich in jener großartigen Region unterwegs. Während das Auslegerboot Moares Pah noch vor der Brandung dümpelt, denke ich an den Spanier Vasco Nuñez de Balboa, der diesen Teil des Ozeans als erster Europäer vor sich hatte und ihn »Mar del Sur« - Südsee nannte. Das war 1513. Balboa mußte zuvor in einem strapaziösen Marsch die Landenge von Panama überwinden. Der Portugiese Fernao de Magellan war dann sieben Jahre später der Erste, der diesen jungfräulichen Ozean mit drei Schiffen durchkreuzte. Die See war erstaunlich ruhig und windstill, Magellan nannte sie deshalb »Pacifico« - den friedlichen, den stillen Ozean, wie er noch heute heißt. - Warum eigentlich nicht *Bounty*-Meer? Nie zuvor hat ein einziges Schiff soviel Geschichte gemacht. Nie vorher übten Seeleute eine größere Faszination auf eine ozeanische Region aus als die Besatzung jenes Schiffes. Die Meuterei auf der *Bounty* schrieb unauslöschbare Seefahrtsgeschichte und der Meutererruf: »Hurra Tahiti!« drückt aus, was es heißt, dem Zauber der Südsee verfallen zu sein.

Der Pazifik ist zu groß für ein historisches Ereignis. Er gehört weder den großen

Seefahrernationen Europas, noch den Asiaten, Amerikanern, Australiern, auch nicht allein den Polynesiern, Melanesiern und Mikronesiern. In ihm und um ihn spannt sich eine Welt zwischen den Polen, die neben den unterschiedlichsten Rassen die wohl artenreichste Tier- und Pflanzenwelt der Tropen, Subtropen und Arktis beherbergt.

Wehe dem, der sich durch seinen Namen zur Unachtsamkeit verführen läßt! Seine Friedfertigkeit hat Grenzen. In der sogenannten Hurricaneseason toben Orkane über die See, so mächtig, daß Schoner zwanzig Meter in die Luft gewirbelt werden können, um dann als Haufen Abfallholz in Wellentälern zu zerschmettern. Im Stillen Ozean wurden die gewaltigsten Wogen - bis 32 m hoch - gemessen. Der träge smaragdgrüne Wasserteppich kann sich urplötzlich in ein chaotisches Inferno wandeln, in dem sich brüllende Sturzseen überschlagen und Schiffen, ja selbst Inseln, den Untergang bereiten. Eine Reise zu den Mariana-Inseln (Mikronesien) führt über einen Teil des Pazifiks mit der größten Meerestiefe: Über 11 000 m, der Mount Everest ließe sich dort im Marianengraben bequem versenken.

Ich bin allein mit dem Meer, dem leichten Boot und dem Polynesier Moares Pah, der ein guter Fischer ist, das beweist der reiche Fang im Rumpf des Bootes. Er ist ein ebenso guter Seemann. Den Ritt durch Brandung und schmale Riffpassagen meistert er souverän. Tosen und Gischt, die Gewalt der See liegen hinter uns, voraus: weißer Strand, Palmen und eine Gruppe palmwedelbedeckter Hütten, ganz im Stil der Vergangenheit.

»Das Gold ihrer Körper, die naive Reinheit ihrer Herzen unter dem wispernden Palmendach der Tropen wird eins im Rausch der Sinne. Eine sanfte Brise erfaßt die ewige Melodie der Liebe und trägt sie hinaus zu den glücklichen Inseln...«

(José Pierre)

Moorea, Juli 1991

Tiki, das polynesische Dorf

Der Ort heißt Tiki. Es ist ein Museumsdorf, in dem aber noch gearbeitet und gewohnt wird. Für Touristen werden einheimische Speisen im Erdofen zubereitet und traditionelle Tänze aufgeführt. Die polynesischen Inseln erleben eine Renaissance. Man erinnert sich seines Kulturgutes. Sitten und Gebräuche erwachen wieder. Das Kunsthandwerk blüht. Alte Tänze, von den Missionaren obszön geheißen und verboten worden, werden wieder gelernt und aufgeführt... Tiki ist eine Stätte der guten alten Zeit, der sich die Insulaner nicht mehr schämen, sondern mit Stolz erinnern wollen. Natürlich ist die Kulturstätte auch eine Touristenattraktion, aber nicht ausschließlich.

Seit einer Woche lebe ich auf Moorea, der »schönen Tochter« Tahitis, 15 Meilen von der »Mutter« entfernt. »Gottes süßeste Schöpfung« wird das Eiland genannt. Wer wie ich mit dem Schiff an einem strahlenden Nachmittag in die Baie de Cook einfuhr, um dort zu ankern, wird die Beschreibung Mooreas nachempfinden: Eine überwältigende Bucht!

Die 136 qkm große Insel hatte ich mir teils zu Fuß, teils mit dem Fahrrad erschlossen. Im Schweiße meines Angesichts, denn es ist heiß in Polynesien, nicht nur im Juli, und, abgesehen von der Küstenstraße, führen die Wege ins Innere der Insel steil bergan. Moorea ist der Rest eines riesigen Vulkans mit drei um 1000 m hohen Bergen, die steil oftmals bis hinauf in die Wolken ragen. Aber was unternimmt man nicht alles für einen herrlichen Blick, zum Beispiel vom Aussichtspunkt Belvedère über die beiden Buchten Cook und D'Opunohu? Oder um im düsteren, dschungelartigen Hain altes Gemäuer zu betreten? Im Opunohu-Tal gibt der mystische Kastanienwald eine jener vielen geheimnisvollen Tempelanlagen der Insel frei. Marae (Tempel) heißen die Kultstätten aus Stein gebaut. Dort wurde den Statuen der Tiki-Dämonen Opfer dargebracht, auch Menschenopfer. Um die Kultstätten kümmerte sich die königliche Familie, und der König bestimmte die Opfergaben.

Zur heißen Mittagszeit habe ich am Strand im Schatten windzerzauster Kokospalmen gelegen, von kupferbraunen Vahinen (Südseeschönen) im Baströckchen geträumt oder im türkisfarbenen Wasser in tropischbunten Fischschwärmen an Korallenbänken entlang geschwommen. Nachts habe ich in einer einfachen Hütte im Moorea Village unmittelbar am Strand geschlafen. Meeresrauschen und das Wispern der Palmen sind die Schlafmusik gewesen. Ich habe mich vom Touristenrummel distanziert und genieße das einfache faule Inselleben. Die Tage fließen dahin, zeitlos, sorglos, einer schöner als der andere... und fast habe ich vergessen, warum ich hier bin. Ich will von Moorea aus mit einem kleinen Boot hinüber nach Tahiti fahren und in der Matavai Bay an Land gehen. So wie es am 26. Oktober 1788 Kapitän Bligh tat, als er sich von der ankernden *Bounty* an den Strand bringen ließ.

Noch habe ich kein Boot. Die Fischer Mooreas fangen die Meerestiere nördlich und westlich ihrer Insel. Wenn sie nach Tahiti wollen, nehmen sie die Fähre Vaiare - Papeete, die ist eine Stunde unterwegs. Mit dem Auslegerboot braucht man einen ganzen Tag, da die Strömung zwischen den Inseln stark ist und einen auf den offenen Ozean treibt. Außerdem, wer will schon die hafenlose, flache Matavai-Bucht anlaufen? Extratouren sind teuer - wie alles in Polynesien!

Mit Moares Pah änderte sich meine Situation. Ich traf ihn vor zwei Tagen bei einem Folkloreabend in Tiki. Moares gilt als bester Feuertänzer der Insel, und seine Schwester Faaona tanzt Tamure (Hula) in einer Volkstanzgruppe. Unter den ausgesuchten Schönheiten läßt zum rhythmischen Klang der To'ere (Schlaginstrument) keine ihr Becken aufregender kreisen als Faaona. Sie ist der Star der Truppe. Und ich machte ihre Bekanntschaft. Lernte eine Brotfrucht zwischen heißen Steinen garen und zubereiten. Sie zeigte mir, wie eine Kokosnuß mit der Machete aufgeschlagen, oder ein Lei, ein Blütenkranz, geflochten wird. Gestern abend wollte sie mir unbedingt das Korbflechten mit Palmwedeln beibringen...

Moares und Faaona stammen eigentlich aus Rapa, einer Insel südlich von Tahiti. Auf Moorea haben sie Verwandte und Freunde, und für vier Monate im Jahr beteiligen sie sich seit einiger Zeit am kulturellen Leben der Insel, was auch finanziell etwas einbringt.

Moares mag Ende zwanzig sein. Er trägt langes Haar, das er meist zu einem Knoten bindet, und einen Oberlippenbart. Seine Hüften bedeckt ein weißer Lendenschurz aus Baumwolle. Arme, Oberschenkel und Knie sind tätowiert. Seine Brust ziert ein Halstuch, an dem ein Talisman hängt. Eine malerische Erscheinung, dieser Insulaner! Auch außerhalb Tikis läuft Moares traditionell gedresst herum. Nach seinem Auftritt als Feuertänzer mit vier lodernden Fackeln ging ich zu ihm, um etwas über die alte Magie der Feuerbeschwörung zu erfahren. Feuertänzer und Feuergeher waren in früherer Zeit Herr über die Kraft des Feuers. Die Flammen konnten ihnen nichts anhaben. Sie gingen unverletzt über glühende Steine und genossen durch das »göttliche Privileg« direkte Verbindung zum Feuergeist als Fakire oder Medizinmänner. Bereiche der Fidschis waren zur Zeit der *Bounty* gefürchtete Kannibaleninseln und der Sawau-Stamm berüchtigt wegen seiner wilden Krieger. Krieger, die allesamt Feuergänger waren und keine Feinde fürchteten. Der Feuergeist machte sie unverwundbar, hieß es. Auf Yasawa wäre Bligh mit den Ausgesetzten ums Haar im Erdofen dieser Kannibalen gelandet und verspeist worden. Über die »schaurigen

Vorfahren« Moares kamen wir uns näher und verabredeten eine Fangfahrt jenseits des Riffs.

Wieder einmal kehren wir mit prallgefüllten Netzen zurück. Müde zwar von den vielen Stunden auf See, doch zufrieden, den Fang sicher durch die Brandung gebracht zu haben. Moares wringt das Wasser aus seiner Haarmähne, läßt den kleinen Außenbordmotor auftuckern. Tiki rückt näher. Wenig später bohrt sich das Boot mit dem Ausleger in den Strand. Zwischen dem Versammlungshaus und einem hölzernen Tiki (auch der Name für bestimmte Holz- oder Steinfiguren) machen wir fest und schleppen die Körbe mit den Fischen zur Feuerstelle hinauf.

Der Erdofen ist bereits vorbereitet worden. In Bananenblätter eingewickelt ruhen auf heißen Steinen allerlei polynesische Köstlichkeiten: Brotfrüchte, Taroknollen, Yams, Tapioka, Schweinefleisch und vieles mehr. Unser Fisch fehlt noch. Flinke Hände trennen die Fischsorten in solche, die roh gegessen werden, und andere, die eingewickelt in den Erdofen gelangen. Der Erdofen wird mit einer Lage Blätter geschlossen, der nochmals heiße Steine folgen. Nun schaufle ich mit den Köchen eine dicke Sandschicht auf den Ofen, so daß er am Ende wie ein frisches Grab aussieht. Von heißen Steinen eingebettet, garen die Nahrungsmittel in den nächsten vier Stunden.

Auf die Schaufel gestützt, wundere ich mich über die unerhörten Mengen, die da im Boden gekocht werden. »Wir erwarten 120 Gäste«, erklärt Moares.

»Touristen?« frage ich.

»Ja, Amerikaner und Japaner werden heute abend hier sein. Es wird eine lange Nacht. Auf dem Programm steht das Dorfleben, ein großes Dinner und viel Tanz und Musik. Bleibst du?«

Ich kenne das Programm, außerdem bin ich kein Freund von Massenveranstaltungen. Dennoch, die Farbenpracht der Kostüme und die Hingabe der Akteure faszinieren immer aufs Neue. »Tanzt Faaona?« frage ich.

Er lacht: »Natürlich. Sie lebt für den Tanz.«

Wir gehen an den Strand und schauen von dort dem Dorftreiben zu. In allen Hütten herrscht Betriebsamkeit. Da werden Kokosnüsse und kindskopfgroße Brotfrüchte gestapelt, allerlei Blüten und Blumen sortiert, Palmwedel gebündelt. Auf dem Dorfplatz werden große Matten ausgebreitet.

»Tiki schmückt sich für den festlichen Abend«, sagt Moares, »den Menschen macht es Freude, ihre Gebräuche vorzuführen. Zu lange waren sie in Vergessenheit geraten.«

»Drüben auf Tahiti wird der Rummel übertrieben«, bemerke ich.

»Man feiert den 14. Juli einen Monat lang! In Papeete treten die besten Tanzgruppen Polynesiens auf. Das Fest heißt Heiva I Tahiti. Abend für Abend wird auf zwei großen Freilichtbühnen bis in die Morgenstunden getanzt. Ja, im Juli herrscht immer Volksfeststimmung, da sind weit über hundert Ensembles zu sehen.«

»Ein Super-Spektakel.«

»Ganz recht. Wir treten in der nächsten Woche auf, am Boulevard Pomare. Da wird auch Miss Tahiti gewählt. Das darfst du dir nicht entgehen lassen.«

»Ich brauche ein Boot, Moares!«

»Ein Boot? Fliege oder nimm die Fähre.«

Ich lasse nicht locker. Schließlich verspricht mir Moares, sich nach einem Boot umzuhören.

Am späten Nachmittag treffen die Touristen ein. Sie werden mit drei großen Bussen vom mondänen Moorea Beach Club herangefahren. Ferkelfarbene Amerikaner, in karierten Shorts die Männer, mit rosa Brillen die Frauen. Alle groß und selbstbewußt. Den zweiten Schub bilden die Japaner, klein, schüchtern wirkend, mit Kameras vor den Bäuchen. In kleinen Gruppen werden die Gäste durchs Dorf geschleust. Mit Geduld und Hingabe zeigen die Insulaner ihre Welt von gestern. Eine Welt, die sie sich auch erst vor wenigen Jahren erarbeitet haben.

Nach der Dorfbesichtigung läuft jeder Tourist mit einem Lei, dem Blumenkranz um Stirn und Hals, herum. Die Farben- und Lebensfreude der Polynesier überträgt sich auf die Gäste.

Im Versammlungshaus wird an großen Tischen auf rustikalen Bänken Platz genommen. Eine sympatische Frauenstimme erklärt jetzt in gutem Englisch die unübersehbaren Auslagen des Buffets. Ich kenne die Stimme. Richtig, es ist Faaona, die die Speisen aus dem Erdofen erklärt. Alles dampft und duftet würzig.

»Gorgeous, pretty, wonderful!« Die Touristen sind entzückt vom Bankett, vielleicht noch mehr von ihr. Start frei zum 'run' aufs Buffet. Beim Ergattern der leckersten Stücke sind die Japaner wahre Meister.

Die Insulaner amüsieren sich im Hintergrund. Faaona ist zu ihrem Bruder getreten. Ich beobachte sie. Trotz des Hungers klicken hier und da noch Kameras. Faaona trägt die typische Kleidung der Polynesier, den Pareo, ein um Hüfte und Schultern geschlungenes buntes Tuch. Ihr Haar fließt den Rücken hinab. Drei rote Hibiskusblüten hat sie sich an den Kopf gesteckt. Ein bezauberndes Bild!

Moares steht breitbeinig neben ihr. Er verkörpert mit Lendenschurz, offenen Haaren und stolzer Miene die freien glücklichen Menschen der »Inseln über dem Wind«, wie Moorea und Tahiti auch genannt werden.

Das französisch-polynesische Bankett dauert drei Stunden. Hochzufrieden hört man die Japaner rülpsen. Rasch baut sich vor den Tischreihen eine kleine Band auf, die eine improvisierte Modenschau begleitet. Es geht darum, einige Quadratmeter der großgeblümten Stoffe an den Mann zu bringen. Es erstaunt, wie variantenreich der Pareo um den Körper geschlungen werden kann.

Platzwechsel. Die Menge schiebt sich jetzt einer kleinen Freilichtbühne zu und verfolgt Feuertänzer, Gesangs- und Volkstanzgruppen. Die Intensität von Trommelschlägen und Hüftakrobatik ist verwirrend, aber nichts gegen den Festivalrausch, der mir mehrere Tage später in Papeete die Sinne verwirrt.

Um ein Uhr nachts zucken die letzten schweißnassen Körper, dann kehrt im Tiki-Dorf Ruhe ein. In einer mächtigen Staubwolke, die der Vollmond sichtbar macht, strebt die Touristenschar ihren Bussen zu. Hustend zwar, aber voll befriedigt, genau so hatte man sich eine Südsee-Nacht vorgestellt!

Die Überfahrt

Müdigkeit lastet bis zum Mittag über dem Dorf. Ich habe arge Bedenken, daß Moares mein Anliegen, ein Boot aufzutreiben, total verschläft. Also postiere ich mich in der Nähe seiner Behausung. Als er endlich mit weichen Knien, augenreibend aus der Hütte wankt, macht sich hinter ihm eine halbnackte Vahiné, eine der Tänzerinnen von gestern, dünn. »Schon auf den Beinen? Du solltest dich den Freuden Polynesiens widmen«, meint er und grinst.

»Deine Schwester mag mich nicht.«

»Wer weiß?« sagt er und geht zum Strand. An einer Stelle, wo der Sand von Mangrovendickicht überwuchert wird, zerrt er ein kleines Auslegerboot hervor. Ich staune: »Wo kommt das her?« »Aus Fare Mauia, einem Nachbarort. Pierre Vehitua überläßt es dir.«

»Ein Verwandter?« frage ich.

»Ja, gib ihm 2000 Franc (20 Dollar), damit ist er zufrieden. In Papeete bekommt er das Boot zurück. Okay?«

Ich schwinge mich in das Paddelboot. Es ist verdammt winzig, aber genau das richtige, um zünftig Tahiti zu erreichen. Moares gibt mir noch ein paar Tips für die Überfahrt: »Auf alle Fälle 40 Liter Wasser mitnehmen. Falls das Boot umschlägt, es auf keinen Fall verlassen! Gegen die Strömung kann man nicht schwimmen. Nur bei klarer Sicht starten... Bleibe bis Atiha innerhalb des Riffs, stoße dann durch und steure immer den Süden Tahitis an, wenn du Glück hast, bringt dich die Strömung nach Papeete oder nördlich davon. Hast du Pech, reißt sie dich mit nach Nordwesten, da liegt irgendwo Bora Bora.«

»Wie lange werde ich brauchen?«

»Bei Sonnenaufgang mußt du durchs Riff. Wenn du bis Sonnenuntergang Tahiti nicht erreichst, schaffst du es nie. - Am besten, du zahlst 100 000 Franc Kaution für das Boot«, lacht er. »Mach keine Witze!« sage ich und stoße ab. Das Boot läßt sich im ruhigen Wasser der Lagune gut handhaben. Zu meinem Camp brauche ich eine Stunde, keine schlechte Zeit für 4 km. Auf offener See wird die Strecke mindestens das Doppelte in Anspruch nehmen.

Rasch habe ich etwas Proviant, Wasserkanister und mein weniges Gepäck verstaut und beschließe, noch in den Abendstunden bis Atiha zu paddeln. Ich werde am Strand schlafen und bei gutem Wetter möglichst vor fünf Uhr in der Frühe aufs Meer hinausfahren. So jedenfalls hatte ich mir meine Paddeltour vorgestellt. Mit den ersten Blasen an den Händen erreiche ich um Mitternacht Atiha. Das Ufer ist schwarz und schlammig. In der stockfinsteren Nacht finde ich kein geeignetes Plätzchen am Strand. Also binde ich das Boot an einen Palmenstamm und versuche im Rumpf zu schlafen. Mit zwei Sorgen döse ich unruhig ein: Der wolkenverhangene Mond, bedeutet das Wetterumschwung? Und: Ist mein Ankerplatz überhaupt Atiha?

Die Sorgen sind berechtigt! Erst einmal stelle ich tags darauf draußen am umtosten Riff fest, daß die Sonne nur diffus durch dichte Wolken strahlt und von Tahiti nicht nur die Gipfel der beiden über 2000 m hohen Vulkane Aorai und Orohena vom

Nebel umhüllt sind, sondern die ganze Insel bis auf einen grauen schmalen Uferstreifen verborgen bleibt. Jetzt weiterzupaddeln wäre Leichtsinn. Ich drehe um, wieder am Ufer erfahre ich, daß Atiha einen Kilometer weiter südöstlich liegt. An dieser Stelle wäre ich mit dem Boot nicht durch die gegen das Riff anrennende Brandung gekommen.

Am nächsten Tag prasselt ein heftiger Tropenguß nieder. Dann klart das Wetter
auf. Endlich habe ich ideale Bedingungen für die Überfahrt. Die Sonne steigt aus dem
Ozean und gleitet in einen wolkenlosen, azurblauen Himmel. Das Boot schiebt sich
am Riff vorbei und wird von einer mächtigen Dünung erfaßt, die uns tanzen läßt wie
ein Ping-Pong-Ball in der Badewanne. Klar und nah erscheinen die Konturen Tahitis im abgestuften Grün. Mit der Halbinsel Taiarapu wird Groß-Tahiti »Die Schild-
kröte« genannt. Mir erscheint der Inselkomplex wie der Rücken eines Raubsauriers.
Wild gezahnt ist die Silhouette. Ich richte den Bug gegen Taiarapu und lege mich ins
Zeug. Jetzt heißt es paddeln, paddeln, bis die Sonne verschwindet, 13 Stunden lang.

Ab zehn wird es heiß, Rücken und Arme schmerzen, und die geplatzten Blasen an
den Händen brennen. Ich schätze, ein Viertel der Strecke geschafft zu haben. Längst
habe ich aufgegeben, zu beobachten, ob ich vorwärts, seitwärts oder sonstwie getrieben werde. Die See hält fest wie mit Krakenarmen, und sie läßt frei, wenn es ihr
beliebt. Als Paddler bin ich der Kraft des Elements ausgeliefert. Diesem Ausgelie-
fertsein begegne ich mit Paddeln und Meditieren. Paddelnd, meditierend, so zerrin-
nen die Stunden und das Ungemach. Längst befinde ich mich auf der Höhe Papeetes. Ich vermag die Stadt, Hochhäuser, große Hotels auszumachen. Autogenes Training bewahrt vor Panik. Panik in einem kleinen Boot auf See bedeutet den sicheren
Tod. Es ist Mittag, und ich treibe bereits an Papeete vorbei... nach Norden in den endlosen Ozean? Grund zur Panik? Lächerlich in Landnähe, zwischen zwei Inseln, auf
Tuchfühlung mit der Zivilisation. Gerade rauscht die Autofähre Tamarii vorbei. Aus
meiner Perspektive schaue ich an ihr wie an einem Wolkenkratzer hoch und bemühe
mich, Abstand zu halten, um nicht in ihren Sog und ihre Schrauben zu gelangen. Von
der Brücke der Fähre bin ich nicht wahrzunehmen. Um mich herum tuckern noch
andere Motorschiffe, jenseits der Riffgrenze zwar, dennoch - allein bin ich nicht.
Aber ich fühle mich so. Das liegt an den Dimensionen, an Phantasie und Vorstellung:
Im Norden der offene Ozean wie ein aufgesperrter Rachen, der sich alles einverlei-
ben will, davor die lächerlich zerbrechliche Piroge aus dem Stamm eines Brot-
fruchtbaums geschlagen. Das einzige, was mir Vertrauen gibt, ist der Ausleger aus
leichtem Burau-Holz. Auch eine große Welle kann das Boot nicht ohne weiteres
umschlagen. Während nun die Piroge mit mir nach Norden treibt, denke ich an die
seemännischen Leistungen der Polynesier. Im Vergleich fällt die Seefahrtskunst der
Wikinger bescheiden aus. Liefen die Nordmänner große Inseln wie England und
Island an oder überquerten den Atlantik, dessen amerikanische Küste nicht verfehlt
werden konnte, erreichten die Polynesier auf den Punkt genau kleinste Atolle und
Eilande inmitten des weit größeren Pazifiks. Ihre Navigationskünste ohne Instrumente waren für die Europäer lange Zeit rätselhaft und grenzten an Hexerei. Heute
wissen wir, daß die Insulaner zu außerordentlichen Sinnesleistungen fähig waren.

Einst in mehreren Einwanderungswellen aus dem südostasiatischen Raum kommend, erschlossen sich die Seenomaden die Weiten des Stillen Ozeans bis Tahiti. Später Neuseeland, Hawaii und schließlich die Osterinseln. Sie orientierten sich an den Meeresströmungen, an der Richtung des Windes, am Lauf der Gestirne, an der Temperatur des Wassers, an der Beschaffenheit der Wellen und am Flug der Seevögel.

Es gibt eine Geschichte des Polynesiers Feiloa Kitau Kaho, die eindrucksvoll von der besonderen Sensibilität der Menschen zum Meer berichtet: Die königlichen Katamarane Tongas kehrten um 1800 von Samoa zurück, wo der König sich sein Hinterteil tätowieren ließ, wie es damals noch Sitte war. Chefnavigator von Tonga war Akauola, er fuhr auf dem größten, dem 80 Menschen fassenden Doppelkanu. Tage und Nächte vergingen, aber Land kam nicht in Sicht. Akauola wurde unruhig, mit ihm Besatzung und Passagiere. Etwas Unglaubliches war geschehen, der Navigator hatte die Orientierung verloren! Der König ließ noch des Nachts nach dem blinden Fuita Kaho rufen, der sich mit seinem Sohn Pooi an Bord einer kleinen Kalia (Katamaran) befand. Einst war der Blinde nämlich ein großer Seemann gewesen.

Kaho fragte seinen Sohn Pooi, von welchem Stern her der Wind wehe, alsdann tauchte er die Hand ins Meer. »Dies ist kein Tonga-, das ist Fidschi-Wasser«, erklärte der Blinde und nannte den Kurs, den die Boote nehmen müßten. Am folgenden Tag wurden die Heimatinseln von Tongatapu am Horizont sichtbar.

Ein Wunder? Mitnichten! Auf Befragen antwortete der Blinde: »Der wahre Seemann kann anhand der Wassertemperatur den Breitengrad bestimmen. Windrichtung und Sternenstand ergänzen den Standort. Am Tage steuert man nach dem Winkel zur Sonne«, erklärte Kaho weiter, »man merkt sich die Position, an der die Sonne aufgeht, am Schattenwurf des Mastes. Den jeweiligen Sonnenstand muß man sich einprägen, bis man irgendwann den Ablauf wie eine Uhr im Kopf bei sich hat. Aber man wird auch von der Meeresdünung, von der Wellenform, vom Wind und von der Farbe des Wassers geleitet. Sowohl Wind und Dünung folgen charakteristischen Mustern.« 1898 wurde der deutsche Kapitän Winkler auf eine merkwürdige Konstruktion aufmerksam, die aus Palmwedel-Rippen, Kokosschnüren und Kaurimuscheln bestand. Von den Eingeborenen erfuhr er, daß es sich um »Stab-Diagramme« handelte, sogenannte Mattangs. Tatsächlich war bei den Insulanern eine technische Orientierungshilfe in Gebrauch, nämlich diese raffinierten Seekarten. Auf den Marshall-Inseln sind sie gelegentlich noch anzutreffen. Vereinfacht geben diagonal laufende Stäbe konstante Meeresströmungen und Windrichtungen an. Muscheln weisen auf Riffe, Atolle und Inseln hin. Das besondere an diesen Seekarten war, daß jede die individuelle Handschrift des Seemanns trug, der sie herstellte. Niemand außer ihm selbst konnte sie lesen oder damit umgehen. Kein Wunder, daß gute Navigatoren bei Königen und Häuptlingen hohes Ansehen genossen.

Ich spüre, daß der Sog gen Nord abnimmt. Die Paddelschläge bringen mich näher an Tahiti heran. Wenn die Kräfte nicht versagen, kann ich die Insel von Norden her, wie geplant, erreichen. Aus dieser Position sehen die Vulkane dunkelgrün, unnahbar und unbewohnt aus. Abweisend, ja beklemmend ragen die Felsen in den Nachmittagsdunst, und ich komme mir vor wie der erste Europäer, der dieses Eiland sichtet. Das bewirkt die Art der Annäherung und die Einsamkeit. Samuel Wallis, ein englischer Kapitän, landete 1767 als erster auf der Insel und nahm sie für den englischen König in Besitz. Als er die Insulaner nach dem Namen fragte, wurde ihm »O Tahiti« (»sie heißt Tahiti«) erwidert, was »ferne Grenze« bedeutet. So hieß die Insel fast 100 Jahre lang: »Otaheiti«.

Ein Jahr später erschien der französische Weltumsegler Bougainville und erklärte seinerseits die Insel zum französischen Besitz. Ihm verdanken wir, daß im 18. Jahrhundert ganz Europa von der Südsee schwärmte. Sein Buch »Voyage au tour du monde« ist eine Hymne auf Tahiti, und die Insel war für den Franzosen das Paradies: »Ich glaubte mich in den Garten Eden versetzt... Gruppen von Männern und Frauen saßen im Schatten der Bäume. Überall Freundlichkeit, Ruhe, Glück.«

Überwältigt von der erotischen Gastlichkeit der Insulaner schrieb Bougainville: »Man streute ein Lager von Laub und Blumen. Musikanten bliesen ein Hymen-Lied auf der Flöte. Die Göttin der Liebe hat hier keine Geheimnisse.«

Im folgenden Jahr betrat Kapitän James Cook die »Perle der Südsee«. Von einigen Gelehrten begleitet, beobachtete er den Durchgang der Venus durch den Ortsmeridian. Ein astronomisches Ereignis. Zu diesem Zweck ließ Cook ein Fort bauen, hinter dessen schützenden Mauern die Observierung ungehindert durchgeführt werden konnte. Heute erinnert ein Leuchtturm an die Stelle, und ich glaube, jetzt die Bucht, die kleine Landzunge mit dem Turm dahinter erkennen zu können. Rechts davon muß die Matavai-Bucht sein, dort, wo die ersten Europäer, auch Kapitän Bligh, ihre Anker warfen. Je näher ich der Küste komme, je anheimelnder wird das Bild. Weißer Brandungsschaum, schwarzer Lavastrand dahinter. Menschen bewegen sich wie kleine Käfer vor den emporragenden hellgrünen Bergflanken. Das ist sie also, die Insel ungehemmter Liebe, geht es mir durch den Kopf. Selbst der nüchterne Naturwissenschaftler Joseph Banks, Teilnehmer an Cooks erster Südseefahrt, war voll von erwartungsvollem Enthusiasmus: »Ein Arkadien, dessen Könige wir sein werden!«

Die gleiche Begeisterung hatte auch die einfachen Seeleute der *Bounty* erfaßt, als sie sich 20 Jahre nach Bougainville der Matavai-Bucht näherten. Vom Hörensagen wußten sie alles über das sündige Tahiti mit seinen schamlos schönen Frauen. In Europas Hafenkneipen des ausgehenden 18. Jahrhunderts hatten sich längst die Südseefreuden herumgesprochen. Und Blighs Crew setzte sich aus Seeleuten zusammen, die eigens angeheuert hatten, um dem Gesang der fernen Sirenen zu folgen. Doch ins Paradies gelangt man nicht direkt, sondern erst auf dem Umweg durchs Fegefeuer. Und das bereitete ihnen William Bligh und der 30-Tage-Orkan vor Kap Horn, dem sich der Kapitän schließlich beugen mußte.

Landgang und Blighs Brotfrüchte

Bei fahlem Mondlicht paddle ich durch die Matavai-Bucht. Ihr Wasser ist jetzt ruhig wie das einer Lagune. Die leichten Wellen funkeln matt wie Chrom. Als ich mich aus der Piroge stemme und das Boot ans Ufer schleppe, schaut ein Fischer verwundert auf, und weiter rechts im Sand tuschelt ein Liebespaar. Sonst ist die Bucht verlassen.

Bevor sich Bligh an Land bringen ließ, notierte er sachlich-nüchtern in seinem Logbuch: »Sonntag, 26. 10. 1788, 9.00 Uhr, Matavai, 77 1/2° Fahrenheit (25° C); 12.00 Uhr, 83° F (28° C). Heiter, starker Passat.«

Welch ein Empfang! Eingeborene ruderten in Doppelkanus heran und überhäuften die Briten mit Geschenken. »Ja, ora na te pahi!« (Willkommen das Schiff!) Wir erinnern uns, daß Bligh mit Häuptling Poino in einer schweren Piroge durch die Brandung ans Ufer gebracht wurde. Damit nahm das Südsee-Abenteuer seinen Lauf.

Während die »edlen Wilden« an Bord der *Bounty* den Seeleuten Socken und Unterhosen unterm Kopfkissen wegstahlen und Liebesdienste gegen Ware, am liebsten gegen Nägel, tauschten, befand sich Bligh mit seinem Botaniker auf Goodwill- und Inspektions-Tour. Vorerst heimlich wurden die besten Brotfruchtpflänzchen ausfindig gemacht. Bligh hatte der Mannschaft befohlen, den Insulanern mit äußerster Höflichkeit zu begegnen. Angesichts der barbusigen Schönen ließen sich die schmachtenden Fahrensleute das nicht zweimal sagen. Der Kapitän verhielt sich ungeahnt großzügig. Die Mädchen durften sogar über Nacht an Bord bleiben - das irdische Paradies war vollkommen. Und bis auf den standhaften Bligh hatte jeder seine Vahiné. Fletcher Christians hieß Isabella, wenigstens nannte er sie so. Sie war eine ungewöhnlich großgewachsene Erscheinung. Die Mannschaft hatte ihr scherzhaft den Namen »Das Pferd« gegeben.

Im »Paradies« herrschte keine ungetrübte Freude, denn schon vor Ankunft der *Bounty* hatten die Europäer auf Tahiti Zivilisationsspuren - die Syphilis - hinterlassen. Waren es die Engländer oder die Franzosen, die die Lustseuche einschleppten? Cook und Bougainville beschuldigten sich gegenseitig. Die Insulaner wußten es besser, sie sagten: »Apa no peretane« - die englische Krankheit. Aber es war ganz und gar nicht so, daß die Europäer den Garten Eden zerstörten. Er hatte nie existiert, es sei denn in der naiv-verklärten Vorstellungswelt von Bougainville bis Paul Gauguin. Letzterer fabulierte noch 1891 über Tahiti: »Insel der Blumen, Früchte und Mädchen, der Muße und Liebe«. Aber verändert hat das Erscheinen der Europäer so gut wie alles der Inselwelt: Das starre System gesellschaftlicher Klassen, Menschenopfer, Kindestötungen (etwa drei Viertel aller Neugeborenen aus Furcht vor Übervölkerung). Nach Cooks Schätzungen lebten damals 200 000 Menschen in Polynesien, bei totaler Ausgrenzung der Frau. Vor weiblicher Unreinheit mußte das Heilige durch Tabus geschützt werden. Der *Bounty*-Crew war die dunkle Seite des Insellebens gleichgültig, vielleicht unbekannt, sie genoß den süßen Augenblick.

Auch Bligh hatte andere Sorgen. Er inszenierte zwei Verschleierungsmanöver.

Zum einen griff er auf, das die Tahitianer ihn für den Sohn Kapitän Cooks hielten, und befahl der Mannschaft, nicht wissen zu lassen, daß Cook tot war. »Ich glaube, daß wir rascher zum Ziele kommen, wenn Cook mein Vater ist«, meinte Bligh. Die Täuschung gefiel der Crew nicht sonderlich, aber angesichts der Verehrung, mit der sich der Name Cook verband, hatte der Kapitän mit seinem Trick nicht unrecht. Zum anderen wurden die Männer vergattert, keinem Insulaner den wirklichen Grund des Besuchs zu verraten. Bligh befürchtete nämlich, daß anderenfalls die Preise für die Brotfruchtbäume kräftig steigen würden. Schon bald konnte Bligh ungehindert die ganze Insel bereisen, weitere Häuptlinge kennenlernen, an nächtlichen Tanzveranstaltungen teilnehmen, die regelmäßig in »wüsten Orgien« gipfelten. Aber vor allem vermochte er nach den besten Standorten von Brotfruchtbäumen Ausschau zu halten.

Um möglichst günstig an die besten Schößlinge zu gelangen, ersann er eine andere List: Den jeweiligen Distriktshäuptlingen übergab er mit den Worten Geschenke, sie kämen direkt aus der Hand König Georges III., dessen Name allen durch Cooks frühere Besuche in guter Erinnerung war.»Nun möchtet ihr König George sicher auch etwas Gutes zukommen lassen?« fragte Bligh. Natürlich wollten dies die Häuptlinge und waren erstaunt, daß König George an nichts anderem als Brotfruchtbäumen Interesse fand. Wenngleich die neun Pfund schwere Brotfrucht (Artocarpus altilis) den Polynesiern als Manna vom Himmel fiel, war sie doch tief in ihrer Mythologie verankert: Einst lebte eine Frau, deren Mann früh verstarb. Nun mußte sie ihre vielen Kinder allein ernähren, was ihr kaum möglich war. Als sie eines Abends weinend am Meer saß erschien ein Mann und fragte: »Warum weinst Du?« Sie nannte den Grund, und der Mann versprach Hilfe: »Morgen wird vor deiner Hütte der Zweig eines Brotfruchtbaumes liegen, der aus meinem Leib stammt.« Die Frau fand den Zweig und pflanzte ihn ein. Schon am folgenden Tag war aus ihm ein hoher Baum mit vielen eßbaren Früchten geworden. Die Frau war glücklich, da sie und ihre Kinder von Stund an nicht mehr zu hungern brauchten.

Das ist die Legende von der Brotfrucht, und tatsächlich handelt es sich bei dem Baum um eine Art Wunderpflanze. Sie bietet fast während des ganzen Jahres Ernte, trägt jährlich 150 und mehr nahrhafte - wenn nicht gerade wohlschmeckende - Früchte. Aus dem Holz des bis zu 20 m hohen Baumes bauten die Eingeborenen Hütten und Kanus. Die Rinde wurde für Baststoffe verwendet. In emsiger Arbeit wurden nun die geeigneten Schößlinge zusammengetragen und in kleine Container gepflanzt. Eine Arbeit, die der Botaniker David Nelson, aber vor allem Bligh persönlich beaufsichtigt. Sie kam zügig voran. Dennoch lag die *Bounty* ungewöhnlich lange in der Matavai-Bucht auf Reede. Mittlerweile fünf Monate!

Allmählich wirkte sich der Aufenthalt auf der Schlaraffeninsel nachteilig auf die Disziplin der Männer aus. Und warum lag die *Bounty* so lange vor Anker? Nun, das Tagebuch Blighs verzeichnet einige Zwischenfälle. Erst einmal hatte man Schwierigkeiten, in der Regenzeit (November bis März) genügend Brotfruchtsetzlinge transportfähig zu halten. Viele faulten dahin. Dann trübten Diebstähle der Insulaner die sonnig heitere Stimmung, und Bligh bekam jene berüchtigten Tobsuchtsanfälle.

Er brüllte und tobte dermaßen, daß es die Insulaner, einschließlich ihrer Häuptlinge, mit der Angst zu tun bekamen. Auch wurde aus Aufzeichnungen einiger Offiziere wieder einmal deutlich, daß Bligh es bewußt darauf anlegte, seinen ersten Offizier, Fletcher Christan, vor allen anderen zu demütigen.

Die kleinen Diebstähle rissen nicht ab. Eines Tages wurde sogar das Ruder des großen Beibootes gestohlen, und Bligh beschloß, ein Exempel zu statuieren. Dem aufgegriffenen Dieb wurde ein Dutzend Peitschenhiebe verabreicht. Dazu bemerkte der Kapitän: »Unsere guten Beziehungen zu den Häuptlingen wurden dadurch so gut wie nicht getrübt.«

Ein anderes Mal wurde die Inselidylle getrübt, als der Schiffsarzt John Huggan, besser als Vater Bacchus bekannt, starb. Huggan war Alkoholiker, und Bligh notierte im Logbuch: »Sein Tod war die Folge von Trunksucht und Trägheit.« Der fettleibige Schiffsarzt wurde am 10. Dezember 1788 am Strand von Tahiti begraben. Gleich im neuen Jahr herrschte auf der *Bounty* große Aufregung. Es stellte sich heraus, daß drei Männer desertiert waren: Der Waffenmeister Charles Churchill und die Matrosen William Muspratt und John Millward. Die Suche nach den Flüchtigen dauerte neun Tage und wurde von den Eingeborenen unterstützt. Ihrer habhaft, wurden die Männer mit der neunschwänzigen Katze windelweich geprügelt. Bligh hätte sie auch hängen lassen können. Auf Fahnenflucht stand die Todesstrafe. Erbarmte sich Bligh der Leute? Wohl kaum. Für die anstehende Rückreise brauchte er jeden Mann.

Unter der Besatzung häuften sich Fälle von Gewaltausbrüchen. Eifersucht war das Motiv, als der Matrose Isaac Martin einen Insulaner vermöbelte und dafür 19 Peitschenhiebe einstecken mußte. Kurz darauf wurde entdeckt, daß jemand das Ankertau der *Bounty* teilweise gekappt hatte, und Bligh schloß daraus, daß sein Schiff entweder abtreiben oder am Strand zerschellen, auf alle Fälle die Rückreise nach England sabotiert werden sollte. Ein Omen für das, was noch geschehen sollte?

Endlich war das Zwischendeck und die große Kajüte mit Brotfruchtschößlingen angefüllt. Es wurden 1015 Pflanzen gezählt, und die Vorbereitungen für die Abreise waren in vollem Gang. Am 3. April 1789 gab Bligh den Befehl, die Anker zu lichten und Segel zu setzen. Die Eintragungen des Kapitäns: »Vorräte: 25 Schweine, 17 Ziegen, 47 Tonnen Wasser. Krankenliste: Zwei Geschlechtskrankheiten.« Den Abschied kommentierte er gerührt: »Nun sagen wir unserem Tahiti ein langes Lebewohl, nachdem wir dort die schönsten Beweise der Achtung und Freundschaft genossen haben.«

Während die *Bounty* aus der Matavai-Bucht glitt und die Insel langsam kleiner und kleiner wurde, bis sie schließlich am Horizont verschwand, stand Fletcher Christian am Schanzkleid und beobachtete dunkle Wolken, die sich drohend zusammenballten...

Papeete, die Südsee-Metropole

Zurück in die Gegenwart: Es ist Nacht, und ich bin hundemüde. Im Lichtkegel der Taschenlampe suche ich auf der Karte die Küstenstraße nach Papeete, der Hauptstadt ab. Ein Fußmarsch von vielleicht 12 km überschlage ich die Strecke von hier dorthin. Ich verwerfe den Gedanken an ein Hotel, an ein weiches Bett, ziehe das Auslegerboot in den Windschatten einer Hibiskushecke, rolle den Schlafsack auf dem körnigen, noch warmen Lavastrand aus und falle in einen totenähnlichen Schlaf...

Als ich wieder zu mir komme, sind das Strand- und das Wasserleben von Matavai längst erwacht, Badegäste tollen sich im Sand und in den Fluten. An der Mole dümpeln Fischerboote, und eine Gruppe Halbwüchsiger zieht ein Schleppnetz an Land. Der Parkplatz neben dem Leuchtturm füllt sich mit immer mehr Autos. Die lauschige Bucht von einst ist ein Aufmarschgebiet für Blechkarossen und Urlauber. Scheu wie ein Dieb in der Nacht rolle ich mein Lager zusammen, verstaue alles im Rucksack und schiebe das Boot ins Wasser, um abseits des Getümmels einen geeigneten Liegeplatz zu finden.

Eine halbe Stunde später befinde ich mich in einem Taxi auf der Küstenstraße in Richtung Papeete. Mein Fahrer ist ein krausköpfiger, dicker Typ, der entsetzlich schwitzt. Der Fahrtwind zaust in den Haaren, und in den Ohren schmerzt kreischende Radiomusik. »Viel los in Papeete, Monsieur«, schreit der Fahrer gegen den Lärm an. »Heiva I Tahiti, in der Stadt haben sich die schönsten Mädchen Polynesiens versammelt.« Dabei verdreht er die Augen. »Nichts bringt den Menschen dem Reich der Phantasie näher als eine Fahrt nach Tahiti«, denke ich und stelle mir eine Metropole voll liebreizender Frauen vor, die mit ihrem Charme und ihrer Schönheit verschwenderisch umgehen. Sehnsuchtsvolle Neugierde beflügelt mich. Doch bevor es in die Stadt geht, ist ein geschichtlicher Abstecher wichtig. Parii, wie sich der Fahrer vorstellt, besteht darauf und chauffiert mich zum Grab von König Pomaré V., Tahitis letztem König. Als Zierde befindet sich auf dem Grab ein kelchförmiges Gebilde aus Gußeisen. »Es handelt sich um die monumentale Nachempfindung einer altgriechischen Urne, und nicht etwa um die Nachbildung einer Flasche Benedictine, die der König liebend gern leerte, wie gehässigerweise gesagt wird«, erklärt Parii verschmitzt. »Die Europäer haben Tahiti - was sage ich, die Inselwelt des Pazifiks - auf dem Gewissen!« Ich horche auf, er doziert weiter: »Die Walfänger schleppten Feuerwaffen, billigen Alkohol, unbekannte Krankheiten ein und säten Zwietracht. In wenigen Jahrzehnten wurde die Bevölkerung Tahitis um zigtausend dezimiert. Dann kamen die Missionare und raubten uns den letzten Rest Lebensmut. 1817 konvertierte König Pomaré II., damals Alleinherrscher der Insel. Die französischen Missionare erschienen 20 Jahre später und führten das Christentum unter Zwang und Gewalt ein. Königin Pomaré IV. suchte Schutz bei Königin Victoria, doch die Großbritannierin zeigte ihr die kalte Schulter. 1877 folgte König Pomaré V. Der den Lebensfreuden zugewandte Monarch dankte nach drei Jahren ab und trat die Hoheitsrechte an Frankreich ab. Der Großteil Polynesiens wurde französisches Kolonialgebiet.«

»Ihrem Wissen nach würden Sie einen guten Fremdenführer abgeben«, sage ich. Parii gibt zu verstehen, daß er eigentlich Lehrer sei und sich infolge der Arbeitslosigkeit als Taxifahrer durchschlagen müsse. »Das Rad der Geschichte dreht sich weiter«, meint Parii und gefällt sich in seinen Erklärungen. »Ab 1860 gab es in Tahiti einen Baumwollboom, das hing mit der Verknappung zusammen, die der amerikanische Bürgerkrieg auslöste. Wegen Arbeitskräftemangels wurden 1000 Hongkong-Chinesen eingeführt, die noch heute eine wichtige Kolonie bilden. Papeete, unsere Hauptstadt, wurde bei Ausbruch des ersten Weltkrieges durch die deutschen Kriegsschiffe *Scharnhorst* und *Gneisenau* unter dem Kommando von Admiral Graf Spee bombardiert. Eine gewisse Selbstverwaltung erhielten wir ab 1956. Wirklich unabhängig sind wir immer noch nicht. Bereiche der Verteidigung, Auswärtiges, Polizei, Justiz, Einwanderung, Außenhandel und Währung kontrolliert die französische Regierung durch einen Hochkommissar. Die FLP fordert die völlige Unabhängigkeit.«

»Haben die geschichtlichen Seehelden Cook und Bligh keine Spuren hinterlassen?« frage ich.

Er sagt: »Doch, doch, da ist einmal Cooks Ankerplatz bei Taurira, dann Point Venus mit dem Leuchtturm und das Restaurant Captain Bligh mit dem Lagunarium in Punaauia. Kommen Sie, ich zeige Ihnen noch etwas.« Wir gehen um das Grab Pomarés V., dann auf die andere Straßenseite. Parii bleibt vor einem großen Brotfruchtbaum stehen. »Dieser ist 1960 nach Tahiti zurückgekommen. Es ist einer der Setzlinge, die Bligh nach Jamaica brachte und von denen nur wenige anwuchsen.«

Der Taxifahrer stürzt sich ins Verkehrsgewühl Papeetes. Welch Lärm, Gestank, Hektik! Eine Stadt wie ein Rummelplatz. Auf dem Boulevard Pomaré kocht der Verkehr, und in ihm sprudeln die Mopeds und Roller wie Blasen. »Le Jasmin«, »Le Club 5«, »Paradise Night Club«, »Zizon Bar« schnappe ich im Vorbeifahren auf: Stätten der Einkehr für Nachtbummler und Südseevagabunden. Der berühmte Tanz- und Bierpalast »Quinn« ist verschwunden - leider!

War ich einen so langen Weg gekommen, um dies zu finden, vor dem ich geflohen war? Der Traum, der mich nach Tahiti geführt hat, wird von der Gegenwart grausam zerstört. Es ist das Tahiti der Vergangenheit, was ich liebe. Und ich kann es nicht hinnehmen, daß jenes Tahiti ganz vernichtet worden ist. Eine Enttäuschung über das verlorene Paradies, die jeden Fremden heimsucht!

»Im Juli steht Papeete Kopf«, erklärt Parii, als habe er meine Traurigkeit gespürt. »Parkroyal«, sage ich nach einer Weile. Er pfeift durch die Zähne und meint: »Ein feiner Laden!« »Ich liebe die Abwechslung«, sage ich leichthin und ohne nichts Böses. Im übrigen war nur noch hier etwas frei, und der Prospekt schwärmte im regennassen Hamburg: »Terrasse mit traumhaftem Blick auf Moorea. Fenster zum Meer, allabendlich versinkt die Sonne in einer Farborgie. Und in gleicher Regelmäßigkeit tanzen die schönsten blütenbekränzten Mädchen Hula - für Sie.« Nebensächlichkeiten hatte ich übersehen: In der Südsee vor dem Hotel kann man nicht baden, der nahe Hafen und die ungeklärten Abwässer verschmutzen das Wasser. Dann der Übernachtungspreis von »lächerlichen« 450,- Mark pro Nacht.

112

oben: Moorea, »die schöne Tochter« Tahitis, ein Kleinod im Stillen Ozean. **113**
unten: Der Insulaner Moares Pah. Ich begleitete ihn auf seinem Auslegerboot zum
Fischfang vor dem Riff. Auf Moorea gilt er als der beste Feuertänzer.

Eine Vahine tanzt
den Tamué.

Tiki Village. Die
Polynesier bereiten
eine Tamaaraa
vor – ein Gelage
für Genießer.

114

In ihren farbenpräch-
tigen Kostümen
und mit ihrem
unnachahmlichen
Lächeln bezaubern
die Insulaner die
Zuschauer; …

… kann solch ein
Anblick Anstiftung
zur Meuterei sein?

115

Vor dem Museum
von Tahiti, südlich
der Hauptstadt
Papeete, steht dieses
alte Doppelkanu.
Rund 40 Menschen
fanden auf diesem
Wohnschiff Platz.
Mit solchen Schiffen
erschlossen sich die
Polynesier die
Weiten des Stillen
Ozeans.

Mit großen Kriegs-
Kanus, als Dop-
pelrumpf-Kanus
oder Auslegerschiffe
konzipiert, lieferten
sich die Polynesier
nicht selten erbitterte
Seeschlachten.
Ölgemälde von
William Hodges.

Der Maler Thomas
Gosse hielt 1796
den Transport der
Brotfruchtsetzlinge
fest. Bligh (rechts)
und König Pomaré I
von Tahiti beauf-
sichtigen die Arbei-
ten persönlich.

Die Brotfrucht
(Artocarpus altilis)
ist ein kindskopf-
großes, hartschaliges
Fruchtgemüse, das
auf hohen Laub-
bäumen wächst.
Ihr Geschmack
erinnert an mehlige
Kartoffeln.

Im Norden Tahitis liegt Point Venus. Hier ließ Kapitän Cook ein kleines Fort bauen und beobachtete mit Gelehrten den Durchgang der Venus durch den Ortsmeridian. Ein Aquarell von George Tobin.

Heute findet man anstelle des Forts einen Leuchtturm vor. Rechts davon verläuft die berühmte Matavai-Bucht mit ihrem schwarzen Lava-strand.

118

oben: Auch Tahiti bleibt von Umweltschäden nicht verschont. Im Südostteil ist die Welt aber noch in Ordnung.
unten: Die Côte de Pari lädt ein, ihre bezaubernde Pflanzenpracht zu bewundern.

119

120   Beim »Heiva I Tahiti«, dem großen Volksfest Papeetes, messen unter anderem auch die besten Speerwerfer ihr Können.

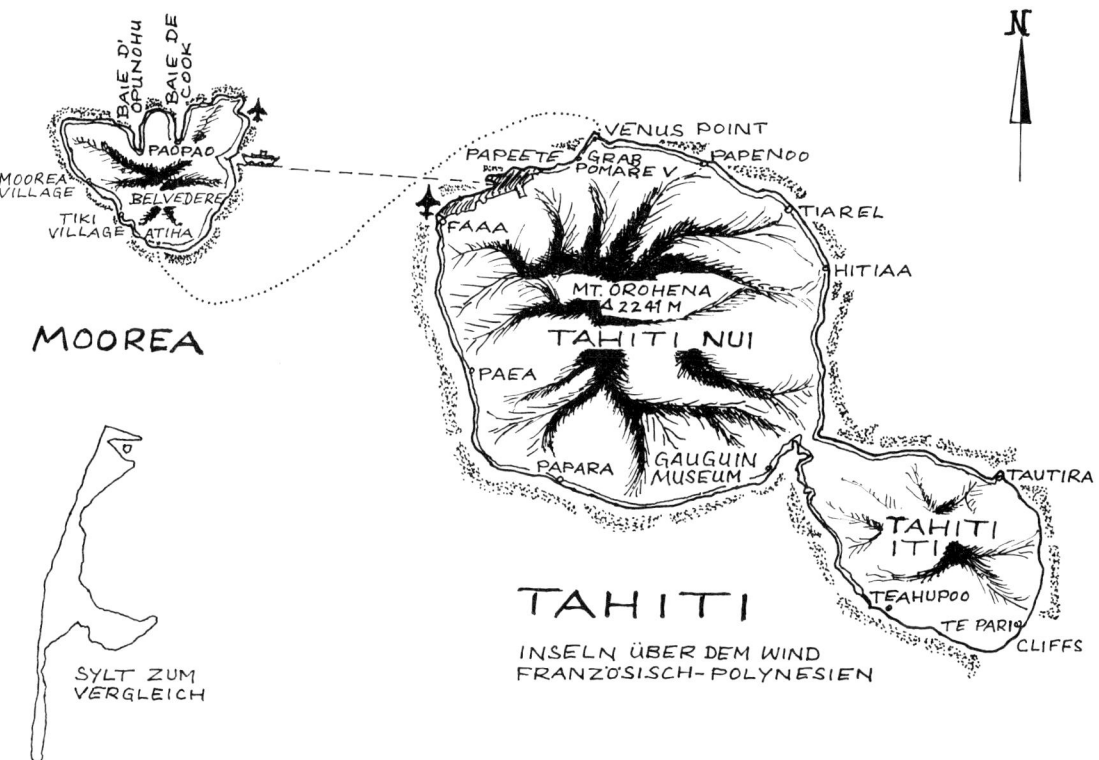

MOOREA

SYLT ZUM
VERGLEICH

TAHITI

INSELN ÜBER DEM WIND
FRANZÖSISCH-POLYNESIEN

Mit dem Fahrrad suche ich am nächsten Tag das Weite. Nur raus aus dem Dunst-kreis dieses Babylons mit seinen sündhaften Preisen und seiner sündigen Luft aus feucht-heißem Tropendampf und Dieselqualm, die das Atmen zur Qual macht. Und so strample ich auf der »Gartenroute«, der Küstenstraße, nach Süden. An mir vorbei winden sich Autos wie ein blecherner Lindwurm, der nie abreißt.

An der Bar des »Captain Bligh« erfrische ich mich mit einem Ananascocktail aus Früchten des Gartens. Doch selbst die wachsen nicht einfach in den Mund - der Cock-tail kostet 20 Mark. Aber im »Lagunarium«, einem Beobachtungsstand unter Was-ser, kann ich in das starre Auge eines weißen Hais blicken. Schildkröten, Napoleon-fische, Riesenkraken, rote Korallenbänke und andere Raritäten des tropischen Meers erleben. Das »Langunarium« ist kein Aquarium, sondern ein Blick in ein Stück wirk-liche Südsee-Unterwasserwelt. Verläßt man die Bar - nüchtern empfiehlt sich, die Haie warten! - führt ein äußerst schmaler Steg über die Lagune direkt dorthin.

Das Gauguin-Museum, etwas weiter, darf auf der Inselrundfahrt nicht vergessen werden! Es liegt neben dem botanischen Garten, einer 19 ha großen Oase am Meer, die der amerikanische Botaniker Harrison Smith angelegt hat und 60 km von Papeete entfernt ist.

Der Inselschreck

Paul Gauguin (1848-1903´), einst Börsenmakler, dann Künstler - exzessiver Maler, konsequent bis zur Selbstvernichtung. Auch er erlag der Mär von einem Tahiti, unberührt vom Einfluß westlicher Doppelmoral und Dekadenz. Den Betrug erkannt, ließ er sich in einem der Eingeborenendörfer nieder und malte gegen Enttäuschung und Resignation an. Gemalt wurde nicht die vorgefundene Realität, vielmehr die Wunschvorstellung eines zivilisationsverdrossenen Europäers. Gauguin war als Empörer aufgebrochen. Das hatte ihn trotzig schaffen lassen. Sein streitbarar Charakter, seine Existenz als »Gekreuzigter« hatten ihn vor der allgemeinen Schläfrigkeit bewahrt. Wenngleich es ihm an Widerstand und schöpferischer Reibung mangelte: »In Tahiti habe ich das Licht als reine Materie würdigen können. Es ist ein herrliches und langweiliges Land zugleich... Ein derart gleichförmiges Glück ist ermüdend...« Tahiti, wie berauschend schön auch immer, bot Gauguin nicht die erhoffte Zuflucht.

Der größte Teil der Insel besteht aus mehr als 2000 m hohen Bergen, folglich reihen sich die Ansiedlungen fast übergangslos am schmalen Küstenstreifen aneinander.

Alkohol und eingeschleppte Krankheiten hatten unter der Bevölkerung gewütet. Sie war von 200 000 Menschen zur Zeit der Entdeckung auf 15 000 zurückgegangen. Papeete zählte um 1890 3000 Einwohner. Ein paar Dutzend Beamte aus dem Mutterland, etwa 200 französische Siedler, dann 300 Kaufleute, meist Engländer, und die 500 Chinesen. Die stärkste Gruppe mit dem geringsten Einfluß waren 2000 Tahitianer. (Heute leben wieder 100 000 Menschen auf Tahiti und 50 000 in Papeete).

Zwischen den Fraktionen herrschte Neid, Arroganz und Mißgunst. Und Gauguin empört: »Das, von dem ich mich befreit glaubte - Europa in der schlimmsten Form des kolonialen Snobismus - fand ich vor. Wahrlich, deswegen war ich nicht so weit hergekommen.« Er blieb Außenseiter, gemieden. Um so mehr, als seine Mittellosigkeit, seine alkoholischen Exzesse, seine Gier nach minderjährigen Insulanerinnen ruchbar wurden. Seine Schaffenswut, seine Produkte, die erbärmliche Gestalt, alles wurde belächelt. Ja, bisweilen empörten sich die Leute über ihn, den Inselnarren!

Als ein solcher verließ er die Stadt und entschwand in den südöstlich gelegenen Inselteil Mataia. Dort bezog er eine ärmliche Hütte am Meer, in der er zwei Jahre mit seiner neuen Kindfrau Teha'amana lebte: »Nun fing ein vollkommen glückliches Leben an«, schrieb er in seiner Autobiographie »Noa Noa«. Glück und Arbeit begannen zugleich mit der Sonne und strahlten wie sie. »Das Gold von Teha´amanas Antlitz erhellte das Innere unserer Hütte und die Landschaft ringsum.«

Eine Wunschvorstellung! Die Wirklichkeit sah anders aus: Gequält von Geldnot, Krankheit, Vereinsamung und schweren Depressionen schaffte er Werke, die keiner wollte und niemand verstand. Und zu vielen Bildern stand, saß oder lag die Insulanerin Modell. Ansonsten führte sie ihm den Haushalt oder vergnügte sich mit anderen Liebhabern - die Kehrseite sexueller Freizügigkeit.

Ende 1892 hatten sich die Reize Tahitis für Gauguin erst einmal erschöpft. Er kehrte nach Europa zurück, brach abermals verdrossen zur zweiten Tahitireise auf, schuf unter größten Entbehrungen viele neue Meisterwerke. Körperlich ein Wrack, verließ er 1901 Tahiti und begab sich nach Atuana auf der Marquesas-Insel Dominique, wo er 1903 arm, herzkrank, verbittert, von der Syphillis zerfressen, 54jährig starb.

Gauguins Mythos als Südseemaler war schon zu seinen Lebzeiten enstanden. Weltweit berühmt wurden er und seine Gemälde aber erst nach dem Tod. Er war der Traumtänzer in den Tropen, er malte Tahiti und seine Menschen wie sie nicht mehr waren, dennoch idealisierte er nicht, sondern schuf Bilder von packender Eindringlichkeit und Echtheit. Neben van Gogh war er der radikalste Maler, der selbstzerstörerischste und nicht zuletzt deshalb einer der Größten.

Tahiti und Frankreich ehren ihn nun mit diesem Museum, das mittlerweile auch einige Originalwerke enthält. Der Besucher geht mit Andacht durch die Räume, die, mit vielen Exponaten dekoriert, über Stationen seines Lebens erzählen. Wir blicken in einen Raum, der das Innere seiner spartanisch eingerichteten Hütte widergibt. Ergriffen nehmen wir wahr, wo und unter welchen Umständen Gemälde geschaffen wurden, die heute zu den teuersten überhaupt gehören. »Gauguin war der erste Künstler, der nicht nur die Grenzen unserer Gefühle, sondern auch jene unseres bildhaft-figürlichen Denkens erweitert hat. Er ist ein Vorreiter bei der Annäherung der Kulturen«, sagt Pièrre Francastel, einer seiner Kritiker.

Ich bin die Räume langsam durchwandelt, habe Gauguins radikale, aufrührerische und zugleich bemitleidenswerte Aura gespürt und mir den an Leib und Seele gemarterten Menschen vorgestellt. Nicht ohne Achtung vor dieser unheimlichen Konsequenz.

Jetzt stehe ich im Garten. Das schöne Stück Erde reicht bis ans Ufer und ist mit Papayas, Brotfruchtbäumen, Kokospalmen, Pandanus bewachsen. Auf einer Rasenfläche steht voluminös und unübersehbar ein Tiki aus Basaltgestein. Mit ihm hat es eine besondere Bewandtnis: Von der 1500 km südlich gelegenen Insel Raivavae im Austral-Archipel war diese mächtige Figur per Schiff nach Papeete gebracht worden, um sie dann im Garten des Gauguin-Museums aufzustellen. Die Hafenarbeiter weigerten sich energisch, den 2,72 m hohen und zwei Tonnen schweren Koloß weiter zu verfrachten. Sie fürchteten, der Tiki würde sie für den gewaltsamen Standortwechsel bestrafen. Vier Eingeborene von den fernen Marquesas-Inseln waren schließlich doch dazu bereit. Unmittelbar vor dem Transport brachen zwei Anker, dann fiel ein Mann über Bord und tauchte nie wieder auf. Nachdem der unheimliche Steinriese seinen endgültigen Platz eingenommen hatte, starben kurz darauf drei Arbeiter, die an der Aktion beteiligt waren. Ein Zufall? Ein Märchen? Die Nachricht stammt aus einem Presseartikel aus dem Jahre 1966. Ich erkundigte mich bei der Museumsleitung. Das mysteriöse Ereignis wurde bestätigt. Tatsächlich glauben auf Tahiti noch viele Menschen an die magische Kraft der Tikis und daran, daß man sich vor ihrem Tabu-Zauber hüten muß. Der jahrhundertealte Gigant fasziniert, wie er da mit dem Rücken zum Meer thront. Grob gemeißelte Gesichtszüge, den Blick düster nach unten gerichtet. Mit seinem fetten Leib, auf dem die Hände ruhen, erinnert er ein wenig an einen bösen Buddha.

Nun sind Tikis nicht irgendwelche Figuren aus Holz oder Stein. Nach dem Glauben der Polynesier sind sie Mittler zwischen Göttern und Menschen. Äußerlich tote Materie zwar, dennoch mit göttlichem Geist beseelt. Ihre geheimnisvolle Kraft segnete die, die sie geschaffen hatten, schreckte ab und vernichtete aber Fremde und Feinde. Wer ihnen nicht Respekt und Opfergaben zuteil werden ließ, den verfolgten sie mit Krankheit, Not und Tod.

Ich schwinge mich auf den Drahtesel und radle auf der Uferstraße bis halb um Tahiti Iti, den »Schildkrötenkopf« von Tahiti Nui. Die befestigte Uferstraße endet im Örtchen Teahupo vor einer Behelfsbrücke. Vergeblich halte ich Ausschau nach schönen Badestränden. Doch glasklare Lagunen und weiße Sandstrände gibt es auf Tahiti nicht. Der schwarze Lavastrand ist heiß, grobkörnig, wenn es weht staubig. Das Wasser aufgewühlt, trüb und durchsetzt mit scharfen Korallenbänken, die die Füße ramponieren.

Unverdrossen holpere ich auf einem urwaldähnlichen Pfad ans äußere Ende der Insel, an die Côte te Pari... und werde belohnt. Die wilde abgelegene Steilküste ist berauschend, ein Geheimtip! Dem Gestade sind über eine Passage von fünf km Breite keine Korallen vorgelagert. Der Ozean donnert in mächtigen Brechern an eine felsig steile Wand. Welch ein Genuß: keine Autos, keine Touristen. Was ich sehe, sind Insulaner, die auf meist selbstgebastelten Brettern durch Wellentunnel schießen oder vor atemberaubenden Wellenkämmen dahinjagen. Wahre Wasserakrobaten! Surfern in gefährlichen Gebieten kann ich stundenlang zuschauen. Te Pari ist ein Stück Küste nach meinem Geschmack. Hier beschließe ich zu bleiben. Mein Lager baue ich so auf, daß ich vom Zelt durch die Öffnung direkt auf die Steilküste blicken kann. Grandios der Blick, überwältigend das Fauchen und Toben des Meeres!

Ich bleibe fast eine Woche. Ziehe mit Otuta in der Mittagshitze in die bewaldeten Berge, wo von steilen Hängen Wasserfälle stürzen, deren Gischt im Sonnenlicht breite bunte Regenbögen formt. Ich muß an Jackson, den Clochard aus Sydney, denken: Die schöne Tahoa hatte ihn aus der Bahn geworfen. Ich komme mir vor, als erlebe ich »Pape Moe - Geheimnisvolles Wasser«, eines von Gauguins Gemälden, das er in »Noa Noa« unbewußt beschreibt: »Plötzlich bemerkte ich, an einen Felsvorsprung gelehnt, den es mit beiden Händen eher liebkoste als sich daran zu halten, ein junges nacktes Mädchen. Es trank von einem Wasserfall, der aus großer Höhe zwischen den Steinen herabkam. Nachdem es getrunken hatte, nahm es Wasser in beide Hände und ließ es zwischen den Brüsten niederrinnen.« Es ist, als darf ich in einem Tahiti weilen, das zwischen Entdeckung und Gauguins Erscheinen liegt. Und dankbar erkenne ich, es gibt sie noch, die kleinen, kaum entdeckten Fleckchen Urnatur, die eigentlich längst totgeglaubt sind.

Morgens und nachmittags tauche ich durch die Brandung - es ist jedesmal ein Nervenkitzel. Surfenlernen gebe ich auf, trotz hilfreicher Unterstützung der Dorfjugend. Beim ersten Versuch wurde ich vom Brett gefegt und über Grund und Steine geris-

124

sen, beim zweiten nahm mich ein Brecher in die Mangel. Irgendwie ans Ufer geraten, staune ich über mein Rückgrat, das weder Kleinholz noch gebrochen war.

Mein Leben ist die Abwechslung. Ich habe die herrliche Küste und die liebenswerten Menschen genossen, doch jetzt zieht es mich aus der Robinsonade zurück nach Papeete. Ich muß mich wieder ins Gewühl stürzen. Buntes Treiben erleben, andere Menschen sprechen, sehen... Moares wartet auf mich, vielleicht auch seine Schwester, und Pièrre will sein Boot wiederhaben.

Begegnung am Hafen

Boulevard Pomaré: links der Hafen mit seinen Schonerveteranen und Luxusjachten, überragt von Kreuzfahrtdampfern; das Traumschiff »Wind Song« liegt am Kai und rechts die Stadt Papeete. Es ist 24 Uhr, »Le Club 5« ist randvoll. Ebenso die Biergläser, denn nach Mitternacht kostet das Hinano 230 pazifische Franken mehr, das ist ein Nachtaufschlag von rund drei Mark. Egal, ich habe einen Mordsdurst. Auf Tahiti sind die Nächte heiß. Ich setze mich an die Straße und schaue mir die Gäste an. Eine Mischung aus Yuppies, Abenteurern und Globetrottern. Wenig Touristen, kaum Tahitianer. Laut plärrt Musik aus den Lautsprechern. Plötzlich drehen sich die Hälse. Augenpaare verfolgen zwei große, schlanke Gestalten mit üppigen Figuren und provozierendem Gang, das Gesäß knapp bedeckt. Insulanerinnen aus dem horizontalen Gewerbe, schießt es mir durch den Kopf. Die beiden prüfen mit geübten Blicken die Gäste und steuern auf meinen Tisch zu wie eine Rennziege mit zwei Bootskörpern. Meine Verlegenheit amüsiert sie. »Bonsoir Monsieur, seulement ici?« Ohne zu fragen plazieren sie sich mir gegenüber. Ich schaue in dick geschminkte Gesichter, schwarzumränderte Augen und grelle Lippen. Die T-Shirts spannen sich um sagenhafte Brüste. Aber die Stimmen! Finster wie aus einem Grab. Mein schüchterner Blick gleitet über Hände, Arme und Beine. Mit denen stimmt was nicht. »Dürfen wir Ihnen etwas Gesellschaft leisten?« Ich bekomme eine Gänsehaut. Ich merke, daß sich die übrigen Gäste amüsieren. »Quelque chose á boire, s'il vous plaît«, röhrt die eine mit schwarzer Löwenmähne und einer Hibiskusblüte darin. Ihre Zähne, makellos und blütend weiß, aber das Gebiß ist furchterregend groß. Zwei Flaschen Bier lasse ich kommen, schließlich will ich nicht unhöflich sein. Sie stürzen das Bier hinunter und grinsen breit. Das schafft kein Bauarbeiter schneller. Vielleicht soll das Grinsen verführerisch wirken? Auf mich wirkt es wie ein Vorschlaghammer. Sie reden auf mich ein, ich antworte auf deutsch. Nach fünf Minuten stehen sie achselzuckend auf und tänzeln weiter.

Kurz darauf läßt sich ein älterer Mann auf einem der freien Stühle nieder. Sein Gesicht, der Mund sind eingefallen und grau. Der Zehn-Tage-Bart und die tiefliegenden, traurigen Augen lassen ihn irgendwie kaputt erscheinen. Seine hagere, zusammengefallene Gestalt steckt in einem schmutzigen - einst weißen - Leinenanzug. Der Schweiß rinnt ihm in Strömen von der Stirn. Mit schnarrenden, kaum verständlichen Worten bestellt er ein Bier. Wieder ziehen drei dieser extravaganten Wesen die Aufmerksamkeit auf sich. Aufgetakelt wie die beiden von eben. Sie verschlingen die Gäste mit ihren Blicken.

Der Mann greift in die Hosentasche und zieht ein kleines Päckchen heraus, das er auswickelt. Es ist ein Gebiß. Geschickt schiebt er sich das Ober- und Untergestell in den Mund. »Die Mahu werden immer aufdringlicher«, murmelt der Alte. »Entschuldigen Sie, Mahu? Was meinen Sie damit?« frage ich. »Na, die Transvestiten, nachts wimmelt es hier davon. Ihre Jagd auf Touristen ist schon verdammt dreist!« Er schweigt und stiert in sein Glas.

Eine Weile später erzählt er, was es mit den Transvestiten auf sich hat. Schon immer hat es verhältnismäßig viele dieser eher bedauernswerten Geschöpfe auf der Insel gegeben. Ob es am süßen Nichtstun, am lauen Klima, am Menschenschlag liegt, der Frauen männlich, Männer weiblich mit runden Hüften und weichen sentimentalen Blicken erscheinen läßt, wer weiß das? Vielleicht sind die Südsee-Insulaner vom Charakter her nicht eindeutig Mann, nicht eindeutig Frau, und weil dies so ist, schafft die Natur kuriose Übergänge. Androgyne (zwittrige) Erscheinungen lassen sich vielleicht so erklären? Zum Gespött der Bevölkerung wurden Seemänner aus Europa und Amerika, wenn sie auf die Verführungskunst der Mahu hereinfielen. Die Inselgesellschaft toleriert die Frauen im falschen Körper, nimmt keinen Anstoß an ihrer Neigung, sich wie Frauen zu kleiden und zu geben. Ja, sie sind durchaus geachtete Mitglieder der Dorfgemeinschaft. Wie Frauen kleiden sie sich mit beginnender Pupertät. Dazu gehört auch das Tragen von Schmuck und Büstenhalter. Bei Tanzvorführungen sind sie stets in Mädchengruppen zu finden, aber ihr Geschlechtsleben ist uneinheitlich: Zwar sind die meisten homosexuell, andere jedoch bi- oder asexuell. In den Familien verrichten sie Hausarbeiten oder suchen sich Beschäftigungen als Kellner oder »Kindermädchen«. Im 19. Jahrhundert verlegte sich der Mahu mehr und mehr auf das einträgliche Geschäft der Prostitution. In Papeete gehört er zum nächtlichen Stadtbild.

Der Bursche an meinem Tisch interessiert mich. Ich schätze, daß er Franzose ist, dennoch wirkt er wie einer jener skurrilen britischen Typen, direkt einer Erzählung Somerset Maughams entsprungen. Ich stelle mich vor. Er nuschelt einen Namen der sich wie Boulet anhört und ergänzt: »Ich bin der neue Gauguin.« Dabei macht er eine Kopfbewegung Richtung Straße. An der Hauswand lehnt eine Reihe ungerahmter Ölbilder, welche Dorfszenen, die aufgewühlte See, Fischer in Auslegerbooten zeigen. Naive Malerei, doch recht eindrucksvoll. Eine Vahiné mit ausgefranstem Strohhut sitzt vor den Gemälden und macht die Passanten auf die Werke aufmerksam. Keiner interessiert sich dafür. »Gauguin vor der Entdeckung«, sage ich. Er lacht höhnisch. »Ich weiß, daß ich berühmt werde. Ich fühle es tief in mir. Kaufen Sie ein Gemälde, solange Sie es noch bezahlen können.« Für mich ist Boulet einer jener gestrandeten Aussteiger, die zu Hunderten die Südseeinseln bevölkern. Der eine malt, der andere schreibt, ein Dritter bastelt Schmuck. Dem nächsten fehlt die Kraft für jegliche Beschäftigung. Vom Alkohol zerstört, vegetieren viele einfach so dahin, wie Pflanzen. Alle sind sie irgendeinem Dichter auf den Leim gegangen. Bei Boulet war es Rupert Brook.

Ich erfahre, daß der Franzose schon mit 35 Jahren seine bürgerliche Existenz als Ingenieur an den Nagel gehängt hat. In Lyon verkaufte er seine Habe und zog nach Tahiti. Nach vielleicht zwanzig Jahren Inselleben ist er auf dem besten Weg zum »beachcomber«. Das ist ein dem Teufel verschriebener Europäer, der in der Südsee seiner körperlichen und geistigen Auflösung entgegentreibt. Boulet gebe ich noch zwei Jahre. Ihm wird das Geld für die Vahiné, für Farbe, für Pinsel, für die Leinwand ausgehen... Aber er weiß es noch nicht, und das ist gut so. Irgendwann wird er am Strand krepieren. »Beachcomber« enden nicht in den Wäldern der Berge, sondern dort, wo sie die krankhafte Sehnsucht ein Leben lang hintreibt, am Meer. Im Bewußtsein, als berühmter Künstler zu enden, um den die Welt trauert, wird er zufrieden scheiden. Auch das ist gut für die vielen Boulets der Inseln.

Wir sprechen über seine Vahiné. Es ist die vierzehnte Gefährtin seines Inseldaseins. Als er damals ankam, wurde er Mitglied einer Gruppe Abenteurer, die sich der »Bounty Club« nannte. »Wir wollten an die Meuterer erinnern, die sich auf Tahiti angesiedelt hatten, bevor sie von der *Pandora* aufgegriffen wurden«, sagt Boulet und erzählt von seiner ersten Begegnung mit den Mädchen. »Ich setzte mir einen Blütenkranz auf den Kopf und ging die Dorfstraße rauf und runter. Jeder wußte, daß ich Lust auf eine Vahiné hatte. Abends fand ich ein junges Mädchen im Bett meiner Hütte vor. So einfach war das. Das Mädchen blieb, solange ich es mit kleinen Geschenken bei Laune hielt. Es kochte das Essen, machte die Hütte sauber. Sie war lieb und zärtlich. Als ich mich an sie gewöhnt hatte, war sie plötzlich verschwunden.« Er seufzt. »Das ist das Problem. Sie können mit ihnen nicht reden. Sie verstehen die Mädchen nicht, selbst wenn Sie polynesisch beherrschen, es gibt keinen Gedankenaustausch, keine innere Bindung. Trotz der körperlichen Intimität bleiben sie Fremde. Selbst, wenn Sie gemeinsame Kinder haben, ändert sich das nicht, und Sie haben nie das Gefühl, daß es wirklich Ihre Kinder sind. Ihre Vahiné, bester Mann, bleibt ein Gebrauchsgegenstand, und Sie werden unglücklich, wenn Sie in das Verhältnis Zuneigung oder gar Liebe einbringen.«

»Hält man das über so viele Jahre aus?« frage ich.

»Nicht jeder Europäer. Ehrlich gesagt, man überlebt nur, wenn die Gefühlswelt abstumpft.«

»Unter frohen, tanzenden Eingeborenen, umgeben von schönen Frauen und dem Überfluß der Natur ein einsamer unglücklicher Mensch sein? Ist das nicht paradox?« frage ich.

»Ja, so ist es! Die Menschen sind zu verschieden. Und die Begriffe haben andere Bedeutungen. Die ganze Zweisamkeit zwischen Europäern und Insulanern fußt auf einem grandiosen Mißverständnis. Nehmen wir nur zwei Worte: 'here' und 'aloha'. Das polynesische 'here' heißt 'Beischlaf' und 'aloha', wie es die Missionare verstanden haben wollten, 'Liebe'; es bedeutet jedoch nur 'Sympathie' oder 'Mitgefühl'. Hinzu kommt, daß für die Tahitianer die Gefühle nicht im Herzen wohnen, sondern in Organen weiter unten.«

Schweigend betrachten wir das rege Treiben auf dem Boulevard. Mit Blütenkränzen geschmückte Männer und Frauen schieben sich vorbei. Einige tragen Musikinstrumente unter den Armen. Alle haben sich mit farbenprächtigen Roben, Umhängen und Wickelröcken herausgeputzt. Es sind Tanzgruppen des »Heiva I Tahiti - Festivals«, das für heute zu Ende gegangen ist. Dazwischen patroullieren immer wieder Mahu, die mit lüsternen Blicken nach »Beute« Ausschau halten.

»Ich habe lange gebraucht, um zu verstehen, daß 'ich liebe dich' nichts weiter heißt als 'ich habe Lust, deine Geschlechtsorgane zu sehen'«, sagt Boulet fast traurig und steht müde auf. »Kommen Sie, begleiten Sie mich ans Meer«, sagt der Franzose.

Wir hasten über den verkehrsreichen Boulevard und schlendern in Richtung Quai

128

de Moorea, vorbei an der »Wind Song«, dem schneeweißen Luxusliner. Es ist ein herrlicher Viermaster mit starken Maschinen und der Möglichkeit, seine Segel vollautomatisch zu setzen. 150 Passagiere segeln oder dampfen, je nach Wetterlage, mit höchstem Komfort durch die Südsee. Der Heimathafen der »Wind Song« ist Nassau.

Boulet wirft einen langen Blick hinauf zu den hohen Aufbauten, die mit dem Sonnendeck enden. Von dort ertönt amerikanische Musik herab. »Die Touristen haben für uns das Leben unerträglich gemacht«, sagt der Franzose, »sie kommen und gehen, verkörpern eine Welt des Scheins und Überflußes und hinterlassen Neid, Konsumgelüste, unerfüllte Wünsche. Das macht die Insulaner aggressiv. Das ist, was mich so maßlos deprimiert.«

Ich glaube ihm. Wir gehen weiter. »Ich kenne Weiße, die das einfache Leben mit den Eingeborenen teilen wollten. Die Sehnsucht nach Einsamkeit, Entspanntheit, der Schöpfung ganz nah sein einerseits, die Heimwehnarben, die die Touristen immer wieder aufrissen, andererseits, haben sie wahnsinnig gemacht und in den Tod getrieben.« Ich verstehe ihn.

»Ein Landsmann aus dem »Bounty Club« hieß Dominik. Auf der Suche nach Schönheit zerstörte er sich selbst. Er war ein Künstler, der keine Kompromisse schloß. Er brachte mir das Malen bei, weihte mich ein in die Geheimnisse von Farbe und Licht.« Boulet bleibt jetzt vor einer Bank stehen und starrt nach Westen in die Nacht, wo Moorea liegt. »Dominik war mein Freund und Meister. Auf dieser Bank saßen wir und malten wie zwei Irre. Immer wieder den Strand, das Meer, die Boote, die Silhouette Mooreas. Wir lagerten hier, wir schliefen vor Erschöpfung ein, wir wichen nicht von der Stelle. Jede Lichtvariante, jede Wolkenbildung, jede Stimmungsnote trachteten wir auf Leinwand zu bannen. Einmal türmte ein Hurrikan die See auf, und wir hatten alles, die ganze ungeheure Kraft, die die Natur zu bieten hatte. Und auf die vom Sturm zerfetzte Leinwand bannte er die entfesselten Elemente wie ein Magier. Er hatte ein Meisterwerk geschaffen, etwas Göttliches, mit dem er in die Tiefen der Natur vorgedrungen war.« In Boulets Stimme lag Schaudern. Es mußte eine wahnsinnige Zeit des Schaffens gewesen sein und Dominik ein wahnsinniger Künstler. »Danach kam der Tag des inneren und äußeren Zerfalls. Sein unersättlicher Appetit auf Leben und Kunst verging. Er wusch sich nicht mehr, verlor Zähne und Haare, Verwesungsgeruch umgab ihn. Dominik aß kaum noch und fiel vom Fleisch.

Als Schatten seiner selbst durchschlich er Papeete, scheu wie ein räudiger Hund, kaum noch nüchtern. Der Kokoswein hatte ihn zum mittellosen Zerrbild eines Menschen entstellt. Nur noch ein Wunsch hielt ihn am Leben, der, irgendwie nach Hause zu kommen. Egal wie, mit dem Frachter, mit dem Flugzeug, dem Passagierschiff. Wenn ein Dampfer aus Übersee einlief, trieb er sich tagelang am Hafen herum und winselte aus zahnlosem Mund, daß man ihn mitnehmen möge. Ich konnte nichts für ihn tun, so groß auch mein Mitleid war. Oder doch? Ich weiß es nicht. Oft zermartere ich mein Hirn, ob ich meinem Freund nicht doch hätte helfen können. Eines Tages fischte man ihn im Hafen aus dem Wasser. Er hatte sich umgebracht...« Boulet hält inne und setzt sich auf die Bank. Ich bemerke die Erregung in seiner Stimme, sein Körper bebt, und ich bin sicher, er mußte einen Fremden hierherführen, um ihm diese

Geschichte zu erzählen. »Ich glaube, Sie haben alles getan, um ihn zu retten«, sage ich.

Leise, wie zu sich selbst, sagt er: »Nein, nein, ich habe ihn umgebracht. Er war der größte Maler und ich nichts anderes als ein Stümper ohne Chancen - das war unerträglich.«

Die Südsee ruiniert die einen und stärkt die anderen. Es ist wie im Großstadtsumpf: Die starken Menschen werden in ihm hart und zäh, die schwachen gehen jämmerlich zugrunde...

Unten am Strand laufen die Wellen gurgelnd aus. Wie Scherenschnitte zeichnen sich zwei Gestalten vom Meer ab. Sie ziehen ein Boot ans Ufer. Fischer. Einer schwingt eine Öllampe über seinen Kopf. »Schauen Sie«, raunt der Franzose, »seit die Seeleute der *Bounty* auf diese Insel kamen, besagt das Lichtzeichen, daß Männer eingetroffen sind, die nach großer Seereise jetzt Lust haben, zu tanzen, sich zu vergnügen und zu feiern. Die Frauen eilten aus ihren Hütten, um die Männer zu empfangen.«

Heiva I Tahiti

Mir dröhnt der Schädel, das Zwerchfell zittert nach. Vor den Augen tanzen grelle Lichter. Bis ins Mark dringen die Trommelwirbel. Seit dem Spätnachmittag erlebe ich die Tänze der Südsee. Pausenlos wirbeln, tanzen, toben immer buntere, immer exotischere, ausgefallenere, prächtigere Gruppen vor einem vor Begeisterung hingerissenen Publikum. Seit fünf Stunden verfolge ich die »Heiva I Tahiti«, sicher das größte Folklorespektakel! Die Arena war am Quai des Paquebots aufgebaut worden, und ich schätze, daß sie gut 3000 Zuschauer aufgenommen hat. Ich sitze in der ersten Reihe, habe ein Kaleidoskop nahezu aller Tänze des pazifischen Raums erleben können: Den frenetisch erotisierenden Tamué von Tahiti, den langsam-melodiösen Siva von Samoa, den Sitztanz Meke der Fidschis, den rhythmisch-wilden Kriegstanz Wesi und den Hula Hawaiis. Alle Tanzformen symbolisieren Ereignisse des täglichen Lebens, berichten von Liebe, Leid, Haß, Stolz, Krieg und Abenteuer. Sie erzählen aus der Mythen- und Legendenwelt der Vorfahren. Zum alljährlichen Festival nehmen manche Tanzgruppen Flüge über mehrere tausend Kilometer in Kauf.

Einmal in Papeete beklatscht, vielleicht noch als Miss Tahiti bejubelt zu werden, ist der Traum einer jeden hübschen Insulanerin. Hina Sarciaux mit 19 Lenzen ist es in diesem Jahr geworden. Doch die Shows gehen weiter. »Heiva I Tahiti« duldet keine Besinnung, keine Pausen! Schon dröhnen die Felle der Pahustrommeln. Aus vier Ecken trippeln je acht Tänzerinnen ins Zentrum, wo sie sich vereinen. Arme und Hände kreisen über ihren Köpfen. Die Körper wiegen nach rechts und links. Es wallen blutrote Gewänder neben Baströckchen auf wippenden Gesäßen. Das schwarze, langfließende Haar ist mit Kränzen aus zartem Farn und Frangipani-Blüten geschmückt. Schlanke Hälse zieren Ketten aus polierten Kukui-Nüssen. Tief und stetig schlagen die Trommeln. Jetzt reißen die Mädchen die Arme himmelwärts. Ein vielstimmiger Chor ruft: »Leilei Aloha - wir bringen die Leis der Liebe.« Ganz unerwartet entsteht eine Stimmung von besonderer Intensität, als der Vollmond von einer Wolke bedeckt wird. Die einzelnen Gestalten begegnen sich, hart stampfen nackte Füße auf hartem Boden, alles schmilzt zu einer einzigartigen Woge. Und die Mädchen fließen dahin, in vollendeter Harmonie. Wellengekräusel, Brandungswellen werden vollendet in Tanz umgesetzt. Und die »See« schwillt zornig an.

Beschwörend klingen die Stimmen, die Trommeln werden noch härter, bis zu einem beständigen Pochen. Die Mädchenkörper trennen sich, wirbeln strahlenförmig auseinander, dennoch sind die Bewegungen absolut synchron und das Lächeln von natürlichem Charme beseelt. Jäh gehen die Tanzfiguren in den rasenden Ami (charakteristisches Hüftkreisen) über. Und dann wirbeln die Männer ein, athletische Figuren, mit Stirnband, tätowiert an Armen, Brust und Beinen, um die Lenden einen weißen Schurz. Sie formieren sich zu Paaren.

Sie läßt die Hüften kreisen. Er reißt die Knie auseinander, presst sie zusammen. Fruchtbarer kann ein Tanz nicht wirken. In Doppelreihen toben und vibrieren die Körper voreinander. Dabei heben und senken sich die Arme, Augen schließen sich, dann sind sie wieder weit aufgerissen. Schweiß rinnt über Gesichter und Rücken. Der ganze Körper beschwört die Natur, es ist, als gerate der Kosmos in Bewegung. In unheimlicher Heftigkeit wird der Tanz priapeisch und steigert sich zu einem kollektiven Orgasmus.

Frenetischer Beifall bricht los. Die Zuschauer sind begeistert. Die Paare tanzen wie ein Wirbelsturm dem Ausgang zu. Plötzlich verstummen die Trommeln, und in die Sekunden kurzer Stille brüllen die Enthusiasten... Die nächste Tanzgruppe... und die übernächste stürmt in die Arena. Grenzenlos ist die Kreativität der Kostüme, und sie reißt die Zuschauer mit, in immer andere Welten: In die vergangenen Königsdynastien, Inselfürsten, Seehelden, kühner Liebhaber, einfacher Fischer und Bauern. Meine Aufnahmekapazität ist erschöpft. Wie benommen suche ich das Umkleidezelt der Gruppe Moares Pah und Faaona auf. Sie hatten gerade ihren Auftritt. Schweißnaß richten sich beide für einen neuen Tanz um Mitternacht.

Wir hatten uns schon gestern am Point Venus gesehen und die Rückgabe des Bootes an Piérre arrangiert. Aus Dankbarkeit lud ich die drei zum Essen ins Terrassen-Hotel Taharaa ein. Umweltbewußt haben es die Planer an die Bergflanke gesetzt, so fällt es kaum auf. Vom Dachgarten aus genießt man einen phantastischen Blick über die Matavai-Bucht.

Ich setze mich zu Faaona an den Spiegel. Endlich möchte ich einmal etwas über ihre Karriere als Tamué-Tänzerin erfahren. »Mit sechs Jahren begann ich zu tanzen. Es war in der ersten Klasse mit Freundinnen und der Musiklehrerin. Wir hatten großen Spaß und einige, darunter ich, machten aus dem Hobby eine Berufung. Für mich gab es nur noch den Tanz, er wurde mein Leben. Wir übten bei jeder Gelegenheit: Zu Hause, in den Schulpausen, im Wald. Um die Bewegungen zu perfektionieren, übten wir bis zum Umfallen, und oft kam ich mit zerschundenen Knochen, abgebrochenen Fußnägeln, schmerzenden Hüften und Oberschenkeln nach Hause. Es gab Tage, da konnte ich vor Muskelkater und Überanstrengung nicht laufen. Aber das harte Training zahlte sich aus: Die Figuren wurden fließender, die Kopf- und Körperhaltung so perfekt, daß wir fürs nächste Festival vorgeschlagen wurden. Nach Tahiti! Sollte sich ein Traum erfüllen? Zuvor hieß es weitere sechs Monate hart trainieren. Jeden Tag sechs Stunden. Körper, Tanz und Musik mußten in totale Übereinstimmung gebracht werden. Dazu gehörte auch, daß unser rückenlanges Haar synchron zu den Hals- und Kopfbewegungen flog oder je nach Choreographie furios wirbelte, dann wellig glitt. Wer nicht eins war mit Musik, Geist und Bewegung, hatte keine Chance, vor den kritischen Augen der Jury zu bestehen. Wir tanzten wie in Trance, wie Engel, die von der Erde losgelöst schwebten. Ich erinnere mich noch genau an die Generalprobe. Vor den Augen mehrerer Tanzmeister mußte ich zehn Minuten den Ami, das Hüftkreisen, vorführen. Benotet wurden Harmonie, Haltung, Rhythmik, Energie und Ausdruckskraft. Ich mußte plötzlich abbrechen, weil mich ein Krampf vom Steißbein bis zum Halswirbel durchfuhr. Völlig aufgelöst heulte ich drauflos. Ich war nervlich am Ende und glaubte, durchgefallen zu sein. Doch die Tanzlehrer hatten mein Talent erkannt. So durfte ich trotz allem nach Tahiti fliegen«, erzählt Faaona und fügt bescheiden hinzu: »Mit einer Auszeichnung als beste Einzeltänzerin kam ich zurück und war glücklich.«

In rund 150 Hula-Schulen mit vielen tausend Tänzern versucht Polynesien die alte Tradition wieder zu beleben. Einher geht die Besinnung auf alte Werte, Tradition und fast vergessenes Kulturgut. Der klassische Tanz feiert im pazifischen Raum zwischen Hawaii bis Tonga und den Salomonen bis Mangareva seine großartige Renaissance, nachdem er so lange unterdrückt worden war. Und mit der Auferstehung der Tanz-kultur besinnt sich die Bevölkerung mit Stolz auf ihre Wurzeln. Ein neues Verhältnis zu Natur und Umwelt ensteht. Wie ist das zu verstehen? Der Ausdruckstanz ist nichts anderes, als die Natur in ihrer Erscheinungsvielfalt nachzuempfinden. Der Hula ist getanztes Bekenntnis des Menschen als Teil der Natur. Der Polynesier lebte zu lange in einer entzauberten, nüchternen, ja kalten Welt. Das Verlangen ist groß, der Natur zu lauschen, die Mythen zu hören, sich von Gesang, Tanz, Musik verzaubern zu las-sen. Es ist die Suche nach der Antwort auf das Dasein. Es ist der tief verankerte Respekt vor Natur und Schöpfung. Der »American way of Life« hat keine Antwort auf die Bedürfnisse der Polynesier...

Ich habe das Tahiti der Gegenwart erlebt, etwas aus der Vergangenheit »erahnen« können. Jetzt, viel zu früh, um die Insel wirklich zu verstehen, muß ich Abschied neh-men, aufbrechen in andere Regionen des Stillen Ozeans. Noch einmal fahre ich an die Matavai-Bucht und lasse mich auf dem heißen schwarzen Lavasand nieder. Schaue aufs Meer hinaus und versetze mich in die Zeit vor 200 Jahren... Dort segelte die *Bounty*, mit Kurs auf die Insel Tofua, dramatischen Ereignissen entgegen...

Die Meuterei

Nach dem Verlassen Tahitis waren 22 Tage vergangen. Irgendwie hatte sich die Situation zwischen Mannschaft und ihrem Kapitän sowie der Umgang Christians mit Bligh dramatisch verschlechtert. Während die *Bounty* durch Gewitter- und Regenzonen segelte, schien die Atmosphäre vor Gereiztheit zu knistern. Wen wundert's? Nach dem süßen Müßiggang an Land waren die »Salzbuckel« wieder in harte Bordroutine gepreßt worden. Sie mußte ihnen schlimmer als Zwangsarbeit vorkommen. Allen war klar, das Paradies lag hinter ihnen, voraus das kalte England. Stammten doch viele Seeleute aus den Slums von Wapping, Portsmouth und Plymouth, wo Alkohol, Krankheit und Armut das Leben unerträglich machten.

Blighs anmaßende Willkür wirkte wie Öl auf die brennenden Seelen der Männer. Es grenzte an Geistesverwirrtheit, daß der Kapitän die brisante Situation verkannte und nicht nur seinen zweiten Mann Fletcher Christian vor versammelter Mannschaft mit Tobsuchtsanfällen überschüttete - jeder an Bord litt unter den Beleidigungen und Verdächtigungen.

Tags zuvor hatte Bligh auf der Insel Nokuma einen Berg Kokusnüsse erhalten. Kein besonderes Geschenk, wenn man weiß, daß es im Stillen Ozean Kokospalmen und deren Früchte im Überfluß gibt und das Deck der *Bounty* regelrecht vollgestopft war. Dennoch sollte es ein historisches Geschenk sein, wie sich bald herausstellte.

Man schrieb den 27. April, es war Mittag, in der Ferne tobte ein Tropengewitter, und es war unerträglich schwül. Bligh erschien an Deck und stürmte auf Christian zu: »Verdammter Dreckskerl, Sie haben meine Kokosnüsse gestohlen!« Die Situation war albern, aber keiner lachte. John Fryer, der Erste Steuermann, versuchte zu vermitteln. Es gelang nicht. Bligh drohte und fluchte wie rasend: »... Ehe wir durch die Endeavour Street kommen, werde ich die Hälfte von euch über Bord springen lassen. Zur Hölle mit euch allen.«

Kurz darauf drehte er sich um und verschwand in seiner Kajüte. Nachmittags erschien Bligh und ging wieder auf Christian los. Bei diesem Gespräch gab es keine Zeugen.

Fest steht, daß es eine schlimme Beleidigung gewesen war, denn Fletcher Christian weinte nach dem Gespräch. Jeder an Bord wußte, daß Christian kein Weichling war, demnach mußte der erste Offizier extrem getroffen worden sein. Purcell, der Zimmermann, fragte erschrocken: »Was ist los, Sir?« Christian antwortete: »Wie können Sie danach fragen, wo Sie doch sehen, wie ich behandelt werde, lieber würde ich zehntausend Tode sterben!«

Als wäre nichts geschehen, lud der Kapitän Christian kurz darauf zum Abendessen in den Salon ein. Das war eine Ungeheuerlichkeit, und der Offizier lehnte natürlich ab. Nachts wurden die Gerüchte genährt, daß Christian Selbstmord begehen wollte, zumindest an einem Floß baute, mit dem er heimlich und allein die *Bounty* zu verlassen gedachte. Es ist anzunehmen, daß der Erste Offizier in seinem Zorn und seinem verletzten Stolz Bligh bestrafen wollte. Sein Tod sollte den Kapitän bis ans Ende aller Tage mit Scham und Schuldgefühlen beladen. Die Interpretation, Christian wollte mit dem Floß zurück nach Tahiti zu seiner Freundin gelangen, ist absurd. Als erfahrener Navigator war ihm klar, daß er die jetzt 1500 sm entfernte Insel unmöglich mit einem Floß erreichen konnte.

Die Wache des Kadetten George Stewart war zu Ende. Er bemerkte Christian bei Fluchtvorbereitungen und flüsterte ihm zu: »Wenn Sie sich davonmachen, sind wir zu allem fähig!«

Wieder allein, dachte Christian über die Worte nach. Klangen sie nicht wie eine Aufforderung zu etwas Ungeheurem? Heute steht fest, daß ihm erst zu diesem Zeitpunkt der Gedanke kam: Warum soll eigentlich ich gehen? Warum nicht er? Christian war bereit, herauszufinden, auf welcher Seite die Männer standen. Jahre später wies sein Bruder Edward Christian, ein Rechtsgelehrter, nach, daß auf dem Schiff jeder einzelne einen kritischen Punkt erreicht hatte.

Es war 5 Uhr, und achtern dämmerte fahl der Morgen. Christian führte Geheimgespräche mit sieben Vertrauten. Er plante, die *Bounty* ohne Blutvergießen zu übernehmen. Man war einverstanden. Doch der Offizier wußte, daß ein gutes halbes Dutzend Verbündete noch kein ganzes Schiff erobern konnte. Er mußte die Waffenkammer unter Kontrolle bekommen. Das geschah leichter als erwartet. Der Waffenmeister Joseph Coleman händigte die Schlüssel bereitwillig aus. Die Waffen wurden verteilt. Fletcher Christian ergriff eine Flinte, ein Bajonett, eine Pistole, eine Schachtel Patronen und einen Säbel.

Als um halb sechs die Sonne aufging, war die berühmteste Meuterei der Seegeschichte in vollem Gang. Ohne große Zwischenfälle brachte Christian das Oberdeck in seine Gewalt. Vier Mann, die sich widersetzen wollten, wurden mit der Waffe in Schach gehalten.

Trotz des Tumults schliefen Bligh und der Erste Steuermann noch in ihren Kajüten. Jetzt mußte der Kapitän festgenommen werden. Christian stürmte mit vier Mann in seine Kabine und riß den ahnungslosen Bligh aus dem Schlaf. »Kurz vor Sonnenaufgang, als ich noch schlief«, schrieb der Kapitän Monate später nieder, »kamen Mr. Christian, Churchill, Mills und Burkitt in meine Kajüte. Sie packten mich, banden mir die Hände mit einem Strick auf dem Rücken zusammen und drohten, mich auf der Stelle zu töten, sollte ich den geringsten Lärm machen... Ich wurde aus dem Bett gezerrt und in meinem Nachtgewand gewaltsam an Deck gebracht.«

Da Bligh trotz Warnungen Zeter und Mordio brüllte, entstand auf dem Schiff eine ziemliche Verwirrung. Während die Meuterer Vorkehrungen trafen, Bligh mit einigen Getreuen in einem Ruderboot auszusetzen, harrte der Kapitän, jeglicher Würde beraubt, gefesselt am Besanmast. Sein Nachthemd hatte sich in den Fesseln verstrickt und entblößte seine Hinterbacken. Bligh in seiner verzweifelten Lage später: »Christian drohte mir unter Schwören und Fluchen den Tod an, sollte ich nicht sofort Ruhe geben. Die Schurken um mich herum hatten alle ihre Gewehre gespannt und ihre Bajonette aufgepflanzt.«

Das Beiboot wurde jetzt zu Wasser gelassen. Christian hatte das Kommando über die *Bounty* und befahl Bligh, ins Boot zu steigen. Er und 18 Ausgesetzte durften mitnehmen: Ein Faß Trinkwasser, etwa 130 Liter; 150 Pfund Schiffszwieback, etwas

Rum, einen Quadranten und einen Kompaß. Dem Schreiber John Samuel gelang es, Logbücher und Schiffspapiere ins Boot zu schmuggeln. Seekarten, der Sextant und das Chronometer blieben auf der *Bounty* .

Noch einmal ließ sich der Kapitän herab und mahnte zur Vernunft, erinnerte an seine Frau im fernen England und an seine Tochter. »Zu spät!« brüllte Christian zurück, »ich bin in den letzten Wochen durch die Hölle gegangen.« Unter Hohn- und Spottrufen: »Shoot the bugger!« kappten 25 Meuterer die Leine zum Beiboot und setzten die Segel. »Auf nach Tahiti!« hieß es an Deck.

»Die Ursache für die Meuterei ist«, folgerte Bligh in seinem Tagebuch, »daß sich die Piraten auf Tahiti ein glücklicheres Leben erhofften als in England.« Natürlich ist das nur die halbe Wahrheit. Nach Auswertung aller zugänglichen Dokumente, Verhandlungsprotokolle und Zeugenaussagen wissen wir, daß Bligh nicht wegen seiner Brutalität ausgesetzt wurde, vielmehr infolge seiner Inkonsequenz während des langen Aufenthaltes auf Tahiti. Mangel an natürlicher Autorität versuchte er durch ungerechte Härte, unverständliche Nachsicht und blindwütiges Maßregeln zu kompensieren - Führungsfehler, die zwangsläufig in die Katastrophe führen. Ungerechtigkeit wird von Untergebenen am wenigsten verziehen.

Die *Bounty* setzte sich nach Osten ab, während die winzige Barkasse langsam gen Westen entschwand. Die Meuterer, allesamt verwegene »sea dogs« gaben auf Bligh mit seiner hoffnungslos überladenen Sieben-Meter-Nußschale keinen Pfifferling. Ihr Tiefgang maß kaum 80 cm und die Bordwand schaute gerade eine Handbreit aus dem Wasser. Als sich die ungleichen Schiffe aus den Augen verloren, stand die Sonne im Zenit. Bis heute, den 28. April 1789, war die Crew 19 Monate zusammengeblieben. Und nun hatten sich die Wege getrennt. Die *Bounty* schickte sich an, ein Südsee-Abenteuer zu bestehen, das noch immer die Phantasie von jung und alt anregt...

Zwischen Bligh mit seinen Getreuen und einer unglaublich winzigen Chance auf Rettung lagen 3600 sm offener Ozean...

136

Irrfahrten

Der Kapitän der Nußschale machte das Unmögliche möglich! Unter extremen Strapazen gelang es Bligh, die 19 Mann ohne Verluste, allerdings zerlumpt und halb verhungert, bis zur niederländischen Besitzung Kupang auf Timor zu steuern. Dem nächsten Ort, der Hilfe von Weißen versprach. Die 3600 sm wurden in 41 Tagen zurückgelegt. Während der kurzen Landgänge vorher im südlichen Pazifik wurde den Ausgesetzten wiederholt nach dem Leben getrachtet. Blighs seemännische Leistung gewinnt noch durch seine Energie an Bedeutung, mit der er unterwegs ein detailgetreues Logbuch mit interessanten Beobachtungen und für die Situation grotesken Bemerkungen führte: »20. Mai 1789: sintflutartiger Regen. Um 6 Uhr abends für jeden 19 Gramm Brot zum Supper serviert. Wasser brauchen wir nicht - unser Durst wird durch die Haut gelöscht.«

Sechs lange Wochen stand für alle auf der Speisekarte: ein Bissen Brot, das sind 19 Gramm; ein Schluck Wasser, 0,16 Liter. Selten ein roher Fisch oder ein gecatchter Vogel, der natürlich ebenfalls roh gereicht wurde. Nach Timor war Blighs nächste Station das fieberverseuchte Batavia, wo einige seiner Männer starben. Dann gelangte er mit einem Großsegler ans Kap der Guten Hoffnung. Seine Irrfahrt endete schließlich am 14. März 1790 im Hafen von Portsmouth, wo er englischen Boden betrat. Das war genau zwei Jahre, zwei Monate und drei Wochen nach seinem Aufbruch in die Südsee. Blighs Rückkehr machte in der Öffentlichkeit keine Schlagzeilen. In Europa war die französische Revolution das beherrschende Thema und die damit verbundene Gefahr für die britische Krone.

Der Auftrag, Brotfruchtsetzlinge von Tahiti in die Karibik zu bringen, war nicht erfüllt worden, dennoch wurde William Bligh von der Admiralität als Seeheld geehrt. Und schon bald planten seine Gönner eine neue »Brotfruchtreise«. Nach einem mißglückten zweiten Start gelang es ihm am 23. Januar 1793, die lang erwarteten Pflanzen auf den Antillen und zwei Wochen später auf Jamaika abzuliefern. Damit ging der Kapitän entgültig als »Breadfruit Bligh« in die Annalen der britischen Seegeschichte ein. Die Ironie der ganzen Ereignisse um die Brotfrucht ist, daß die schwarzen Sklaven der Karibik die Früchte geschmacklos, ja scheußlich fanden und nicht essen wollten. Gerade für sie waren die verdammten Brotfrüchte doch gedacht!

Zurück zur Ankunft im März 1790: Bligh verfaßte einen Bericht über den Hergang der Meuterei. Darin erwähnte er nur ungenau, daß neun Männer, die bei Christian blieben, ihm treu ergeben, zumindest nicht aktiv an der Meuterei beteiligt waren. Im Verlauf der Ereignisse sollte Blighs Bericht für George Stewart von fataler Bedeutung sein und hätte für James Morrison und William Muspratt ums Haar den Strang bedeutet. Indessen ist ein von Bligh erstellter Steckbrief von den aktiven Meuterern um so genauer. Wir lesen darin: »William McCoy, 25 Jahre alt, 168 cm groß. Helle Hautfarbe, hellbraunes Haar, kräftige Statur. Narbe von einem Messerstich in den Bauch, kleinere Narbe unter dem Kinn. An mehreren Körperteilen tätowiert.

Edward Young, tückischer Blick, fehlende Vorderzähne, die noch vorhandenen sind verfault. Kleiner Leberfleck am Hals. Tätowierung auf dem rechten Arm zeigt Pfeil mit Herz...«

Tätowiert, nach tahitisch »tautau«, waren übrigens fast alle Meuterer, und ihr Anführer Fletcher Christian gar auf dem Hintern, wie bei den Insulanern Sitte.

Mit der Kaperung der *Bounty* befaßte sich ein Kriegsgericht. Erwartungsgemäß wurde Bligh von der Verantwortung für den Verlust seines Schiffes freigesprochen.

Bevor sich William Bligh auf seine zweite Südseereise begab, verließ die Fregatte *Pandora* unter Kapitän Edwards mit 24 Kanonen und 160 Mann Besatzung den Kriegshafen Portsmouth. Der Befehl lautete, die Meuterer aufzuspüren, gefangenzunehmen und in der Heimat abzuurteilen. Piraterie konnte die britische Admiralität nicht ungestraft hinnehmen.

Ahnungslos segelte der Piratenjäger Edwards im Februar 1791 an einer einsamen - kaum bekannten - Insel vorbei. Ausgerechnet auf diesem Felseiland namens »Pitcairn« hielt sich der harte Kern der Meuterer seit Monaten versteckt.

Die *Pandora* näherte sich Polynesien von Osten her, da Edwards die Route um Kap Horn gewählt hatte, und ankerte im März 1791 vor Tahiti. Wie wir wissen, wurden dort 14 Meuterer entweder gefaßt oder stellten sich im Glauben an ihre Unschuld freiwillig. Bald danach begann auch für die *Pandora* eine tragische Odyssee, die im nördlichen Abschnitt des Großen Barriereriffs tragisch endete - unweit einer Stelle, an der es Bligh gelang, sein Beiboot durchs Riff zu steuern. Die *Pandora* machte ihrem »unheilverkündenden« Namen alle Ehre und sank. Mit ihr 35 Mann. Darunter befanden sich vier Meuterer, die nicht rechtzeitig von ihren Fesseln befreit wurden. Einer davon war Heinrich (Henry) Hillbrandt, der deutsche Matrose aus Hannover.

Daß nicht alle Gefangenen ertranken, war der Barmherzigkeit James Moulters, eines Bootsmannsmaats, zu verdanken. Als er nämlich die mörderischen Schreie der Eingeschlossenen hörte, zog er die Eisenstange des Gitters heraus und löste die Fußfesseln. In der Hast übersah er allerdings einige Handschellen. Die Überlebenden segelten in vier Beibooten nach Timor. Und zwar auf der ähnlichen Route, die zuvor Bligh bezwang. Auch Edwards erreichte England, und kurz darauf begannen die Verhandlungen vor dem Kriegsgericht in Portsmouth.

Der Meuterei angeklagt wurden zehn Seeleute. Die einstigen Offiziere der *Bounty* John Fryer und William Peckover traten als Zeugen auf. Ihre Aussagen retteten manchem unfreiwilligen Teilnehmer der Meuterei das Leben. Das Kriegsgericht urteilte streng nach dem Gesetz der Kriegsmarine. Unklare Fälle hatten nur eine Chance, auf dem Gnadenwege zugunsten der Angeklagten entschieden zu werden. Es wurden freigesprochen: Der Büchsenmacher Joseph Coleman, der Zimmermannsmaat Charles Norman, der Zimmermannsgehilfe Thomas McIntosh und der Matrose Michael Byrne. Begnadigt wurden der Matrose William Muspratt, der Seekadett Peter Heywood und der Oberbootsmannsmaat James Morrison. Ihre Beteiligung war nicht zweifelsfrei festzustellen.

Die drei schuldigen Matrosen Thomas Burkitt, John Millward und Thomas Ellison wurden am 29. Oktober 1792 nach Marinebrauch unter Kanonendonner an den

Rahen des Flaggschiffs *Brunswick* gehängt. Wie es unter den Seebären hieß, gingen sie die Wanten hinauf und den Hanf hinab.

Und was war unterdessen auf der anderen Seite der Erde mit der *Bounty* passiert? Auch ihr Schicksal endete nach einer langen Irrfahrt tragisch. Sie war unter dem Kommando Fletcher Christians ein Geisterschiff geworden, das monatelang ziellos durch die Südsee kreuzte. Erst einmal ließ Christian den größten Teil der Brotfruchtsetzlinge über Bord werfen, um den so freigewordenen Kapitänssalon zu beziehen. Auf der Suche nach einem geeigneten Versteck legte die *Bounty* bis Januar 1790 7800 sm zurück. Der mißglückte Siedlungsversuch auf Tubuai belehrte die Meuterer, wie eine geeignete Zuflucht beschaffen sein mußte: Unbewohnt, den britischen Kapitänen unbekannt, schwer zugänglich, außerdem durfte sie nur begrenzte Landemöglichkeiten bieten, damit sie zu verteidigen war. Um sich mit Vorräten einzudecken, aber auch der Frauen wegen, kehrte man zweimal nach Tahiti zurück. Zuletzt ankerte die *Bounty* im September 1789 in der Matavai-Bucht. Sechzehn Meuterer hatten von den Irrfahrten die Nase voll. Sie blieben auf der Insel. Zwei wurden ermordet und die restlichen 14 nach 18 Monaten aufgegriffen und auf der *Pandora* in Ketten gelegt.

Christian und ein harter Kern von acht Spießgesellen war vorsichtiger. Die *Bounty* verließ zum letzten Mal Tahiti. Zum Schein segelte sie auf Nordwest-Kurs davon, um später insgeheim nach Westnordwest abzudrehen. Keiner der Zurückgebliebenen sollte Christians Absicht durchschauen, daß ein Versteck im kaum bekannten südöstlichen Teil des Pazifiks gesucht wurde. Die Reise ins Ungewisse unternahmen neben den Piraten 19 Polynesier, zwölf Frauen, sechs Männer und ein Kind. Fast alle Insulaner waren unter fadenscheinigen Gründen an Bord gelockt und entführt worden. Doch das Schlimmste war, daß drei polynesische Männer ohne Frau reisten. Streit konnte nicht ausbleiben.

Nun begann für die *Bounty* eine monatelange, zermürbende Kreuzfahrt. An Weihnachten 1789 war die Stimmung auf dem Nullpunkt, die Hoffnung auf eine neue, sichere Heimat geschwunden. Christian saß deprimiert in seiner Kajüte und durchsuchte wieder einmal Blighs Nachlaß. Zufällig blätterte er in einem von Hawkesworth herausgegebenen Sammelband »Reisen«, der 1773 erschienen war. Auf Seite 561 blieb sein Blick hängen, und er las in dem Bericht des englischen Seefahrers Carteret: »Wir setzten unseren Kurs nach Westen fort, als wir nördlich von uns Land auftauchen sahen. Das Eiland sah aus wie ein riesiger Felsen, der sich aus dem Meer erhebt.« Wie gebannt las Christian weiter: »Sein Umkreis maß nicht mehr als fünf Meilen, und es schien unbewohnt. Jedoch war es mit Bäumen bewachsen. Da es von einem jungen Kadetten an Bord, dem Sohn des Majors Pitcairn, zuerst gesehen worden war, nannten wir die Insel Pitcairn. Wir wären gern an Land gegangen, doch die starke Brandung vereitelte dies. Sie lief so hoch auf, daß wir sie auf eine Entfernung von 45 Meilen erblickten.«

Das war die gesuchte Insel, von der Christian geträumt hatte! Gegen stürmischen Passat und tropische Regengüsse nahm die *Bounty* Kurs auf Pitcairn. Hatte Carteret die Insellage falsch beschrieben? Sie blieb unauffindbar. Es war wie verhext. Wochenlang wurde gekreuzt und der Horizont abgesucht. Nichts. Wieder machte sich an Bord große Niedergeschlagenheit breit. Bis endlich am 15. Januar 1790 - neun Monate nach der Meuterei - jemand aus dem Krähennest brüllte: »Land in Sicht!«

War dies nun wirklich die neue Heimat, nach der so lange gesucht worden wer? Kadett Edward Young trat zum Anführer - so wird überliefert - und meldete: »Paradies an Backbord, Mr. Christian!« Der Meutererkapitän wandte sich um und sagte mit bewegter Stimme: »Merken Sie sich meine Worte, Mr. Young: Ob an Backbord das Paradies oder die Hölle liegt, wird allein von uns abhängen.«

Als die dunklen bergigen Umrisse klarer wurden, mochte sich zur freudigen Erregung sicher auch bange Ungewißheit vor der Zukunft gemischt haben. Viele Jahre später beschrieb ein Nachkomme der Meuterer, Glynn Christian, seinen Eindruck von der Insel: »Ein grüner Felsbrocken, wie ein Stück zerknülltes Seidenpapier in der Unendlichkeit.« Und warum war diese Insel so schwer zu finden? Ganz einfach, Carteret hatte die Lage 200 Meilen zu weit östlich angegeben. Damit war Pitcairn das ideale Versteck!

Zwischen Paradies und Hölle

Welch ein Anblick! Welch ein Donnern und Grollen! Schwere Brandungsbrecher wurden an die steile felsige Küste geschleudert. Man sah keinen Strand, keine Palmen, die Bergrücken waren nur spärlich bewachsen. Wegen der wütenden See konnte die Insel erst nach drei Tagen betreten werden. Sie war menschenleer. Mußte zuvor aber bewohnt gewesen sein. Man fand mehrere steinerne Götterbilder, die die Meuterer später als Stützen für ihre ersten Hütten verwandten. Christians Erkundungstrupp fand rasch heraus, daß die Insel fruchtbar war, Süßwasserquellen besaß und durch eßbare Früchte eine stattliche Anzahl Bewohner ernähren konnte. Es wuchsen Brotfrucht-, Feigenbäume, Bananen und Ananas auf Pitcairn.

Christian ließ alles Verwertbare an Land schaffen, schlachtete die *Bounty* regelrecht aus. Dann entschied er sich zu einem konsequenten Schritt, der Außenwelt für immer zu entsagen. Auch sollten vorbeifahrende Schiffe nicht erkennen können, daß Pitcairn bewohnt war. Am 23. Januar 1790 wurde die *Bounty* absichtlich gegen die Klippen gesegelt und das Wrack angezündet. Auf Pitcairn wird bis heute dies Datum als »Bounty Day« gefeiert. Die Nachkommen bringen zu diesem Tag eine Attrappe des Seglers an die ursprüngliche Stelle in der Brandung, der späteren *Bounty* Bay, und verbrennen diese. Damit will man nicht an die Ankunft auf der Insel, sondern an den Abbruch aller Brücken zur Außenwelt erinnern. Achtundzwanzig Menschen waren nun völlig auf sich allein gestellt. Praktisch unauffindbar, unvorstellbar weit von anderen Siedlungen entfernt: bis Tahiti sind es 1400 Meilen, bis Neuseeland über 2500, bis zur Küste Chiles mehr als 3000 Meilen. Engländer und Insulaner schickten sich an, Pitcairn zu ihrem »Gelobten Land«, ihrem »Paradies« zu machen und ein neues Inselgeschlecht zu gründen. Die erste Zeit war mit harter Aufbauarbeit verbunden. Oberhalb der *Bounty* Bay, der einzigen, die eine Landung mit kleinen Booten gestattete, entstand eine kleine Siedlung. Trotz ihrer Höhenlage war diese hinter dichten, überragenden Bäumen von See her geschützt. Aus der Ansammlung einfacher Holzhütten entstand das heutige Adamstown.

Die Meuterer blieben fast zwei Jahrzehnte unentdeckt und ohne einen Kontakt mit der Außenwelt. Was sich in der Zwischenzeit ereignete, war Himmel und Fegefeuer zugleich. Menschliche Niedertracht führte zu heimtückischen Morden, und christliche Nächstenliebe errettete die Überlebenden vor der Ausrottung. Doch zuvor herrschte Eintracht. Christian, Young, Quintal und Adams waren die treibenden Kräfte beim Bau der Siedlung und der Gärten. Aus der 4,5 qkm kleinen Insel (Borkum ist sechsmal größer) vulkanischen Ursprungs mit 300 m hohen Bergen wurde eine Idylle geschaffen, deren Hütten von Hibiskus, Jasmin und Palmen eingerahmt waren. Nahrung gab es ausreichend. Schweine, Hühner, Yamswurzeln und Kartoffeln hatte man auf der *Bounty* mitgebracht. Auf dem Amboß des Seglers - er ist noch heute auf der Insel zu besichtigen - wurden Werkzeuge geschmiedet.

Die Pionierjahre verliefen harmonisch, man hatte seine Umwelt liebgewonnen, und die Menschen lebten trotz ihrer Verschiedenheit in Eintracht. Ja, das Pitcairn der ersten beiden Jahre war für die Meuterer und Insulaner einem Paradies auf Erden gleich. Fletcher Christian schritt eines lauen Abends mit seiner Frau Mau Ha Tea, er nannte die Tahitianerin Isabella, durchs Dorf. Er war stolz auf das Geschaffene. Die Sauberkeit und Ordnung erinnerte ihn irgendwie an England. Aber die Menschen, die acht Meuterer, war ihr Charakter auch so sauber und ordentlich? Schlummerten tief in ihrem Inneren nicht doch geheime Gelüste? Schließlich waren es rauhe Seeleute, viele von ihnen aus den Armenvierteln Englands, deren Vergangenheit unbekannt und zwielichtig war.

Kaum wahrnehmbar hatten die letzten Tage eine gewisse Spannung im Umgang miteinander aufkommen lassen. Christian konnte sie nicht beschreiben, nicht ergründen, sie war einfach da. Hing über der Gemeinschaft wie eine bedrohliche Wolke.

An jenem Abend ging Christian die Meuterer einzeln durch. Und es bedrückte ihn, daß er einer von ihnen war, ein Verräter der britischen Krone, ein Ausgestoßener - und sogar der Anführer dieses gesetzlosen Haufens...

Mit Edward Young, dem Seekadetten, verband Christian noch am meisten. Auch er kam aus guter Familie. Wäre sein Äußeres nur nicht so abstoßend und sein Mienenspiel nicht so finster! Er lebte mit einer eigenwilligen, gewitzten Tahitianerin zusammen, die er Susan nannte.

John Williams teilte die Hütte mit Pashotu. Den einstigen *Bounty*-Matrosen zierte eine weiße große Narbe am Hinterkopf. Während einer Rauferei mußte er einen gewaltigen Schlag abbekommen haben. Überhaupt, Williams galt als rauflustig, gewalttätig und leicht reizbar.

Matthew Quintal, ebenfalls Matrose, war der jüngste Meuterer. Er hatte ein sonniges Gemüt, daß aber rasch in Unbeherrschtheit umschlagen konnte. Dann war der athletisch gebaute Seemann gefürchtet. Mit seiner Frau Sarah hatte er oft lautstarken Streit.

Der geheimnisvollste Typ war John Adams, alias Alexander Smith. Warum hatte er sich auf der *Bounty* unter falschem Namen eingetragen? Gab es etwas zu verbergen? Hatte er etwa jemanden umgebracht? Keiner stellte Fragen, und Adams erzählte nichts aus seinem Leben. Er war ein ungehobelter, ungebildeter Mann. Lesen und Schreiben waren ihm fremd. Sein Gesicht war pockennarbig, und manchmal rasselte sein Atem schauderhaft. Doch seine Gefährtin Paurai störte das nicht. Sie war stolz auf seine starke Figur mit den vielen Tätowierungen.

Bevor der Matrose William McCoy auf der *Bounty* angeheuert hatte, arbeitete er in einer Brauerei und verstand sich aufs Schnapsbrennen. Er war ein blonder Typ mit fast weißer Haut. Eine Narbe am Bauch und eine am Hals zeugten von seiner rauflustigen Vergangenheit. Mit seiner Frau Mary hatte er schon eine Tochter. Vielleicht zügelte McCoy als Vater sein aufbrausendes Gemüt?

John Mills, der Kanoniermaat, war mit 42 Jahren der älteste Meuterer. Aus dem schweigsamen Mann wurde man nicht recht schlau. Einerseits ließ er sich, ohne zu Murren, eine weniger hübsche Tahitianerin zuteilen, andererseits hatte er auf der *Bounty* brutales Gebaren gezeigt.

Dann war da Isaac Martin, ein großer, 30 Jahre alter Amerikaner. Auf der *Bounty* fuhr er als Vollmatrose. Auf Tahiti nahm er sich rigoros die Frauen, die er begehrte. Obgleich Jenny Adams zugeteilt worden war, drängte sich Martin dazwischen.

Christian fiel auf einmal ein, daß bei der Frauenverteilung kaum auf die Wünsche der Insulanerinnen Rücksicht genommen worden war. Ein Grund für die latente Spannung, die sich vielleicht sogar zu einer Katastrophe entwickeln konnte?

Schließlich war noch William Brown, der Botaniker, unter ihnen. Quer über sein harmloses Milchgesicht verlief eine häßliche Narbe. Von Statur und Gemüt war Brown alles andere als ein Raufbold. Die Narbe hatte er sich durch einen Unfall zugezogen.

Ein anderer Konfliktherd lauerte hinter den Holzhütten, wo vier Tahitianer und zwei Tubuaianer in schäbigen Unterkünften hausten. Die Engländer hatten unter sich das knappe Ackerland aufgeteilt. Und die Insulaner mußten auf dem Besitz der Weißen arbeiten. Überdies hatten sich die sechs eingeborenen Männer drei Frauen zu teilen. Konnte das auf die Dauer gutgehen? Noch herrschte Ruhe, wenngleich es in einigen Seelen brodelte.

Das erste Baby wurde auf der Insel geboren. Ein Sohn von Isabella und Fletcher, er wurde Thursday October Christian genannt. Bald darauf sollten weitere Kinder aus den anderen Gemeinschaften folgen.

Im Laufe der nächsten Monate stürzte sich Pashotu, die Frau John Williams´, zu Tode, und John Adams´ Frau starb an einer Krankheit. Nun schielten die beiden Meuterer auf die Frauen, die bei den Polynesiern lebten und zwangen sie in ihre Hütten. Ihrer Frauen beraubt, ohne Land und ausgebeutet, sannen die Insulaner auf Rache. Jetzt begann die Zeit fürchterlicher Intrigen, Kämpfe und des Mordens. Dumpfer Haß beherrschte Pitcairn, und in ihrer blinden Wut vernichtete sich die Gemeinschaft fast bis auf den letzten Mann.

Die sechs Polynesier beschlossen, alle Weißen umzubringen. Ihre Absicht wurde jedoch vereitelt, weil ausgerechnet Tufaiti, die neue Frau von John Williams, die Weißen warnte. Manarei wurde nun von den Europäern gezwungen, seinen Onkel und Rädelsführer Ohoo und Tarao umzubringen. Bei der Ermordung Taraos half seine Frau Tufaiti kräftig mit, da sie John Williams mittlerweile mochte. Für einige Monate herrschte Ruhe. Doch dann, im Oktober 1793, schlugen die Insulaner zu. Unter einem Vorwand hatten sie sich von den Europäern Flinten verschafft und erschossen nacheinander Williams, Mills, Fletcher Christian, Martin und Brown. Wie man zu den genauen Kenntnissen des Ablaufs der blutigen Ereignisse auf Pitcairn kam, mag man sich fragen? Nun, ein Kapitel darüber ist in dem Buch »Bericht von einer Reise in den Pazifik und zur Beringstraße« nachzulesen. Der Autor, Kapitän F.W. Beechey, hatte 1825 Pitcairn angelaufen und das Tagebuch Edward Youngs und Gespräche mit John Adams ausgewertet.

Das Morden ging weiter: Taimoa erschoß seinen Landsmann Manari aus Eifersucht. Taimoa wiederum wurde von zwei Europäern ermordet. Zu diesem Zeitpunkt sind nur noch sechs Männer am Leben.

Der rassisch-soziale Konflikt erhielt eine neue Dimension: den des Geschlechterkampfs. Die Frauen betrieben die Vernichtung der noch lebenden Mörder. Der schlafende Tetahite wurde von Teraura mit der Axt enthauptet, und Nihau streckten Schüsse aus dem Hinterhalt nieder. Die weißen Männer waren nach diesem Massaker unter sich, und schickten sich an, die zehn Frauen zu verteilen.

Adams und Young erhoben Anspruch auf je drei Frauen, die Rohlinge McCoy und Quintal auf je zwei. In den Reihen der Polynesierinnen wuchs die Unzufriedenheit, weil sie ständig mißhandelt wurden. Es kam zur Verschwörung, und es wurde der Plan geschmiedet, alle vier Europäer zu ermorden. Irgendwie wurde die Sache aber so ungeschickt angestellt, daß die Attentate mehrfach scheiterten. Vielleicht verfolgten die Frauen das Ziel auch zu halbherzig. Am Ende zogen sich die mit Flinten bewaffneten Weiber fluchend und lamentierend in versteckte Inselwinkel zurück. Zwischendurch erschienen sie wieder. Die Männer wurden auf diese Weise mehrere Jahre in Atem gehalten und terrorisiert.

Der Terror eskalierte am 20. April 1798. An diesem Tag gelang es McCoy, Schnaps aus der Ti-Wurzel zu destillieren. Die Folge war, daß die Weißen ständig betrunken waren. Am schlimmsten trieb es McCoy mit der Sauferei. Bald schon hatte er das Stadium des Delirium tremens erreicht. An einem besonders wilden Gelage nahmen auch die Frauen teil. Es endete damit, daß sich der schwer angetrunkene McCoy von einer Klippe in den Tod stürzte.

Ein neues Unglück ereignete sich, als eine von Quintals Frauen starb und der Meuterer auf Ersatz bestand, den ihm Adams und Young verweigerten. Quintal versuchte, seine beiden Kumpanen zu töten. Das mißlang. Nun wurde der Spieß umgedreht. Durch einen Trick wurde Quintal in Adams' Haus gelockt und dort betrunken gemacht. Gemeinschaftlich spalteten Adams und Young ihrem Widersacher mit der Axt den Schädel.

Kaum zu glauben, dennoch stirbt der ehemalige Offiziersanwärter Young eines natürlichen Todes - an Schwindsucht. Doch zuvor hatte er dem ungebildeten Adams etwas Lesen und Schreiben beigebracht.

Bis dato war, abgesehen von der Gründerzeit, das Leben auf Pitcairn ein Alptraum und die Insel eine Hölle. Adams mit neun Frauen und dreiundzwanzig Kindern als einziger Mann übriggeblieben, wurde auf einmal von bösen Träumen und Teufelsvisionen geplagt, in denen er für sein frevelhaftes Leben bestraft werden sollte. Depressionen befielen ihn. Zwar hatte das Morden jetzt ein Ende, aber die Gemeinschaft schien im moralischen und seelischen Chaos zu ersticken. Es gab keine Orientierungshilfe, kein Leitbild, keine sittlichen Werte, nur den versoffenen Totschläger Adams, der an sich zu zerbrechen schien. In dieser Zeit der höchsten Not geschah ein Wunder auf Pitcairn! Doch davon gleich. Zuvor muß auf den Mythos Fletcher Christian eingegangen werden:

Als der *Bounty*-Meuterer in seinem Garten hinterrücks von den Insulanern beschossen wurde, war er gleich tot. Viele Jahre später, als das Schicksal der Meuterer in England bekannt wurde, genoß Christian posthum die Rolle eines Helden, der einen Teil pflichterfüllter Seeleute aus der Schreckensherrschaft eines Bligh in die Freiheit führte. Durfte die Legende Christian bei der Gartenarbeit von schnöden Kugeln getroffen enden? Wohl kaum! Der Mythos hatte das Blutbad überlebt, war mit einem selbstgebauten Boot nach England in die Grafschaft Cumbria zurückgekehrt und lebte dort heimlich in den Wäldern. Bald munkelten Dorfbewohner, ein Mann schleiche sich nachts zu den Verwandten Christians. Das gab Anlaß zur Vermutung, der geheimnisvolle Mann selbst sei der einstige Rädelsführer der *Bounty*-Meuterer.

Um Weihnachten 1809 widerfuhr dann Heywood, dem ehemaligen Kadetten der *Bounty*, etwas Seltsames: In einer Straße von Plymouth bemerkte er vor sich einen großen Mann, der in Haltung und Gang jemanden glich, den er kannte. »Bei Gott«, durchfuhr es ihn, »das ist doch Fletcher Christian!« Der Mann drehte sich um, und Heywood wollte tatsächlich das Gesicht des Meuterers erkannt haben, der dann jedoch davoneilte. 111 Jahre nach diesem Ereignis, im Sommer 1920, durchwanderte der Archäologe John MacKenneth die Wälder von Cumbria. Am Rand einer Schlucht blieb er überrascht stehen. Er hatte eine Reihe großer steinerner Riesenplastiken entdeckt, die jenen auf Tahiti, Pitcairn oder der Osterinseln glichen. »Unglaublich«, murmelte der Archäologe, »man glaubt, auf der anderen Seite der Erde zu sein und dies seien Tikis.« Er zählte 21 Steinskulpturen. Und das war kein Zufall, denn der Anführer der Meuterer hatte den Tod von 21 Gefährten auf dem Gewissen: Von Blighs Getreuen starben sieben, auf der untergegangenen *Pandora* vier, drei Männer wurden hingerichtet, auf Tahiti büßten zwei ihr Leben ein, auf Pitcairn wurden fünf Seeleute umgebracht. Das sind zusammen 21, der Selbstmörder McCoy wurde nicht mitgerechnet. Später im Dorf erfuhr MacKenneth, daß die Steine einst - vor langer Zeit - ein Mann aufgestellt und bearbeitet hatte, der als Sonderling in den Bergen hauste. Ein furchtbares Gewissen, so hieß es, hatte diesen Mann geplagt.

Der Patriarch

Zurück nach Pitcairn, wo ein erstaunlicher Wandel geschah. Dem Wandel ging eine Entdeckung voraus. Unter den Dingen, die Christians Witwe verwahrte, fand John Adams die *Bounty*-Bibel. Er las darin und beschloß, das Buch zu seinem Lehrbuch zu machen. Mit einem Mal bekam Adams' Leben wieder Sinn. Er wurde abstinent, verbannte den Alkohol von der Insel und erzog seine Inselgemeinde im christlichen Glauben. Das Leben bekam feste Regeln und einen strengen Verhaltenskodex: Gebete morgens, abends, vor und nach den Mahlzeiten. Gottesdienst an jedem Sonntag; gefastet wurde an jedem Mittwoch und Freitag. Außerehelicher Geschlechtsverkehr wurde verboten. Das Mindestalter für heiratswillige Frauen war 18 Jahre, für Männer 20. Adams traute Paare, taufte Säuglinge, er führte die Schulpflicht ein. Kurzum, der alte Haudegen schmiedete aus dem Chaos eine gottesfürchtige Gemeinschaft, dessen Patriarch er war, außerdem Lehrer, Seelsorger und Gesetzgeber in einer Person. Kraft gab ihm die Bibel, sie ist noch heute auf Pitcairn zu besichtigen.

Am 6. Februar 1808 wurde das Eiland nach fast 20jähriger Isolation von Mayhew Folgers, Kapitän des amerikanischen Robbenfang-Schiffes *Topaz* entdeckt. Zu seiner Überraschung wurde er von Englisch sprechenden Polynesiern begrüßt, die obendrein in ihrer Physiognomie gar keine typischen Isulaner waren: »Wut a way you; Uklun gled for meet you«, war zwar nur Kanaken-English, aber er konnte sich zusammenreimen: »How are you? We are glad to meet you.« Es ergab sich ein reger Wortwechsel, bis Kapitän Folgers endlich begriff, auf wen er da durch Zufall gestoßen war.

»Eine Flut gemischter Gefühle, Staunen und Freude, die ich nicht beschreiben kann erfüllten mich«, berichtete er später. Folgers ließ sich dann durch die Brandung an Land bringen, wo er den einzigen erwachsenen Mann der Insel, John Adams, traf. Dem war gar nicht wohl in seiner Haut, schließlich war er ein Verbrecher, der über die Amerikaner an die Briten ausgeliefert werden konnte. Auch Bligh, damals noch Gouverneur von Neusüdwales (Australien), hätte Adams liebend gern festgenommen, wenn ihm die Begegnung zu Ohren gekommen wäre. Aus irgendeinem Grund hatte Adams Vertrauen zu Folgers. Zum Ende des sechsstündigen Aufenthaltes auf Pitcairn gab Adams ihm das Chronometer der *Bounty* als Beweis, daß er wirklich Matrose des Meutererschiffs gewesen war.

Die *Topaz* verließ das Gestade Mata-ki-te-rangis, so der tahitianische Name Pitcairns, und seine Einwohner, die damals, neben Adams, 34 jugendliche Mischlinge zählten.

In Valparaiso erfuhr ein englischer Marineoffizier von der Kolonie auf Pitcairn. Dieser meldete es weiter. Bis die Kunde die Admiralität in London erreichte, vergingen viele Monate. Auf ungeklärte Weise verschwand die Meldung dann in den Archiven. Jahre hindurch geschah nichts. Pitcairn mußte erst ein zweites Mal von britischen Schiffen entdeckt werden, bis die Admiralität 1823 das Kriegsschiff *Blossom* unter Kapitän Beechy aussandte, um die Insel zu inspizieren und für Britannien in

Besitz zu nehmen. John Adams wurde nicht verhaftet, im Gegenteil, alle Berichte waren voll des Lobes über sein Wirken als Vater, Lehrer und Geistlicher.

Nunmehr ging die Geschichte von einem würdigen Patriarchen und einer Gruppe fröhlicher Kinder wie ein Lauffeuer um die Welt. Die faszinierende Bounty-Story und die Meuterernachkommen, die geläutert eine idyllische Gemeinschaft auf ferner Felseninsel bildeten, bewegte weltweit jung und alt. Mit der Isolation war es vorbei. Jährlich legten mehrere Schiffe vor Pitcairn an. Da erschienen Journalisten, Weltumsegler und vor allem Wissenschaftler, unter ihnen Anthropologen und Genetiker. Unzählige Male wurden die Inselbewohner, besonders natürlich John Adams, interviewt. Die Nachkommen wurden auf ihren körperlichen und seelischen Zustand hin untersucht und ihre Sprache, das Pitcairnisch, analysiert. Studien über die Verbindung zweier so extremer Kulturen und die Kreuzung zweier so unterschiedlicher Populationen, isoliert auf engstem Raum über Generationen hinweg lebend, füllen Bände vieler Universitäten. Besonders interessant erscheint Forschern und Medizinern, daß die jahrelange Inzucht bei den Menschen keine genetischen Veränderungen hervorbrachte. Die Forschungen sind bis heute nicht abgeschlossen.

John Adams starb am 29. März 1829 mit 65 Jahren. Er war Pitcairns Heiliger geworden und ist es noch. Mit einer pompösen Beerdigungsfeier fand er seine Ruhestätte am Fuße einer großen Klippe, in der Nähe einer Höhle, wo er oft und viel gebetet hatte. Für die Bewohner ist das Grab eine Wallfahrtsstätte, die immer frische Blumen ziert.

Fremde kommen – unruhige Zeiten
für Pitcairn

Nach Adams' Tod nahmen Fremde seinen Platz ein. Sicher wäre es besser gewesen, wenn einer von Fletcher Christians Söhnen nachgerückt wäre. Doch die Bildung, die Adams ihnen und den übrigen Bewohnern vermitteln konnte, reichte nicht aus, um den Einflüssen von außen standzuhalten. John Buffet, ein weitgereister Seemann mit gediegener Handwerksausbildung und des Lesens und Schreibens mächtig, war der erste Fremde. Mit ihm verließ der 19jährige John Evans die vor der Bounty Bay dümpelnde *Cyrus*. Nach den strengen Regeln mußten die beiden heiraten, anderenfalls gab es keinen Kontakt zu den Inselschönen. Buffet wurde als Lehrer tätig, fiel aber bald in Ungnade, da er es mit der ehelichen Treue nicht so genau nahm. Zwei weitere Fremde wurden »angespült«: der Engländer George Nobbs und der Amerikaner Noah Bunker. Der gebildete Nobbs heiratete die Enkeltochter Fletcher Christians und nahm den Platz John Adams' als Gemeindevorsteher ein.

Ein bisher nicht gekanntes Problem tat sich auf: Die auf 80 Menschen angewachsene Bevölkerung hatte nicht mehr genug Süßwasser und Nahrung. Nobbs sah den einzigen Ausweg in der Evakuierung nach Tahiti, wo den Meuterernachkommen ein Stück Land zugewiesen wurde. Der Abschied von ihrer liebgewonnenen Insel war herzzerreißend, aber nicht von langer Dauer. Bereits kurz nach ihrer Ankunft starben 14 Pitcairner an einer Krankheit, die sie »Pest« nannten. Unter den Toten befand sich auch der älteste Sohn Fletcher Christians, Thursday October Christian. Kaum zwei Monate nach der Ankunft auf Tahiti verließen die ersten der Gemeinschaft ihre neue Heimat, und nach vier weiteren Monaten befand sich der gesamte überlebende Teil der Pitcairner daheim in ihrem Paradies. Die Erinnerung an Tahiti war ein Alptraum.

Kaum hatte man sich wieder eingelebt, da sollte in der Gestalt eines 70jährigen Mannes ein weiterer böser Traum folgen. Sein Name lautete Joshua Hill. Auf Befehl seiner Majestät, König William IV. von England, sei er gesandt worden, um die Verwaltung auf Pitcairn zu übernehmen. Das behauptete er wenigstens. Natürlich war das gelogen. In Wirklichkeit war Hill ein machtbesessener Religionsfanatiker, der ganz einfach verrückt war. Dennoch gelang es der imposanten Erscheinung, viele der Insulaner zu beeinflussen und eine regelrechte Terrorherrschaft auszuüben. Das ging so weit, daß er auspeitschen ließ und andere drakonische Strafen verhängte. Als Hill den Sohn des Meuterers Quintal mit dem Schwert bedrohte, hatte der Verrückte den Bogen überspannt. Er wurde entwaffnet und zur lächerlichen Figur degradiert.

Im fernen England wurde man auf die Mißstände aufmerksam. Die Regierung schickte 1841 Kapitän Elliot, der Pitcairn unter den Schutz der britischen Flagge stellte. Endlich von dem Tyrannen befreit, wurde auf der Insel eine Gesetzgebung und Verfassung nach dem Muster des Mutterlandes eingeführt. Seit dieser Zeit erhielt Pitcairn Geschenke und andere Zuwendungen auf Initiative von Königin Victoria, die sich übrigens sehr für das Wohl und Wehe der neuen Kolonie interessierte.

Wie ein Damokles-Schwert hing ernster denn je das Bevölkerungswachstum über

Pitcairn. 1855 lebten 187 Menschen auf der Insel, und die Knappheit an Trinkwasser und Nahrung war ein existentielles Problem. Keiner mochte es aussprechen, doch jeder wußte, daß eine zweite Evakuierung unumgänglich war. Die Regierung in London unter Lord Palmerston bot die Insel Norfolk an. Die Umsiedlung wurde diesmal sorgfältig und behutsam geplant. Es hieß, daß die Lebensbedingungen auf Norfolk, unweit von Neuseeland gelegen, ideal seien. Ob die Leute wußten, daß die Insel Großbritanniens Sträflingskolonie für die brutalsten Schwerverbrecher war, eine richtige »Teufelsinsel« also, ist zu bezweifeln. Auf jeden Fall haßten die meisten Pitcairner die Insel mit den verwaisten Zellen von Anfang an. Und viele Familien trieb das Heimweh nach Pitcairn zurück. Die, die blieben, bauten einen bescheidenen Wohlstand auf und hatten eine neue Heimat gefunden. So leben heute die Nachfahren der *Bounty*-Meuterer auf zwei einsamen Inseln, 4200 sm voneinander entfernt.

Es war wie ein Schock, als die ersten Familien ihr geliebtes Pitcairn wieder erreicht hatten: Überall Feuerstellen, die Häuser von Adamstown verwüstet. Was war in den Monaten ihrer Abwesenheit geschehen? Die Antwort lasen sie auf der Wandtafel im heilgebliebenen Schulgebäude. Sie stammte von Kapitän J.N. Knowles. Der war auf dem Weg nach San Francisco und 70 Meilen südwestlich von Pitcairn in Seenot geraten. Große Brecher hatten ihn mit 36 Männern in der Bounty Bay an Land gespült. Knowles ließ aus dem Holz der Häuser ein Boot bauen, mit dem er die Insel nach mehreren Wochen wieder verließ.

Es war ihm peinlich, den berühmten Ort so verwüstet hinterlassen zu haben. Vielleicht trieb ihn das schlechte Gewissen 14 Jahre später wieder zur Insel. Kurzum, er kam mit Geschenken und schloß mit den Menschen eine tiefe Freundschaft. Kapitän Knowles' drittes Erscheinen 1876 war ein historisches Ereignis, das das Seelenleben der Meuterer-Nachfahren nachhaltig verändern sollte. Der Kapitän hatte Hirtenbriefe und religiöse Zeitschriften der Gemeinschaft der Siebenten-Tags-Adventisten im Gepäck. Knowles war Adventist und sah Parallelen im Lebensstil der Gemeinde in den USA und dem, was er an Pitcairn-Tradition kennengelernt hatte. Die Familien setzten sich bald intensiv mit der Glaubenslehre auseinander. Nächtelang wurde bei Kerzenlicht gelesen und diskutiert. Auch sie erkannten, daß sich ihre Grundsätze mit denen der organisierten Kirche der Adventisten sehr ähnelten. Und sie verstanden den Sinn des neutestamentlichen Grundsatzes: »...Ihr werdet die Wahrheit erkennen, und die Wahrheit wird euch frei machen.« (Johannes 8,32)

Die Entscheidung, sich der Gemeinschaft der Siebenten-Tags-Adventisten anzuschließen, machte man sich nicht leicht. Erst im Oktober 1886 hieß Thursday October Christian II den ersten Missionar auf Pitcairn willkommen. Es war der Adventist John Tay aus Oakland, Kalifornien. Die Abende waren mit Predigten in der kleinen Holzkirche ausgefüllt, oder mit Bibelstunden, die im Haus von Simon Young abgehalten wurden. Schon nach wenigen Wochen waren alle Pitcairner Adventisten geworden und ließen sich, allerdings erst vier Jahre später, zum hundertsten Geburtstag von Pitcairn, durch Untertauchen taufen.

Warum erst so spät, mag man sich fragen? John Tay verließ die Insel wieder, berichtete der Gemeinde in Kalifornien von seinen Erlebnissen in der Südsee. Die

Adventisten waren begeistert und gaben den Bau eines Schiffes in Auftrag. Die stattliche Segeljacht sollte für Missionsarbeiten im pazifischen Raum eingesetzt werden. Sie hieß *Pitcairn* und steuerte als erstes, einhundert Jahre nach der Landung der Meuterer, das einstige Inselversteck an.

Mit der *Pitcairn* war John Tay zurückgekommen. Er hatte seine Frau und zwei adventistische Ehepaare mitgebracht. Seit der Massentaufe in der *Bounty* Bay sind die Bewohner überzeugte Seventh-Day-Adventists.

Gibt es eine Erklärung für die innige Beziehung der Pitcairner zu den Adventisten? Jan Ball, Autor von »Pitcairn-Children of the Bounty« versuchte eine Erklärung zu geben. »Erstens: Die Insulaner fühlten sich von der Wertschätzung, die ihrer kleinen Gemeinde durch gelehrte Bibelforscher aus Amerika zuteil wurde, geschmeichelt.

Zweitens: Der Adventismus bot ihnen die geeignete Art religiöser Begeisterung in der Überzeugung von der Wiederkunft Christi, also dem Glauben an die nahende Rückkehr ihres Erlösers.

Drittens: Der Adventismus bot den Frauen der Insel eine gewisse Sicherheit. Verbot von Alkohol, Aufputschmitteln, vorehelichem Geschlechtsverkehr und manches mehr hielt das Männervolk besser unter Kontrolle als die weltlich-gesetzlichen Reglements.« Ich glaube, es gibt noch weitere Erklärungen für die besondere Verbindung zum Adventismus. Die Pitcairner haben durch ihn die Freiheit des Evangeliums entdeckt. Fortan waren sie nicht mehr der schuldbeladene, ehrlose Haufen von Meuterer-Nachkommen, sondern in »Gewißheit errettet« worden, ewiges Leben zu erlangen. Das brachte den Familien die langersehnte Ruhe. Die Grundlage zum Bekenntnis zu den Adventisten hatte der bußfertige John Adams gelegt. Zwar unbewußt, aber nicht minder eindrucksvoll, wußte er, wie das geistige Rüstzeug für seine Gemeinde zu sein hatte und lehrte entsprechend dieser Intuition.

Bis ins 20. Jahrhundert haben wir jetzt das Leben der *Bounty*-Meuterer und ihrer Nachfahren verfolgt, und es wird Zeit, das legendenumwobene Pitcairn unmittelbar zu erleben. Ich bin gespannt auf das, was mich 1500 Meilen südwestlich von Tahiti erwartet.

»Pitcairn braucht das Beste der Technologie des 20. Jahrhunderts, ohne dafür seine traditionellen Familien- und Gemeinschaftswerte opfern zu müssen.«

(Glynn Christian, Nachfahre des Meuterers Fletcher Christian)

Die Meuterer-Insel heute

Im Sturm vor der Brandung

Wer Pitcairn besuchen will, braucht Geld, viel Zeit und Glück. Das hatte ich mehrmals vernommen, dennoch nie wirklich geglaubt. Auch Ben Cropp hatte es mir erzählt, er war nach ergebnislosen Versuchen in den siebziger Jahren mit einer eigenen Jacht dorthin gesegelt, um zu tauchen. Sein Tauchkollege Luis Marden kam umständlich über Panama per Frachtdampfer, blieb mehrere Monate, barg einen *Bounty*-Anker und hatte Schwierigkeiten, die Insel innerhalb seiner zur Verfügung stehenden Zeit zu verlassen. Christian Jungblut, ein Geo-Reporter, saß in Auckland auf Neuseeland fest und kam nicht weiter.

Mein Wunsch war es, mit dem Nachbau der *Bounty* Pitcairn zu erreichen. Nach der Versteigerung in Sydney nahm ich Kontakt mit den neuen Eignern auf, um mit anderen Interessenten diesen historischen Törn zu unternehmen. Ich bot meine ganzen Ersparnisse an, die Amerikaner zeigten kein Interesse und verschwanden mit der *Bounty* spurlos.

Wie konnte ich es nun anstellen, doch noch auf meine Traum-Insel zu gelangen? Ich nahm Kontakt mit Organisationen und Institutionen auf, die wiederum wußten, welche Frachter oder Forschungsschiffe nach Pitcairn fuhren, zumindest dort vorbeikamen. Man muß wissen, daß das Hinkommen noch keine Garantie dafür ist, die Insel auch betreten zu können. Bei stürmischer See, und die herrscht oft in diesem Teil des Pazifiks, können die Landungsboote der Insulaner nicht aus der Bucht fahren, geschweige denn längsseits der großen Dampfer gehen.

Endlich hatte ich das Okay, mit einer Hochseejacht mitzusegeln. Der Segler sollte von San Francisco aus mit Wissenschaftlern starten und mich in Papeete an Bord nehmen. Gerade als ich die respektablen Reisekosten überweisen wollte, erreicht mich ein Fax, daß die Reise wegen technischer Probleme nicht stattfindet.

Nun war guter Rat teuer. An Zeit hatte ich lediglich einen Monat zur Verfügung. Also schieden die Frachter aus Panama und Neuseeland aus. Um nach dem Stopp den nächsten Dampfer zu bekommen, müßte ich vier Monate warten.

Ich fliege kurzerhand zur Hafenstadt Valparaiso in Chile, um von dort mit einem Dampfer auf Westkurs Pitcairn zu erreichen. Auf ähnlichem Kurs segelte ja schon 200 Jahre früher der *Bounty*-Jäger Edwards - allerdings südlich an der Insel vorbei.

Bis zur Osterinsel verläuft die Fahrt gut. Die See ist ruhig, das Wetter sonnig heiß. Anfang Februar passieren wir den 130. Längengrad, als das Wetter umschlägt. Böen bis zu neun Windstärken aus Südwest peitschen die See. Der schwere Kahn ächzt, stöhnt und schlingert. Von den Passagieren ist fast jeder seekrank. Der Wetterbericht verheißt nichts Gutes. Morgen früh müßte Pitcairn in Sicht kommen.

»Gehen wir auf Reede?« Der Kapitän zuckt mit den Schultern: »Die Pitcairner werden kaum auslaufen können.«

Ich stehe um sechs Uhr früh an Deck und starre in die Waschküche. Es ist zum Heulen. Regen klatscht gegen die Aufbauten, und Nebel versperrt die Sicht. Wir machen keine Fahrt mehr. Jetzt rauschen die Ankerketten durch die Klüsen. Orto Grich, der Erste Offizier, zeigt in den Nebel: »Da, vor uns ist die *Bounty* Bay.« »Wir haben Funkkontakt mit Tom Christian.« »Und?« frage ich. »Die Jungs stehen unten an der Mole, würden gern auslaufen. Aber die Brecher sind zu hoch.«

Beim Frühstück ruft jemand in den Saal: »Pitcairn in Sicht!« Ich haste an Deck. Der Nebel hat sich gelichtet. Wie ein schlafender Löwe mit schwarzer Mähne liegt die Meuterer-Insel vor uns. Schroff, düster, geheimnisvoll. Mit dem Glas kann ich das weiße Band der Brandungsbrecher erkennen. An die Felsenküste donnert die ganze Wucht des Ozeans und trennt uns von den Menschen, die das Schiff, die jeden als willkommene Abwechslung so gern begrüßen würden. Unnahbar liegt er da, der Fels im Meer, das perfekte Versteck, fast so isoliert wie damals - vor über 200 Jahren. Gegen Mittag legt sich der Sturm, es klart auf. Über Funk erfahren wir, daß das erste Longboat durch die Brandung stoßen will. Longboats sind die langen offenen Holz- oder seit einem Jahr - Aluminiumboote, die mit 20 Leuten besetzt werden können. Es sind Fischer- und Transportboote. Früher wurden sie mit Muskelkraft gerudert oder auch gesegelt. Und die Pitcairner Seemänner zählten zu den tollkühnsten. Heute sind die meisten Boote mit Außenbordmotoren bestückt.

»Ob sie es schaffen?« Wenn es nicht so ernst wäre, ginge es nicht auf Leben und Tod - bei aufgewühlter See die Insel zu verlassen, ist immer ein Vabanquespiel - ließen sich hohe Wetten abschließen. So stehen wir nur schweigend an der Reling und suchen die Küste ab. Der Kapitän hat oben auf der Brücke drei Boote entdeckt. Jetzt erkenne ich sie auch. Langsam bewegen sich die Aluminiumschalen auf uns zu. Lange Sekunden verschwinden sie in Wellentälern, dann werden sie über Kämme getragen oder von Wasser und Gischt verschüttet. Fünfzehn Minuten später dümpeln sie in Lee längsseits. Die See läßt die Boote am Rumpf des Dampfers auf und ab tanzen. Wie will bei Schüben von fünf und sechs Metern jemand an Bord kommen können?

Steuerbord wird am Schiffsrumpf die Ladeluke geöffnet und Seile ausgeworfen, es folgt eine kürzere Jakobsleiter. Ein Pitcairner packt eines der Seile und entert auf. Wir halten die Luft an. Gerade rechtzeitig kann sich der Mann in Höhe der ersten Sprosse hangeln und geschwind weiterklettern. Wie ein »Fahrstuhl zum Schafott« rauscht jetzt aus der Tiefe das Alu-Boot an der Stahlwand entlang nach oben ... knirscht an der Bordwand ... aber der Mann hat die Luke erreicht und wird von helfenden Armen in den Schiffsrumpf gezerrt. Boot und Welle haben ihren Kumulati-

Die Meuterei auf der *Bounty* am 28. April 1789 kurz nach Sonnenaufgang vor der Tonga-Insel Tofua - nach dem zeitgenössischen Aquatinta-Bild des englischen Malers Robert Dodd. In eine kleine Barkasse wurden Kapitän Bligh und seine 18 loyalen Besatzungsmitglieder ausgesetzt.

Eine Seite des Originalberichts von William Bligh über den Verlauf der Meuterei, mit seiner Unterschrift.

Links: Zeichnung
von Flechter Christi-
ans Sohn October
Christian auf
Pitcairn. Aus der
Sammlung von
H. Adlard, daneben
der Inselpatriarch
John Adams, alias
Alexander Smith.
Er formte aus den
Bewohnern eine
gottesfürchtige
Gemeinschaft. Eine
Zeichnung von
Richard Beechery
um 1825.

Die ersten Häuser der Meuterer auf Pitcairn. Hier entstand später
Adamstown. George Dashwood, Leutnant auf der *HMS Challenger*
hielt die frühe Ansiedlung als Aquarell fest.

Pitcairn heute: Blick auf die *»Bounty«*-Bucht und den Anlegesteg.

156 oben: Adamstown: Eines der wichtigsten Gebäude auf Pitcairn – neben der Kirche natürlich – ist diese Schule.

unten: Der Inselfunker Tom Christian ist ein direkter Nachkomme des Meuterers Fletcher Christian. Auf dem Foto ist er von seinen zwei Töchtern und seiner Frau eingerahmt.

Bei Down Rope auf Pitcairn findet man alte geheimnisvolle Felszeichnungen, die beweisen, daß die abgelegene Insel bereits vor Eintreffen der Meuterer, zumindest zeitweise, besiedelt war.

Der Bootsschuppen auf Pitcairn. Hier werden auch kleinere Reparaturarbeiten durchgcführt.

157

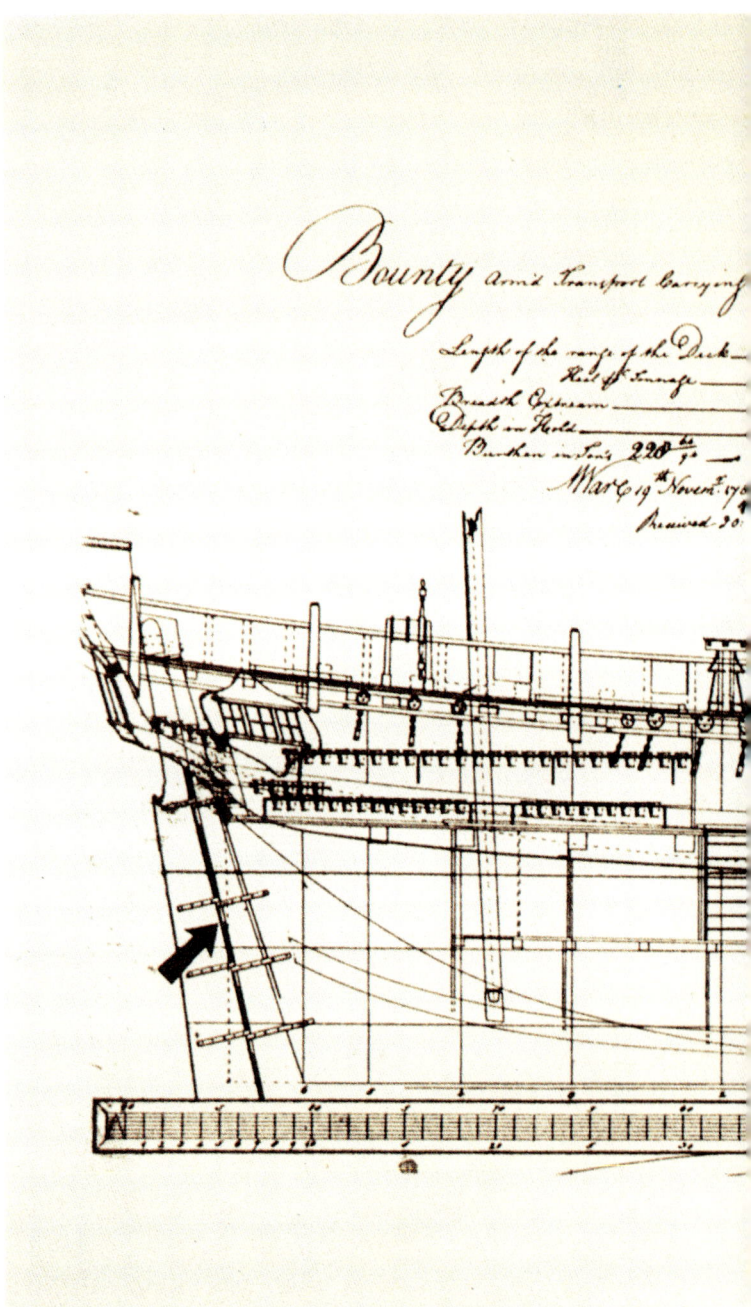

Der Originalplan
zeigt Seitenansicht
und Querschnitt des
Bounty-Rumpfes
nach dem Umbau
durch die Britische
Admiralität im
Jahr 1787.

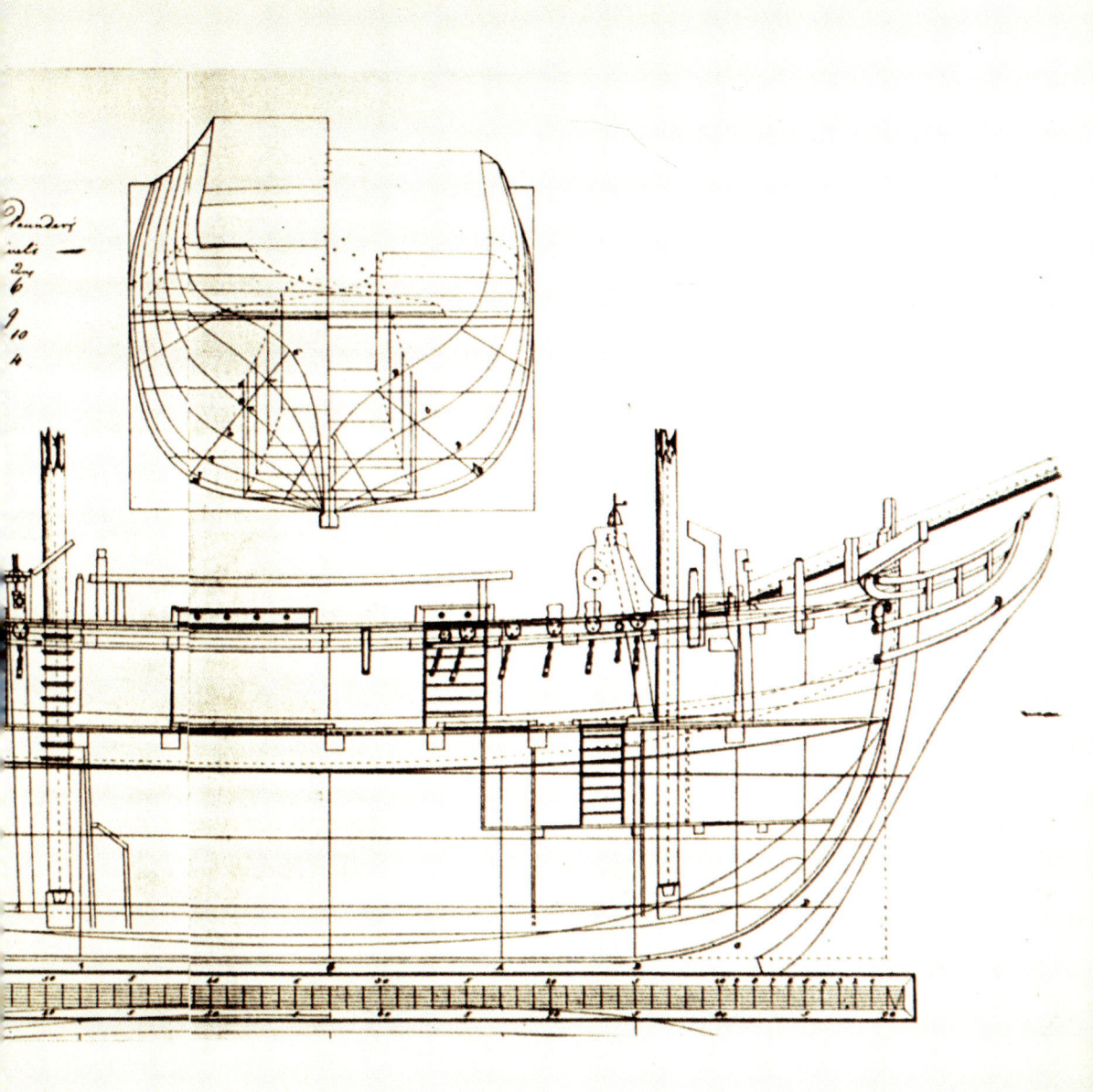

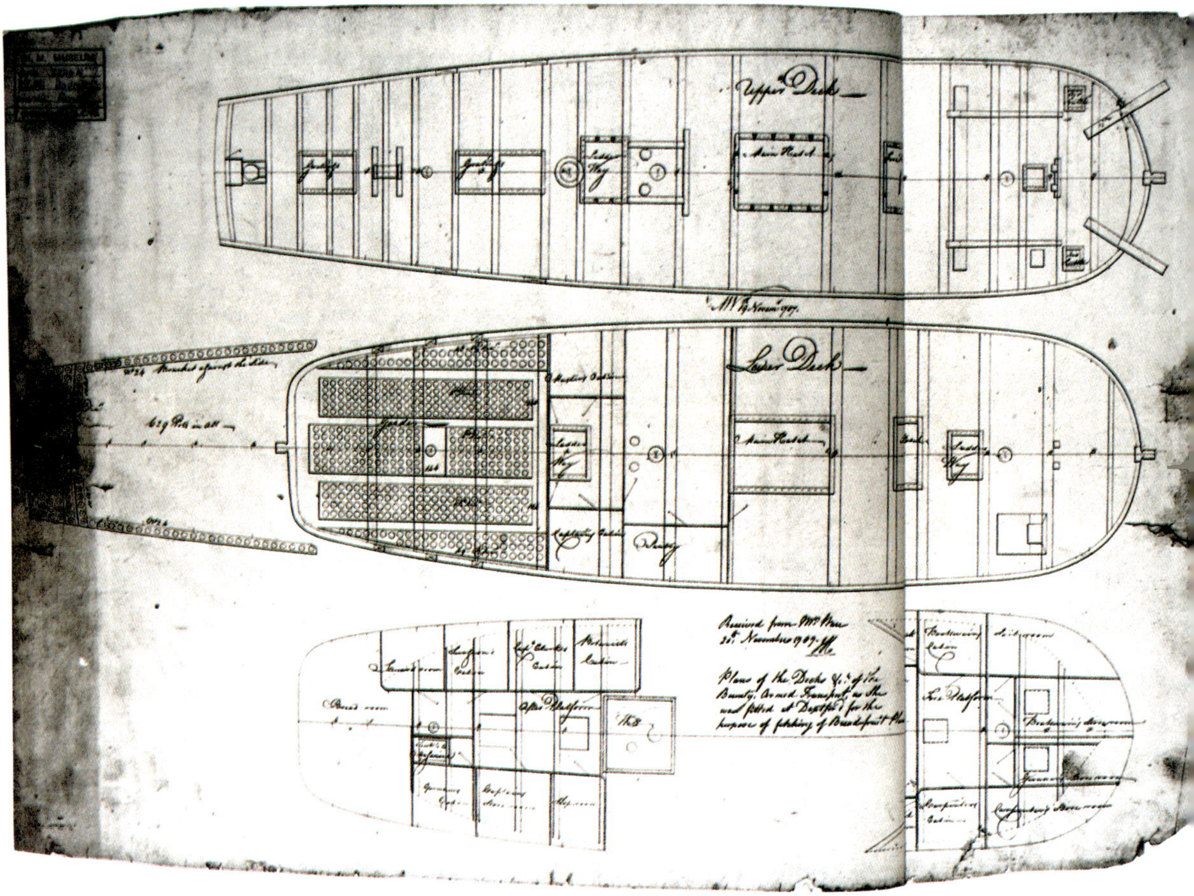

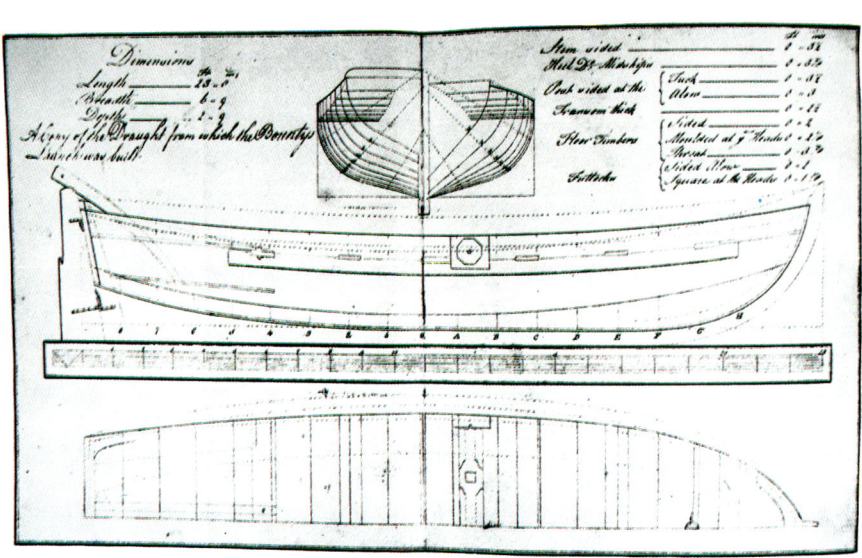

160 oben: Der Original-Decksplan der *Bounty* macht die Halterungen ersichtlich, die eigens für den Transport der rund 1000 Brotfruchtsetzlinge ins Heck des Rahseglers eingebaut wurden.
unten: Der Originalplan des kleinen Beiboots (Barkasse) der *Bounty*. Mit dem Boot segelten Bligh und 18 Getreue 6705 km von Tofua nach Timor durch die Weiten des Stillen Ozeans.

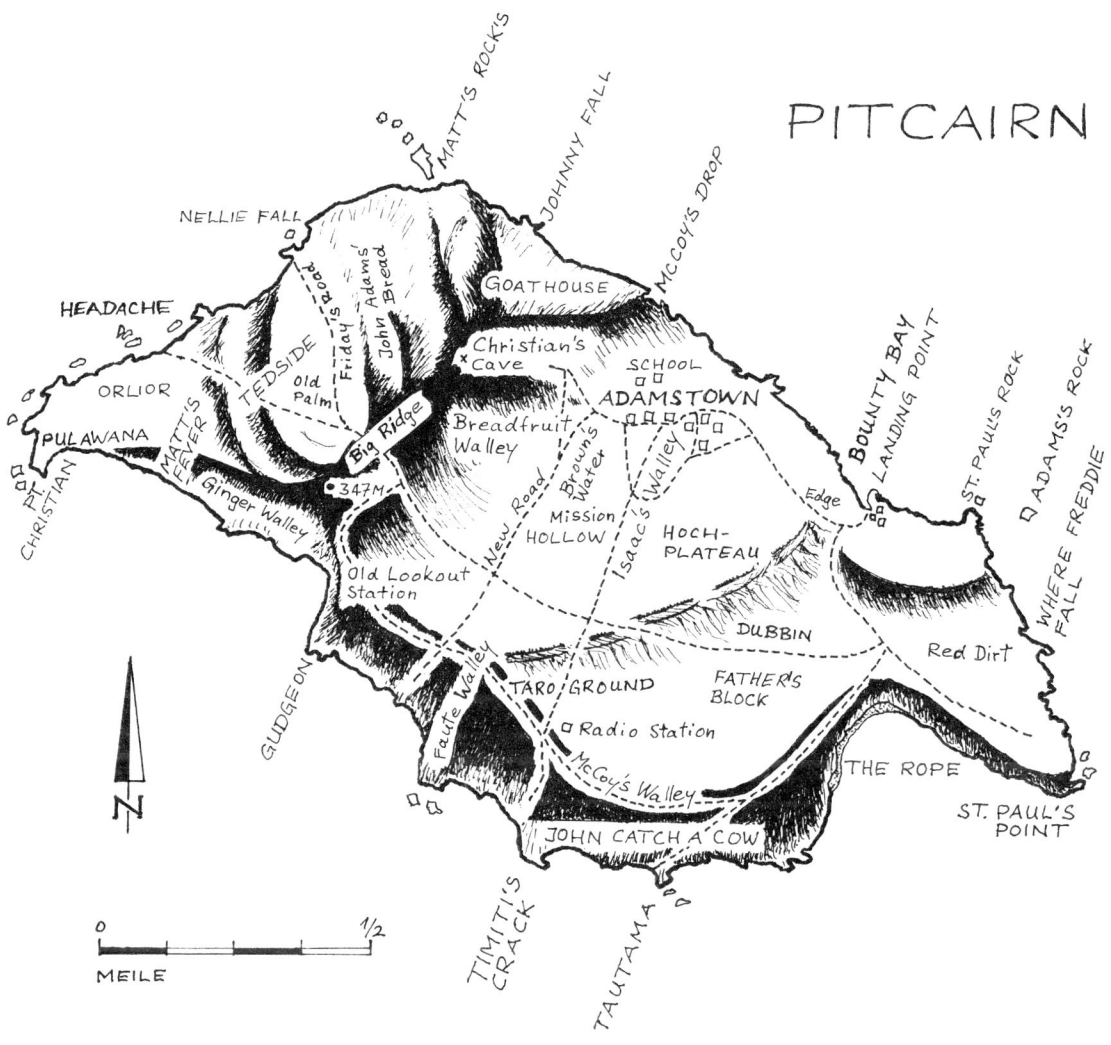

PITCAIRN

MATT'S ROCKS

JOHNNY FALL

McCOY'S DROP

NELLIE FALL

GOATHOUSE

HEADACHE

TEDSIDE

Friday Road

John Adams
John Bread

Christian's
Cave

SCHOOL

ADAMSTOWN

BOUNTY BAY
LANDING POINT

ST. PAULS ROCK

ADAMS'S ROCK

ORLIOR

Old
Palm

Big Ridge

Breadfruit
Walley

Browns
Water

WHERE FREDDIE
FALL

PULAWANA

MATT'S FEVER

Ginger Walley

347M

New Road

Mission
HOLLOW

Isaac's Walley

HOCH-
PLATEAU

Edge

PT. CHRISTIAN

GUDGEON

Old Lookout
Station

Faute Walley

TARO GROUND

FATHER'S
BLOCK

DUBBIN

Red Dirt

Radio Station

McCoy's Walley

THE ROPE

ST. PAUL'S
POINT

JOHN CATCH A COW

TIMITI'S
CRACK

TAUTAMA

N

0   ½

MEILE

onspunkt erreicht und sausen abwärts. Vier Boote mit zusammen 30 Männern, Frauen und Jugendlichen und vielen Körben und Paketen mit Waren werden auf diese atemberaubende Weise auf hoher See übernommen. Die Aktion dauert fast zwei Stunden. Daß es dabei nur Prellungen, Verstauchungen, Knöchelbrüche und Rippenquetschungen gegeben hat, ist ein Wunder!

Für etwas Abwechslung vom tristen Inselleben nimmt man Anstrengungen und Risiken in Kauf. Nach langen Monaten endlich andere Menschen, Neuigkeiten, Kontakt mit der Außenwelt! Die Pitcairner schieben sich mit ihren Waren durch die Gänge in Richtung Salon. Dort bauen sie ihre Souvenirs auf, bilden Gruppen, machen »small talk« und freuen sich einfach, unter uns zu sein. Im Nu hat sich der Salon in einen

Basar verwandelt. Auf Tüchern, Tischen und Stühlen haben sie T-Shirts mit der Aufschrift »Pitcairn H.M.S. *Bounty* - 1970 *Bounty* Bay« ausgebreitet, dann unter Sammlern beliebte Briefmarkenkollektionen, die geschichtliche Ereignisse, Flora und Fauna, Schiffe und die Insel selbst festhalten. Das Porträt der Königin Elisabeth II. ziert die meisten Marken. Aber auch Gedenkmünzen, Schnitzereien von der *Bounty* und von Meerestieren, wie Delphinen und fliegenden Fischen, werden angeboten. Beliebt sind auch Schirmmützen mit dem *Bounty*-Emblem.

Es wird eifrig gekauft. Die Währung ist der neuseeländische Dollar (1 NZ $ etwa 1,15 DM), aber auch der US $ wird genommen. Gewisse Dinge werden ganz einfach nur getauscht. Ich lasse die Menschen auf mich wirken. Die Männer Pitcairns ähneln stärker den britischen Vorfahren als die Frauen, deren Stammütter ja auch Polynesierinnen waren. Dennoch ist den Wissenschaftlern diese Auffälligkeit in der sechsten Generation ein Rätsel.

Warren Young sitzt vor einem Berg T-Shirts, der Verkauf interessiert ihn nicht. Er berichtet von der spannenden Fahrt durch die Brandung und das kabbelige Aufentern. Warren ist immerhin 71 Jahre alt. Der Insulaner spricht verständliches Englisch, als er aber seiner Frau auf »Pitcairn English« etwas zuruft, verstehen wir nichts.

Von Warren erfahren wir, daß es Steve Christian an der Bordwand hart traf: Er liegt mit drei gebrochenen Rippen im Sanbereich unseres Schiffes. »Zum Längsseitsgehen haben wir erstmals die Aluminium-Longboats eingesetzt«, meint Young, »die alten Holzboote lagen irgendwie besser im Wasser.«

Oben sitzt Captain Neal Oppen an der Bar und beruhigt seine Nerven mit ein paar Drinks. »Ich kann euch sagen, das war 'ne Fahrt durch die Brandung - heller Wahnsinn. Die Brecher liefen vier Meter hoch auf.« Neal, ein glatzköpfiger Alaskaner, war vor Monaten mit seiner Jacht und einem Team von Wisenschaftlern zu den Pitcairn Islands gesegelt. Im Auftrag der Universität von Kalifornien (Berkeley) sollen Paläoanthropologen und Archäologen erforschen, ab wann Henderson besiedelt wurde und von wem. Zu den Pitcairn Islands gehören die seit mindestens 250 Jahren unbewohnten Inselchen Henderson, Ducie, Oeno. Der 40jährige Neal fährt sich über die Schädeldecke: »Ich wäre nie in die Blechdosen gestiegen, wenn ich geahnt hätte, was da auf mich zukommt. Aber die verdammte Einsamkeit auf Henderson macht blind, was gefährliche See angeht.«

Gegen Nachmittag treffen sich alle im Salon, um Freundlichkeiten und Gastgeschenke auszutauschen. Eine Gruppe von Passagieren aus Kaiserslautern schenkt den Pitcairnern einen Generator. Der kommt hervorragend an. Meralda Warren, als Sprecherin der Besucher, bedankt sich rührend. Die Kaiserslauterer und der Kapitän erhalten je ein schönes Inselgemälde, und zum Schluß singen die Insulaner eigene Volks- und Kirchenlieder. Die weltlichen Songs berichten von ihrer Vergangenheit und vom täglichen Kampf auf dem Meer. Die Pitcairner verschnüren ihre Waren und rüsten sich zum Abschied. Steve Christians Rippenbrüche sind ernster als angenommen, er bleibt an Bord und wird sich auf Tahiti ins Krankenhaus begeben müssen. Der Vorfall erinnert mich an ein fast tragisch verlaufenes Ereignis, das sich in jüngster Vergangenheit zutrug: Der Pitcairner Rick Ferret berichtete: »Wir Ferrets den-

162

ken oft an den Trubel zurück, der mit dem 200. Geburtstag unserer Insel am 23. Januar verbunden war. Doch besonders hat sich ein Ereignis zehn Tage danach in unser Gedächtnis gegraben. Als ich an diesem Freitag um 16 Uhr von einem Ausflug zurückkehrte, stellte ich fest, daß meine eineinhalbjährige Tochter Ashlee nicht mehr im Garten spielte. Sekunden später kam unser fünfjähriger Sohn auf mich zugerannt und schrie, daß Ashlee das Kliff hinabgestürzt sei. Ich lief sofort an die Stelle - und wirklich: in 30 Meter Tiefe entdeckte ich Ashlee, offensichtlich bewußtlos. Ihr Kopf blutete stark. Meine Frau Jenny war, wie ich später erfuhr, schon auf dem Weg zu Ashlee. Aber sie rutschte auf den Felsen aus, fiel dabei fast vier Meter in die Tiefe. Dabei zog sie sich eine komplizierte Kniefraktur zu. Ashlee hatte eine schwere Gehirnerschütterung und einen Schädelbruch erlitten. Ich fühlte mich so hilflos. Glücklicherweise weilte Dr. John Murphy als Besucher auf der Insel. Er half meiner Tochter und meiner Frau so gut es ging. Als der Zustand der kleinen Ashlee sehr kritisch war, ging der Aufruf über die Insel, sich zum Gebet in der Kirche zu treffen. Und wie durch ein Wunder besserte sich der Zustand meiner Tochter! Wer irgend konnte, hielt in dieser langen Nacht bei Jenny und Ashlee Wache. Am folgenden Tag konnten Jenny, Ashlee und Meralda Warren mit dem Kreuzfahrtschiff *Maxim Gorki*, das zufällig vor Pitcairn ankerte, ins Krankenhaus von Tahiti gebracht werden. Meine Familie ist längst wohlbehalten und gesund nach Pitcairn zurückgekehrt.«

Unserem Kapitän fällt die Entscheidung nicht leicht, einigen Passagieren die Erlaubnis für einen Inselbesuch zu erteilen, zumal der Wetterbericht nichts Gutes prophezeit. Aus Richtung der Tuamotu-Inseln tobt der Orkan »Clif« auf Pitcairn zu.

Das Zurück in die Boote ist nicht minder abenteuerlich: Die Insulaner spannen eine Plane als Sprungtuch auf, so daß man von der Jakobsleiter direkt in die Boote hüpfen kann. Glücklich in den Nußschalen, fiebern wir der Brandung entgegen, die in eine ungeschützte *Bounty* Bay donnert. Eine geschlagene Stunde dümpeln wir in rauher See, bis der Bootsführer sich auf eine geeignete Woge setzt und in rasanter Fahrt zwischen Klippen und Felskuppen dem Ufer zuhält. Um die Angst zu vertreiben, ruft einer: »A Song for The Captain and the ship!« Und zwölf Männer- und Frauenstimmen schmettern: »In the sweet bye and bye. - Tillah, tillah.« Auf der Woge werden wir zwischen Himmel und Wasser durch ein Chaos wütender Wellen vorwärtsgetragen. Die Felsen Pitcairns kommen wie eine Wand auf uns zu. Das Boot prescht am Landing Point, an der kleinen Mole aus Beton vorbei und setzt mit einem harten Schlag auf. Bei diesem Seegang ein phantastisches Manöver!

Das zweite Boot kommt etwas schräg und wird umgeschlagen. Auch die folgenden Boote landen naß.

Faszinierendes Pitcairn

Adamstown

»Welcome to Pitcairn« steht in großen Lettern am Bootsschuppen. Das ist keine höfliche Floskel, sondern der Ausdruck herzlicher Gastfreundschaft.

Wütend schleudert die See ihre Brecher gegen die Kaimauer und die Gischt wird hoch, bis an die Spitze eines Ladebaums gespritzt. Es herrscht ein Höllenlärm an der Mole, und es regnet. Dennoch haben sich die Bewohner von Adamstown den schlüpfrig-schlammigen Weg hinabbegeben, um uns zu begrüßen. »Wut a way you?« (How are you) ruft es aufgeregt. Jung und alt umringen uns. Als die Boote verzurrt sind, gehen wir eine steile Straße hinauf, die oberhalb der Bounty Bay zu einem Plateau führt. Hier liegt Adamstown, wo sich das Leben der Pitcairner abspielt. Die Siedlung ist nach dem Meuterer John Adams benannt worden. An einem etwa 800 m langen Weg reihen sich die sauberen, meist hell gestrichenen Holzhäuser. Als kleine Transporthilfe für Menschen, Material und Waren hat Pastor Thurman 1983 die ersten dickreifigen drei- und vierrädrigen Motorräder per Schiff kommen lassen. Ideale Fahrzeuge in diesem Schlamm! Wir kommen sogar an einem kleinen Supermarkt vorbei, der seit 1967 besteht. Im Zentrum von Adamstown befindet sich der Dorfplatz mit dem Postamt, dem Sekretariat, der Kirche und dem Gerichtsgebäude, dessen Saal für Veranstaltungen, Feste, Filmvorführungen und sonstiges verwendet wird - nur nicht für Gerichtsverhandlungen. Auf dem Dorfplatz ist auch einer der *Bounty*-Anker zu sehen, den Luis Marden etwas außerhalb der Bounty Bay aus 20 m Tiefe geborgen hatte. Das war vor 35 Jahren, und Tom Christian, Ur-Ur-Ur-Enkel von Fletcher Christian, half ihm dabei.

Die Gebäude sind von Frangipani- und Hibiskussträuchern eingerahmt, dahinter wuchert urwaldähnlich dicht die Vegetation. Ich stelle mir vor, wie alles farbenprächtig blühen würde, und der Ort vom schweren Duft der Blüten erfüllt sein müßte, schiene jetzt die Sonne. Doch es regnet Bindfäden, und vom hängenden Blattwerk perlen dicke Tropfen. Selbst bei diesem Wetter ist Pitcairn ein schöner Ort, der Gastlichkeit und behagliche Ruhe ausstrahlt. Ich schaue hinüber zu den Government hostels: Schicke weiße Häuser stehen dort, eines auf Pfählen. Am Fuße der Felsen biegen sich windzerzauste Kokospalmen und dann darüber, im Nebel, mehr zu ahnen als zu sehen: »Christians Höhle«. In dumpfer Schwermut hatte der Meutererführer oben in dem versteckten Felsausguck viele Tage vieler Monate verbracht und über die unendliche Weite des Ozeans geschaut. Er wird voll Heimweh an England und voll Gewissensnot an die Meuterei gedacht haben... Wie aus tiefstem Abgrund taucht die Vergangenheit auf: Entdeckung, Paradies und Hölle, Mord und Vergebung, dann die liebenswerten Menschen. Oh, was für ein Eiland! Die Atmosphäre aus Einsamkeit, Verlassenheit, Mystik, Glauben und Hoffnung packt den Besucher und schlägt ihn in den Bann.

Der Sturm heult und jagt Nebelfetzen über Bergspitzen von 300 m Höhe. Und er rüttelt dich, und er bringt dich in das Jetzt und Hier zurück.

»Seid ihr die Pitcairn Avenue gut raufgekommen?« empfängt uns Jay Warren vor dem Gerichtsgebäude und schaut auf die Lehmfladen an unseren Schuhen. Jay - auf der Insel spricht man sich nur mit dem Vornamen an - ist der Bürgermeister. Ein rundlicher Mann mit rundem Gesicht und schwarzem, auffallendem Oberlippenbart. Ich schätze ihn auf 35 Jahre. Er steckt in einem Bounty-T-Shirt, Bermuda-Shorts und Turnschuhen. Die Frische des stürmischen Regentages kann ihm nichts anhaben. Ohne Umschweife erzählt uns Jay, was sich so alles in den letzten Jahren auf Pitcairn ereignet hat: Da entdeckte Steve Christian vor 20 Jahren ein Geschützrohr der *Bounty* in der See, seit 1985 gibt es eine Telefonverbindung mit der Außenwelt. Vorher konnten sich die Pitcairner nur über Morsezeichen bemerkbar machen. »Ja, und seit März dieses Jahres haben uns die Briten Satelliten-Kommunikation installiert. - Tom, unser Funker, muß sich umstellen.«

Gerade knattert eines der ominösen Motorräder vorbei. »Das sind übrigens die 'schnellen Gelben' aus Japan, eine echte Landplage, wenn sie nicht so praktisch wären«, sagt Jay amüsiert. Wir begeben uns in Richtung Kirche, während Jay berichtet, was ihm gerade in den Sinn kommt: »Das Tollste ereignete sich 1986. Da warf die neuseeländische Luftwaffe eine Planierraupe ab. Die Baumaschine hing am Fallschirm und landete genau da, wo wir sie haben wollten. Es war das einzige Mal, daß wir auf Pitcairn Luftpost bekamen!«

»Und was macht das Landebahnprojekt?« frage ich.

»Liegt auf Eis. Eine Hälfte unserer Bewohner ist dafür, die andere dagegen. Sicher, die Abgeschiedenheit ist oft lästig und manchmal lebensbedrohlich, wenn es um Hilfe in Notfällen geht. Dennoch, die Ruhe sollte uns mehr wert sein. Immerhin, das Für und Wider teilt die Gemüter. Eine Landebahn auf dem Plateau nimmt zuviel Ackerland. Tom will die Piste auf Pfähle ins Meer bauen... Es ist halt ein Konflikt zwischen Konservativen und Progressiven.«

»Wieviel Menschen leben auf Pitcairn?« »Derzeit 58 und 12 Besucher aus Neuseeland und Norfolk, dann Wissenschaftler aus den USA.«

»Ist das eine ideale Bevölkerungszahl?«

»Zuwenig junge Männer für die schweren Arbeiten und den Fischfang«, sagt Jay. »Rund 120 Menschen wären gut, bei einem ausgeglichenen Verhältnis von Männern zu Frauen. 1936 waren wir noch 200, das war zuviel.«

Jay spricht über das größte Ereignis der Insel, den 200. Geburtstag Pitcairns. Sondermarken wurden gedruckt, und Königin Elisabeth II. lud den damaligen Inselbürgermeister Brian Young mit seiner Frau Kari nach England ein. »Was die später aus London zu berichten wußten, einfach unglaublich!« meint Jay.

Erst jetzt fällt mir auf, daß sich fester Boden unter den Füßen befindet. Der Marktplatz ist betoniert. Unter den vielen Plätzen und Piazzas, die ich bisher betrat, nimmt der in Adamstown eine besondere Stellung ein. Nach grundlosen, schlüpfrigen Pfaden plötzlich ein festes Fundament unter den Füßen, das schafft Vertrauen und stimmt feierlich, so wie das Betreten der Kirche.

Die Kirche besteht aus einem weißen, nüchternen Raum, der mit mehreren Bankreihen versehen ist. Jay geht voran, und wir schauen uns in dem kleinen Adventisten-Gotteshaus um. Auf dem Altar das »Heiligtum« der Gemeinde: die *Bounty*-Bibel.

Aufgeschlagen liegt sie da, die Seiten sind vergilbt und abgegriffen. Es ist der Psalmenteil, der zu sehen ist, und ich bin sicher, daß er Fingerabdrücke von Bligh, Christian und vor allem von John Adams trägt.

Das Bethaus ist jetzt leer. Später wohne ich einem Gottesdienst bei, und ich habe noch nie eine Gemeinde so andächtig beten, so hingebungsvoll singen und so aufmerksam den Worten Pfarrer Ferrets lauschen sehen. Die Kirche ist auch ein Ort der Aussprache, Sorgen und Kümmernisse werden erörtert, so daß Rat und Hilfe erteilt werden können. Eine Kirche als wirklicher Ort der äußeren und inneren Begegnung! Und wie halten es die Pitcairner mit den strengen Vorschriften des täglichen Lebens? Die Keuschheit vor der Ehe wird ernst genommen, wenngleich der »heimliche Gang in den Busch« unter Liebespaaren schon einmal vorkommt. Alkohol ist tabu. Kaffee und Tee werden in geringen Mengen konsumiert. Obwohl der Nikotingenuß verboten ist, gesteht Meralda, daß es zehn Raucher auf der Insel gibt. Die Insulaner sind auch keine strengen Vegetarier. Da Hühner und Ziegen gehalten werden, außerdem Versorgungsfrachter viermal im Jahr Fleisch in Form von Corned Beef und das Meer Fisch liefert, ist der Tisch nicht nur mit Grünfutter gedeckt.

Im Gegenteil, wir sollen noch erleben, daß Essen und dessen Zubereitung eine der Lieblingsbeschäftigungen der Pitcairner ist. Und manchem sieht man an, daß es schmeckt! Aber man lebt gesund auf Pitcairn, und das wird nicht zuletzt an der abwechslungsreichen Nahrung liegen. Die durchschnittliche Lebenserwartung liegt um 75 Jahre. Andrew Young ist im letzten Jahr mit 88 gestorben. Glynn Warren, 87, und die mehrfache Urgroßmutter Milli Christian, 92-jährig, erfreuen sich bester Gesundheit. Die Meuterernachkommen sind ein gesundes, robustes Geschlecht. Allerdings steht es mit der medizinischen Versorgung nicht zum Besten: Für die Periode von drei Jahren entsenden die Adventisten aus den Vereinigten Staaten einen Pastor, dessen Frau als Krankenschwester ausgebildet ist. Einen Arzt gibt es auf der Insel nicht. So kommt es vor, daß die Krankenschwester eine Notoperation durchführt, während sie ärztliche Instruktionen aus Neuseeland übers Telefon erhält. Eine Blinddarmentzündung könnte tödlich enden. Das nächste Krankenhaus auf Tahiti ist 2000 km entfernt.

Der kleine Behandlungsraum ist eine saubere Stube ohne großartige technische Apparaturen. Von einem Vorhang abgetrennt steht ein Lehnstuhl, mit einer altmodischen Bohrsäule. Beides dient der Zahnbehandlung. Seit ein paar Jahren weilt ein Arzt für zwei, drei Monate auf der Insel, und der Bürgermeister meint, daß die Bürger ihre Krankheiten »gefälligst« in diese Zeit legen möchten.

Wir verlassen die Kirche und kommen an Steve Christians Haus vorbei. Es ist ein solides, auf Stein gemauertes Gebäude, das er sich mit seiner Familie baute, nachdem seine Wellblechhütte vor fünf Jahren ausbrannte. Nun liegt der arme Kerl mit gebrochenen Rippen im Sanbereich draußen auf Reede. Wir erzählen Jay Warren von dem Unfall, der meint: »Steve ist ein harter Brocken, das haut ihn nicht um!«

Nach einem kleinen Ortsrundgang stehen wir vor Jays geräumigem Holzhaus mit mehreren Zimmern. Wir werden zum Eintreten aufgefordert. Es ist gut, ja fast modern eingerichtet. Bequemes Mobiliar befindet sich in Wohn- und Schlafräumen;

Koch- und Backherd mit Kühlschrank in der Küche. Der Komfort erstaunt. Ich hatte mit spartanischer Einfachheit gerechnet. Im Haus duftet es nach würzigen Speisen.

»Über Pitcairn gibt's noch viel zu erzählen. Woll'n uns erst einmal stärken«, meint Jay. Am großen Eßtisch nehmen Meralda und Jays zum Verwechseln ähnlich aussehender Bruder Reynold Platz. Wir fühlen uns durch die Gastfreundschaft der Familie wie zu Hause. Zum Abendessen werden wir mit einer großen Auswahl an Fisch und Gemüsen verköstigt. Nola Warren drängt, doch etwas mehr von der frischen Kokosnußcreme und dem gebackenen Fisch zu probieren. Klaus labt sich unterdessen am »Pitcairn-Pfannkuchen«, bestehend aus gemusten Bananen, die in Arrow-Wurzelmehl gewendet und fritiert wurden. Ich kann von dem Ananaspudding nicht genug bekommen. Glynn Warren und Kay Brown, der Dorfpolizist, mangels Vorkommnissen in Ermittlungen noch nie im Dienst gewesen, gesellen sich an die Tafel. Neue dampfende Schüsseln werden aus der Küche getragen: Huhn mit Mais und natürlich halbierte Brotfrüchte. Zum Trinken gibt es kannenweise Fruchtsäfte.

»Weiß Gott, ich glaub's, Essen ist eure Lieblingsbeschäftigung«, stöhnt Klaus, dem schon die Augen übergehen.

»Na klar«, sagt Jay mit vollem Mund, »bei uns gibt es zwei warme Mahlzeiten täglich. Brunch zwischen 11 und 12 Uhr, wenn alle von der Feldarbeit zurückkommen, und um 19 Uhr die Abendmahlzeit, die oft gemeinschaftlich eingenommen wird. Die Leute erscheinen mit gefüllten Körben und Flaschen beim Nachbarn. Jeder steuert zum geselligen Supper etwas bei.«

»Ein Verdauungsschnaps täte mir jetzt gut«, sagt Klaus. Ich stoße ihm in die Rippen, die Warrens schauen entsetzt auf. Die Tür geht auf und Pastor Ferret steht im Raum. »Pastor«, ruft Jay, »hilf uns, wir haben einen Alkoholiker am Tisch!« Alles lacht. Ferret trinkt ostentativ ein Glas Saft, setzt ein strenges Gesicht auf und spricht: »Vor vielen Jahren verschlug es den Kapitän eines Schoners nach Pitcairn. Rasch bekamen die Leute heraus, daß er dem Alkohol zugetan war und keinen Hehl daraus machte. Der damalige Bürgermeister sprang während einer Predigt von seiner Bank auf, rannte in den Mittelgang, warf sich dort flach auf den Boden, streckte die Arme vor und bat Gott mit Donnerstimme, er möge den Kapitän zum Abstinenzler machen. Der Seemann eilte nun seinerseits in den Mittelgang, legte sich ebenfalls lang hin und flehte laut: »Verstehe auch mich, lieber Gott, einen schwachen Mann, schicke mir noch eine Kiste Whisky, denn die, die ich mitbrachte, ist nun leer.« in der Kirche entwickelte sich eine lebhafte Gebetsdiskussion...

Eine Woche später passierte ein Dampfer die Insel, und der Kapitän bekam eine Kiste Whisky an Land gebracht. Der Bürgermeister hätte nach den Vorschriften einschreiten können, doch er erklärte: »Ich verurteile die Handlungsweise des Kapitäns, der offenbar ein teuflisches Bedürfnis nach Alkohol hat. Aber er muß mit seinem Gewissen ausmachen, was für ihn richtig oder falsch ist.« - Was sagt uns die Geschichte? - Auf Pitcairn ist man konsequent und tolerant zugleich. Tolerant im Umgang mit Gästen, konsequent gegen sich selbst. Klaus schaut betreten in sein Fruchtsaftglas.

»Die Inselbewohner sind keine religiösen Fanatiker«, sagt Ferret, »und wir legen

Wert auf die Feststellung, daß der Siebenten-Tags-Adventismus nicht so starr und orthodox ist, wie es landläufig heißt. Allerdings ist das Bewußtsein für eine gesunde Lebensweise sehr ausgeprägt. Und es besteht sicher ein Zusammenhang zwischen dem gesunden Leben und dem geringen Krankheitsaufkommen.«

In der medizinischen Zeitschrift »Physis« veröffentlichte eine Gruppe deutscher Ärzte eine interessante Studie über die Menschen auf Pitcairn. Es wurde festgestellt, daß die Bevölkerung eindeutig weniger anfällig ist, und somit eine Reihe Krankheiten seltener vorkommt im Vergleich zu anderen Bevölkerungsgruppen der Erde. Nach zwei Jahrhunderten der Inzucht stellt sich ein unterdurchschnittliches Vorkommen genetischer Defekte ein. Besonders verblüffend ist die geistige Gesundheit der Pitcairner. Es gibt keine Psychosen. Der Selbstmord ist unbekannt, ebenso Entfremdung. Eifersucht, Habgier, Generationskonflikte sind äußerst selten. Es gibt keine Verbrechen. Das ist um so erstaunlicher, wenn man die blutigen Konflikte der frühen Inselgeschichte vor Augen hat. Der Sabbat ist den Pitcairnern heilig. Jegliche Arbeit hat zu ruhen. Glynn Christian [*] beschreibt den Feiertag: »Der Sabbat auf Pitcairn ist ein großartiger Tag voller Freude und Entspannung. Es ist ein Tag der Familie und eine Einrichtung, die das Gemeinwesen zusammenhält und die Familie intakt sein läßt.« Das hört sich alles nach einer rundum heilen Welt an. Ganz so ist es nicht, berichtete Irma Christian: »Es gibt auch Jugendliche, die gegen den regelmäßigen Kirchgang, ja den christlichen Glauben ganz allgemein, opponieren. Sorgen macht auch das Abwandern der männlichen Jugend zwecks besserer Ausbildung nach Neuseeland. Meist kehren sie nicht mehr zurück.«

In der Tat hat Pitcairn eine kritische Bevölkerungsuntergrenze erreicht. Insbesondere fehlen seetüchtige Insulaner für die großen Fischerboote. Wenn nur noch zehn Männer die Insel verlassen, können die Boote nicht mehr besetzt, schweres Gut nicht mehr transportiert werden, und die harte Feldarbeit würde dann ungleich auf Frauenschultern ruhen.

Glynn stellt fest, was gern übersehen wird. »Pitcairn ist heute isolierter als vor hundert Jahren! Noch um 1960 kamen in regelmäßigen Abständen Frachter und Passagierdampfer an der Insel vorbei, und wir konnten im Abstand von durchschnittlich zwei Wochen gut versorgt werden. Seit Containerschiffe an der Insel vorbeirauschen, gab es Zeiten, da ankerte nur noch ein Schiff pro Jahr. Zum Glück hat der Gouverneur, der auch Britischer Hochkommissar für Neuseeland ist, verfügt, daß vier Dampfer pro Jahr Pitcairn anzusteuern haben. - Selbst das reicht nicht.«

Die Isolation und die Angst vor Unfällen, beides sind weitere Gründe für die Inselflucht der Jugend. Hinzu kommen die unbändige Neugierde auf die Außenwelt, ein vermeintlich bequemes Leben im Reichtum. Wer begabt ist, wird nach der Grundschule auf Pitcairn für eine weiterführende Schule in Neuseeland vorgeschlagen. Das bedeutet Trennung vom Elternhaus für mindestens vier Jahre. Vom anderen Lebensstil gefesselt, kehrt kaum jemand auf seine Insel zurück. »Es sind die Besten, die uns verlassen«, klagt Glynn. Glynn Christian ist Mitarbeiter des britischen Fernsehens

[*] Glynn Christians Äußerungen sind Wiedergaben aus: »Breadfruit, Buccaneers and the Bounty Bible« von David Marshall, Grantham, 1989, Seiten 130-150.

und meist in London. Für Pitcairn ist er eine Art Botschafter. Er möchte, daß sich die Insel regeneriert, moderne Technik eingeführt wird, ohne aber dafür traditionelle Familien- und Gemeinwerte aufs Spiel zu setzen.

Ob das gelingt? Er möchte die Kommunikation mit der Außenwelt verbessern, stabilere Häuser, Be- und Entwässerungssysteme bauen lassen und die zur Zeit angebauten Getreidearten und Feldfrüchte durch solche ersetzen, die gegen Schädlinge resistenter sind. Das kostet natürlich alles viel Geld. Und Geld ist knapp auf Pitcairn. Die Einnahmequellen dürftig: Einmal wird etwas durch den Verkauf von Souvenirs auf den großen Schiffen eingenommen, dann bringen die Schrift »Miscellany« und Spenden etwas in die Kasse.

Der »Pitcairn Miscellany« ist die ungewöhnlichste Zeitung, die ich kenne. Sie erscheint einmal im Monat. Ein Jahresabo kostet fünf US-Dollar, einschließlich Versandkosten. Mit verspäteter Zustellung muß gerechnet werden. Die Leserschaft setzt sich aus einigen tausend weltweit zusammen. Die Philatelisten freuen sich besonders auf die Verpackung, weil auf ihr die begehrten Pitcairn-Briefmarken kleben. Die Briefmarken sind übrigens die wichtigste Einnahmequelle der Inselgemeinschaft. Die Marken werden im »Mutterland« Großbritannien gedruckt und in Pitcairns eigenem Postamt gestempelt und versandt. Das Postamt ist nach der Kirche das wichtigste Gebäude am Marktplatz von Adamstown!

Künftig sieht Glynn noch eine weitere Einnahmequelle: In der Nähe von Pitcairn liegt die Insel Henderson, das letzte unerforschte Korallenriff. Eine dort errichtete Forschungsstätte für Ozeanographie könnte den Insulanern manche »Träume« finanzieren.

Auf Henderson wächst übrigens das harte, edle Micro-Holz, aus dem die Männer Fische, Seeschildkröten und das schöne *Bounty*-Modell schnitzen. Auf dem Sideboard der Warrens steht so ein aufgetakeltes Modell. Es wird auf den Dampfern für rund 100 DM verkauft...

Die Tür wird aufgerissen, mehr vom Sturm als von dem Mann, der da erscheint. Er ist mittelgroß, Ende fünfzig und trägt krauses, kurzgeschnittenes Haar. Tom Christian, der Inselfunker, tritt ein. »'Clif' dreht bei, wahrscheinlich kriegen wir nur die Ausläufer mit«, sagt er. Dann wird's der Kapitän mit der Weiterfahrt nicht so eilig haben, denke ich.

Tom schüttelt jedem die Hand und setzt sich zu uns. Er ist ungemein sympathisch, fast weltmännisch in seiner Art. Außerdem spricht er ausgezeichnetes Englisch. Das hat seinen Grund: Tom »korrespondiert« in der Radiostation mit der ganzen Welt. Auch mit Deutschland. Jeden Sonntagmorgen spricht er zum Beispiel schon in aller Frühe mit Frank Lohrmann aus Heubach. Da hat sich zwischen den beiden Funkern über die Jahre eine tiefe Freundschaft entwickelt.

Man merkt Tom an, daß er sich riesig über Besuch freut. Schon manches Mal hat er Inselgäste in seinem Haus beherbergt. Es steht etwa 200 m vom Dorfplatz entfernt. Wenn seine Familie komplett ist, leben dort Betty, seine Frau, und seine vier Töchter.

Die Familie ist weitgereist. 1990 war sie anläßlich des Weltkongresses der Siebenten-Tags-Adventisten in Indianapolis, wo 50 000 Delegierte und Gäste zusammengekommen waren. Den Christians mit dem berühmten Namen galt das Hauptinteresse auf dem Kongress. Und als Repräsentant aufzutreten, war für Tom eine spannende Erfahrung.

Einige Tage später ging es weiter nach Europa und Deutschland, mit Stationen in Köln, Düsseldorf, Hamburg, Berlin, Leipzig und München, wo es ein Kennenlernen und Wiedersehen mit lieben Freunden wie Frank Lohrmann, Judith Schultheiß, Reinhard Stegen und vielen, vielen anderen gab...

Der Abend und die Nacht würden nicht reichen, wenn Tom all die Erlebnisse der letzten Jahre erzählen würde: Oft gefährliche Situationen beim Hochseefischen, der schmerzliche Abschied seiner Eltern, die 1965 die Insel verlassen haben. Heute ist er darüber hinweg und würde auf der freien Fläche, wo einst das Elternhaus stand, am liebsten einen Tennisplatz anlegen. Und dann die Bedrohung von außen vor 20 Jahren, als die Pitcairner mit den Auswirkungen der französischen Kernwaffen-Tests auf Mururoa, einem knapp 1000 km entfernten Atoll, konfrontiert wurden. Ein britisches Kriegsschiff lag damals auf Reede, um die Menschen im Notfall zu evakuieren. Auch die Zeit mit Luis Marden ist ihm in guter Erinnerung. Marden weilte für »The National Geographic Magazine« mehrere Monate auf Pitcairn und brachte Tom das Tauchen bei. Neben eisernen Ballastblöcken, Beschlägen aus Messing, Nägeln und Kupferblech vom Schiffsrumpf wurden ja einer der *Bounty*-Anker und eine Kanone geborgen. Das Geschütz ziert Len Browns Garten als Blumenvase.

Vor gar nicht so langer Zeit brach es Betty fast das Herz, als ihre Töchter Jackie und Raelene die Heimat verließen, um in Neuseeland zu studieren. Ob sie jemals wiederkommen?...

Vom Meer umtost

Am nächsten Morgen treffe ich Neal Oppen. Er wird erst in den nächsten Tagen nach Henderson segeln. Wir beschließen, einen Inselrundgang zu unternehmen. Zum Glück regnet es nicht mehr, aber der Sturm faucht noch gewaltig. Während wir an den letzten Häusern vorbeigehen, sage ich: »Von den Menschen und ihrer Insel hatte ich mir ein ganz anderes Bild gemacht. Irgendwie einfacher, rückständiger.« »Das geht allen so. Man hat eine falsche Vorstellung. Der Unterschied zu unserem Leben ist nicht groß, wie du gesehen hast. Die Energieversorgung stellen beispielsweise Dieselgeneratoren sicher. Und da die meisten Häuser mit Kühlschränken, Gefriertruhen und Elektroherden ausgestattet sind, laufen noch private Notstromaggregate mit. Man sieht es an den kastenförmigen Anbauten an den Häusern.« Neal fährt fort: »Auch von Organisation, Institution und Bürokartie ist Pitcairn nicht ganz frei: Die meisten Einwohner stehen in Regierungsdiensten und erhalten ein monatliches Gehalt. An erster Stelle steht Jay Warren als Chief Magistrate oder Bürgermeister, dann kommen die Ratsmitglieder. Olive Christian ist Verwaltungsbeamtin und Sekretärin, Dennis Christian Postamtsleiter, Kay Brown, Nig genannt, Polizist, und so weiter... Es gibt sogar einen Straßenfeger. - Steuern zahlt niemand auf Pitcairn.«

»Erstaunlich, wie ordentlich die Bewohner gekleidet sind.«

»Westlicher Lebensstil, nicht ganz die letzte Mode, außerdem läuft man am liebsten barfuß, aber immerhin.«

»Ich hab Bildschirme gesehen. Was wird empfangen?« »Sie haben Video, manchmal mehrere Recorder und Bildschirme übereinander. Wurde alles auf den Schiffen eingetauscht.«

»...und es wird mit Motorrädern herumgeknattert«, sage ich.

»O ja, mittlerweile gibt es über 30 Stück davon auf der Insel. Man kann von regem Verkehr auf den 15 km Straßen und Wegen sprechen. - Auf Pitcairn ist die Zeit nicht stehengeblieben.«

Der alte Glynn Warren ist auch schon wieder auf den Beinen. Er hat eine Hacke geschultert und strebt seinem Garten zu, wo er ein Süßkartoffelbeet von Unkraut säubern will. »Hei dear«, ruft er freundlich.

»Browns Water vor uns ist ein parzelliertes Gartengebiet aus der Zeit der Meuterer. Der Gärtner William Brown hat es angelegt. Die Familien bearbeiten ihre Gemüsegärten selbst, ansonsten herrscht Gemeinsinn: Honig, den der Förster Reynold Warren zusammenträgt, wird auf alle Familien gleichmäßig verteilt, wie der Fischfang. Auch die gemeinschaftliche Arbeit, was hier »public work« genannt wird, ist ein Ausdruck für die soziale Wirtschaftsform.«

Das Leben spielt sich auf engem Raum ab, denn der überwiegende Teil der ohnehin nur 4,5 qkm kleinen Insel ist schroff und nur schwer zugänglich. Hinter den Häusern beginnt die Wildnis. Aber eine »sanfte« Wildnis, ohne wilde oder giftige Tiere.

Der Weg zur Höhle, als Christian's Cave bekannt, ist alles andere als ein Spaziergang! Er führt durch dichten Wald bis an eine steile Felswand. Die Höhle liegt etwa 100 m höher. Um sie zu erreichen, muß man klettern, das ist nicht ganz ungefährlich, aber der Mühe wert. Wir genießen den Ausblick über das Meer, über die Insel und das Bergdorf. Es ist still und schön. So weit weg sind Hektik und Betriebsamkeit der anderen, so fernen Welt. Es ist das Gefühl, auf der ersten Himmelsstufe zu stehen. Weit draußen, vor der Bucht, erkenne ist drei Langboote. Ob die Männer fischen? Bei dem Seegang? Die Pitcairner gehören zu den besten Seeleuten der Weltmeere, und das Fischen auf hoher See ist ihre Leidenschaft. Eine abenteuerliche Leidenschaft in dem tückischen Ozean! Bei der Ernährung spielt Fisch eine wichtige Rolle auf Pitcairn. Man fischt entweder direkt an den Felsen, meist Krebse, Langusten, Hummer und auf offener See Haie, Thunfisch und Barrakudas. In letzter Zeit setzt sich das Fischen mit dem Speer als Unterwassersport immer mehr durch.

Wir lassen uns in der Höhle auf dem Gestein nieder, jeder hängt seinen Gedanken nach. Natürlich kommt mir Fletcher Christian in den Sinn, ist er doch hier oben in Depression verfallen, halb in Furcht, halb in Hoffnungslosigkeit... Die schäumende See ruft aber auch einen Bericht Roy Clarks in mir wach. Roy führte bis in die sechziger Jahre ein sehr genaues Tagebuch über alle Inselvorkommnisse. Und weil er so gut informiert war, nannte man ihn »Das Archiv«.

»Die Langboote hatten früh morgens, drei Seemeilen von Land, einen Frachter besucht und ruderten zurück in die *Bounty* Bay. Wir hatten uns am Bootsschuppen eingefunden und warteten auf die Ankommenden, da wurde uns auf einmal klar, daß sich etwas Unheimliches ankündigte. Die Atmosphäre war wie elektrisch geladen. An den großen, schwarzen Steinen am Ufer war merkwürdiges Saugen und Schmatzen zu hören. Das Geräusch wurde immer lauter. Ein irres Sausen steigerte sich dermaßen, daß wir schreien mußten, um uns zu verständigen. Dabei zog sich das Meer aus der Bucht zurück, und zwar sprungartig in mächtigen Schüben. Der vordere Teil der Bay war trocken - wie noch nie zuvor. Tangbänke lagen da wie Teppichstapel, Tausende von Krebsen huschten in Deckung. Tintenfische klammerten sich mit langen Fangarmen an Felsbrocken... Eine phantastische Szene! Angst um unsere Verwandten in den Booten überkam uns. Wir wußten jetzt, daß vom Meer her eine Springflut im Anrollen war. Wir sprangen auf das Dach des höchstgelegenen Bootsschuppens und versuchten, unseren Leuten in den Booten durch wildes Winken Zeichen zu geben. Ob man uns verstand, wußten wir nicht. Da Pitcairn in früheren Jahren schon von zwei Springfluten heimgesucht worden war, konnten sich einige Bewohner ausmalen, was geschehen würde. Die beiden ersten Flutwellen waren durch Seebeben verursacht worden, die etwa 500 sm nördlich von uns stattfanden. Als sie die Insel erreichten, hatten sie eine Höhe von rund 15 m. Damals waren jedoch keine Boote auf See, und die Männer, die gerade unten am Schuppen arbeiteten, konnte sich nach »The Edge«, einem höheren Punkt, in Sicherheit bringen und ergriffen beobachten. Etwa 20 Minuten, nachdem alles Wasser aus der Bucht verschwunden war, kam der Vorläufer der Flut, ein grauer mächtiger Wasserteppich, der sich erstaunlich langsam über die leere Bucht ausbreitete und bis zum höchsten Schuppen stieg. Der Teppich zog sich donnernd zurück, und dann erblickten sie die eigentliche Springflut. Sie rückte wie eine Wand heran und wuchs und wuchs. Eine Frau schrie, daß nun der jüngste Tag gekommen sei.

Beängstigender als das Donnergetöse war der Anblick des Mahlstroms. In ihm wirbelten Felsbrocken und Balken wie Kieselsteinchen und Streichhölzer umher. Wie konnte sich dieser gigantische Wasserfall aufgebaut haben? Da stürzte er sich auch schon über Küste und Insel. Der Grund Pitcairns erzitterte wie bei einem Erdbeben. Büsche, Bäume, die Bootshäuser wurden fortgerissen. Das Ganze dauerte nur wenige Minuten, doch die Bucht glich hernach einem Schlachtfeld. Ein solches Chaos könnte keines der Longboats da draußen überstehen...

Und jetzt? Eine Viertelstunde nach der unglaublichen Ebbe kamen unsere Boote so nahe an die Insel heran, daß wir die Männer deutlich sehen konnten. Sie hatten die Gefahr erkannt und ruderten aus Leibeskräften, bis sie in der wasserleeren Bucht aufsaßen. Sie mußten auf den Vorläufer warten. Dann kam er. Es sah aus, als erhöbe sich der Horizont. Man glaubte, der ganze Stille Ozean wollte sich gegen die Insel wälzen. Wie mußten sich die Männer in den Booten fühlen? Hinter ihnen stand das Wasser wie eine hellgrün leuchtende Glasmauer. Würde schon der Vorläufer die Boote am Felsen zerschmettern? Jetzt hatte der erste Brecher die Männer erreicht und hob sie fünf Meter empor. Ihre Boote standen lotrecht in der Wasserwand, dann aber ritten sie auf den Wellenrücken in rasender Fahrt der Bucht zu.

Wir rannten ihnen entgegen, dicke Taue in den Händen, deren hintere Enden oben um Felsen geschlagen worden waren. Das Wasser ergoß sich über uns, wir fühlten den ungeheuren Sog an unseren Körpern. Doch wir hatten nur einen Gedanken: die Taue festhalten, was auch immer geschah. Wir schwammen in weiß-schäumenden Wirbeln umher. Zwei Boote kenterten und wurden gegen schwarze Felsen geschleudert. Ein drittes wurde wie eine Nußschale hinauf ins Buschwerk geworfen. Irgendwie gelang es uns, die Taue zu befestigen. Wir klammerten uns daran fest und halfen anderen, den Strohhalm zu ergreifen. Hustend, stöhnend, dem Ertrinken nahe, zogen wir uns aus der Umklammerung des Meeres. Das Meer wich zurück, und wir rannten und stolperten um unser Leben... den schlüpfrigen schmalen Pfad hinauf. Es regnete jetzt, und ein giftig-gelber Dunstschleier erfaßte die *Bounty* Bay. Steuermann Parkin Christian schaute sich immer nach seinem Boot um, das es längst nicht mehr gab.

Dann kam der Ozean. Bäume knickten, Felsen stürzten zusammen, Erdlawinen rasten neben uns zum Strand hinab. Der Untergrund der Insel bebte wie in Krämpfen. Ich sah jetzt nichts mehr. Ich lag mit dem Gesicht im Schlamm, war von einer halben Tonne Lehm begraben worden. Als man mich freigebuddelt hatte, erzählte man mir, daß die Flutwelle über 20 m hoch gewesen sei. Bootshäuser, Anlegesteg, Boote, alles war zu Kleinholz zersplittert.

Vier mächtige Felsbrocken hatten die Einfahrt der *Bounty* Bay versperrt. Aber wir waren alle mit dem Leben davongekommen. Viele Wochen später erfuhren wir, daß ein Seebeben zwischen Mangareva und Fatu Hiva die Springflut verursacht hatte. Ihre verheerende Wirkung war bis Japan und Alaska zu spüren gewesen.« [*]

»Woran denkst du?« fragt mich Neal plötzlich.

»Mir kam gerade Roys Bericht über die letzte große Springflut in den Sinn. Hast du davon gehört?« »Ja, muß wahnsinnig gewesen sein. Unglaublich, daß alle überlebt haben!« Wir schauen wieder aufs Meer.

»Merkwürdig«, sagt Neal nach einer Weile, »das Leben der Pitcairner ist vom Überlebenskampf auf See gekennzeichnet, aber du wirst sie kaum davon reden hören. Man spricht nicht von gefährlichen oder schlimmen Ereignissen. Das einzige ist, daß man den Plätzen und Orten der Insel Namen gibt, die an solche Ereignisse erinnern.«

»Kennst du Beispiele?«

»Die meisten liegen in den Fischgründen: »Headache« (Kopfschmerzen) ist eines. Drei Männer saßen im Kanu, um zu fischen. 'Ich habe so irre Kopfschmerzen, rudern wir lieber zurück', sagte einer. Bevor sie Adamstown erreichen konnten, war er tot. Oder »Where-Johnny-Fall« (Wo Johnny abstürzte). Ein Junge aus Mangareva kam zu Besuch und stürzte über eine Felswand ins Meer und starb. - »Big-Tree-To-Marae« (der große Baum beim Marae, dem Opferplatz) erinnert an einen Bestand von Banianbäumen in der Nähe von Adamstown. Wir wissen, daß vor der Ankunft der Meuterer Polynesier aus Mangareva auf Pitcairn weilten. Eingeborene, die Götterstatuen hinterließen, die wiederum von den mit den Briten ankommenden Insulanern verehrt wurden. Roh zugehauene Figuren sind heute noch in dem einstigen Opferhain »Marae« zu besichtigen. An der Stelle »Down Rope« finden wir auch

[*] Der Bericht Roy Clarks ist ähnlich auch in Falk-Ronnes Buch: »Paradies an Backbord«, C. Bertelsmann Verlag, Gütersloh, 1968, Seiten 195–198 nachzulesen.

geheimnisvolle Felszeichnungen: Speichenräder, undefinierbare Symbole, Abbildungen von Menschen... Wir können sie nicht deuten. Es wird vermutet, daß die präkolonialen Polynesier Pitcairns ihre halbfertigen Tikis nach Mangareva verfrachteten, um sie dort von Hohenpriestern ausformen und weihen zu lassen.«

»So hat sich Pitcairn wenigstens ein kleines Geheimnis bewahrt«.

Wir steigen die Felswand hinab. Bevor wir uns wieder nach Adamstown begeben, folgen wir einem Pfad, der an eine einsame Stätte mit einer aufrecht stehenden Felsplatte führt. Die Platte ist grau und roh behauen. »John Adams« steht darauf. Auf dem Rand einer kleinen Betonmauer liegt ein kleiner Blumenstrauß. Es ist das Grab des letzten Überlebenden der Meuterer. Ihm ist es zu verdanken, daß die Bewohner als intakte Gemeinschaft überlebt haben.

Im Dorf schlägt dreimal die Glocke. Gleich werden sich alle arbeitsfähigen Männer auf dem Dorfplatz zum »public work«, der Gemeinschaftsarbeit einfinden. Es geht um die Befestigung der morastigen Wege.

Just zur Einteilung der Männer erreicht uns Toms Funkmeldung, daß wir zurück aufs Schiff müssen. Frauen und Kinder begleiten uns an die Mole. Dort steckt man uns eine Menge Früchte zu und bereitet einen herzlichen Abschied. Im Aluminiumboot sitzt eine kleine Crew. Ein Mann wirft den Motor an. Wie es seit den letzten 180 Jahren allen Reisenden zukommt, ruft der Steuermann: »A song for the guests!« und von Land her singen alle: »In the sweet bye and bye...« Ich habe es noch heute im Ohr.

In einem Bogen gleiten wir aus der *Bounty* Bay. Möven kreischen in der Bucht. Die See rollt weiß schäumend heran, hebt das Boot und strebt den schwarzen wilden Felsen zu, wo sie sich donnernd entlädt. Bald ist die Küste entschwunden. Nur die hohen schwarzen Berge ragen wie ein Mahnmal aus Wasserwüste und Einsamkeit. Mich befällt Traurigkeit. Wie schön wäre es, das Leben und Treiben, die Menschen des verwunschenen Eilands näher kennenlernen zu können…

Anhang

Glossar

Ankerklüse: seitliches Loch am Bug, durch das die Ankerkette läuft.

aufentern: hinaufsteigen, besonders in die Takelage.

aufgeien: Zusammenziehen eines Segels nach oben an die Rah.

Außenklüver: Vorsegel.

Back: Vorderteil des Schiffes, aber auch Tisch.

Backbord: linke Schiffsseite (von achtern gesehen).

backbrassen: Rahsegel so drehen, daß der Wind von vorne einfällt und die Fahrt gebremst wird.

Bark: drei- oder mehrmastiges Segelschiff mit Rahsegeln, der hintere Mast trägt jedoch Gaffelsegel.

Barkasse: größtes Beiboot eines Kriegsschiffes.

Baum: Rundholz, an dem das Segel unten befestigt ist.

belegen: Tauwerk an Pollern oder Koffienägeln festsetzen.

Besan: der hinterste, nicht vollgetakelte Mast.

Besteck: Standort des Schiffes auf See.

Bootsmannsstuhl: Brett an zwei Seilen.

Bram: Bramsegel an der dritten Rah (Bramrah) von unten.

Brasse: Tau zum horizontalen Schwenken der Rahen.

Bug: der vordere Teil des Schiffes.

Bugspriet: über den Bug nach vorn ragende Stange (Spiere).

Dichtholen: Strammziehen von laufendem Gut.

Dingi: kleines Beiboot.

Drehbasse: leichtes, schwenkbares Geschütz.

Enterhaken: eiserner Haken an langer Stange.

Etmal: die von Mittag zu Mittag (in 24 Stunden) zurückgelegte Strecke.

Fall: Tau zum Heißen der Segel.

Fallreep: Strickleiter.

Fender: Stoßdämpfer, einst aus geflochtenem Tauwerk.

Fieren: Lockerlassen einer Leine.

Fockmast: der vorderste Mast.

Fregatte: leicht bewaffneter (20 bis 50 Kanonen), schneller Segler, in der Fotte als Aufklärer im Einsatz.

Fußpferd: Tau unter der Rah.

Gaffel: aufheißbare Spiere zur Befestigung eines Gaffelsegels.

Galion: balkonartiger Vorbau des Schiffsbugs.

Gangspill: Winde zum Aufholen des Ankers oder zum Einholen von Trossen.

Gangway: Steg von Bord zur Kaimauer.

Geitau: Leine zum Aufholen der Segel.

Gieren: ungewolltes Abweichen vom Kurs.

Glasen: Anschlagen der Schiffsglocke zur Angabe der Zeit.

Gordings: Taue zum Aufgeien von Segeln.

Gräting: hölzernes Gitterwerk.

Großmast: Hauptmast.

Großsegel: das unterste Segel (Groß) am Großmast eines Segelschiffs.

halsen: mit dem Heck durch den Wind auf den anderen Bug gehen.

Heißen: Hochziehen einer Flagge, eines Segels.

Hieven: Heißen einer schweren Last mit einer Winde.

hoch am Wind: in möglichst spitzem Winkel zur Windrichtung. (Rahsegler kamen maximal bis 60 Grad an den Wind).

Innenklüver: Vorsegel.

Jager: vorderstes Vorsegel.

Jakobsleiter: Strickleiter, Seefallreep.

Jolle: kleines Beiboot.

Kabellänge: Zehntel einer Seemeile = 185,3 Meter.

Kajüte: Wohnraum an Bord, meist für den Kapitän.

Kalfatern: Dichten der Nähte zwischen Schiffsplanken mit Werg und Teer.

kielholen: das Segelschiff seitlich trockenlegen oder eine schwere Strafe an Bord: Der Delinquent wurde an einer Leine unter dem Schiff durchgezogen.

Kielschwein: auf dem Kiel aufgesetzter Balken zur Verstärkung.

Kimm: Horizont.

Klüse: Öffnung an der Bordwand zum Durchführen der Ankertrosse.

Klüver: Vorsegel.

Koffienagel: Stift zum Belegen von Tauwerk.

Koje: Bettstelle.

Knoten: Geschwindigkeitsangabe (1 sm/h) oder jede lösbare Verbindung von zwei (Tau-)Enden.

Kombüse: Schiffsküche.

Krängung: Seitliche Neigung eines Schiffes.

Kreuzmast: hinterster Mast eines Vollschiffes.

kreuzen: auf Zickzackkurs gegen den Wind segeln.

Kurs: Himmelsrichtung, in die das Schiff fährt.

Kutter: Einmastiges Fahrzeug mit Gaffelsegel und Kriegsschiffbeiboot mit bis zu 14 Riemen.

Landfall: Sich dem Land nach längerer Fahrt nähern.

laufendes Gut: nicht feststehendes Tauwerk, mit dem Spieren und Segel bewegt werden.

Lee: dem Wind abgewandte Seite.

Legerwall: Küste, auf die der Wind steht: gefährlich für Segler.

lenzen: leerpumpen oder vor Topp und Takel bei Sturm vor dem Wind treiben.

Liek: Tau, mit dem die Ränder der Segel eingefaßt sind.

Log: Gerät zur Messung der Fahrt durchs Wasser.

Lot: Markierte Leine mit Bleigewicht.

Luv: dem Wind zugewandte Seite.

Maat: Unteroffizier.

Marlspieker: Spitzer stählerner Dorn zum Spleißen.

Mars: Plattform am Fuß der Marsstenge auf der Saling.

Marsrah: die Rah des Marssegels.

Messe: Speiseraum der Offiziere an Bord.

Midshipman: Offiziersanwärter, Seekadett.

Nagelbank: Balken mit Löchern zur Aufnahme der Belegnägel.

Niedergang: Treppe an Bord.

Niederholer: Tau zum Herunterholen von Segeln.

Nock: Ende eines Rundholzes.

Oberbesan: oberes Besansegel.

Palstek: Seemannsknoten.

peilen: Richtung zu einem Objekt feststellen.

Planke: Brett.

Plicht: Offener Sitzraum im hinteren Bootsteil.

Poller: Pfosten zum Belegen von Tauwerk.

pönen: anstreichen, malen.

Poop: Decksaufbau achtern.

pullen: rudern.

Pütz: Eimer.

Quarterdeck: Achterdeck.

Rahen: Querbäume an den Masten, an denen die Segel angeschlagen sind (diese hängen an eisernen Racks).

raumer Wind: Wind von schräg achtern.

Reffen: Verkleinern der Segelfläche.

Reling: Geländer.

Reinschiff: gründliche Schiffsreinigung.

Rigg: Takelage.

Royals: Segel über den Bramsegeln.

Ruder: Steuer des Schiffes.

Rudergänger: Mann am Ruder.

Rund achtern!: Kommando beim Halsen.

rundbrassen: Rahen herumschwenken.

Saling: Querschiffs an Mast oder Stenge angebrachte Stange zum Abspreizen der Wanten.

schamfilen: scheuern.

Schanzkleid: geschlossene Reling aus Holzplanken.

Schläge: Abschnitte des Zickzackkurses beim Kreuzen.

Schoner: Segler mit zwei und mehr Masten mit Schratsegel.

Schot: Bedienungsleine des Segels.

Schotten: Wände, die das Schiff in wasserdichte Bereiche unterteilen.

Sextant: nautisches Gerät zum Messen der Gestirnshöhe.

Sorgleine: Tau zur Sicherung.

Spiere: außer den Masten alle Rundhölzer der Takelage.

Spleißen: Tauwerk verflechten, Verbinden zweier Enden oder Herstellen eines Auges.

Stag: Tau zur Abstützung der Masten nach vorn und achtern.

Stagsegel: an den Stagen heißbare Dreieckssegel.

stehendes Gut: feststehendes Tauwerk, das die Masten und Spieren stützt.

Stenge: Verlängerung des Mastes nach oben (abnehmbar), zum Anbringen eines Toppsegels.

Steuerbord: rechte Schiffsseite.

Steven: Vorderkante eines Schiffes.

Strich: 32. Teil der Windrose: ein Kompaßstrich = 11 1/4°.

Stückpforte: Öffnung für das Geschütz an Bord.

Stütz!: Befehl für den Rudergänger, die Schiffsdrehung durch Gegenruder zu beenden.

Süll: Schwelle an Luken, Niedergängen und Schotten, die das Wassereindringen verhindern sollen.

Takelage: Gesamtheit der Masten mit Segeln und stehendem wie laufendem Gut.

Talje: Flaschenzug.

Tampen: kurzes Taustück, die beiden Endstücke eines Taus.

Tide: Gezeit.

Topp: Spitze eines Mastes.

Toppsgast: ein in der Takelage arbeitender Matrose.

Treibanker: Segeltuchsack, der im Wasser Richtung und Treiben des Schiffes beeinflußt.

Trosse: Fasertauwerk über 4 cm Durchmesser.

über Stag gehen: Wendemanöver, mit dem Bug durch den Wind gehen. Auch das Verrutschen von Geschirr.

Untersegel: die untersten Rahsegel (Fock, Großsegel).

Unterwanten: bis zum Mars führende, seitliche Stütztaue des Mastes.

verholen: Schiff an einen anderen Liegeplatz bringen.

Vollschiff: Segler mit drei und mehr rein rahgetakelten Masten.

Vormars: Mars des Fockmastes.

Vorsegel: die Stagsegel vor dem Fockmast: Vorstengestagsegel, Innenklüver, Außenklüver, Jager.

Vortopp: Spitze des Fockmastes, auch Fockmast mit seiner Takelage.

vor Topp und Takel lenzen: ein Schiff treibt ohne Segel bei schwerem Sturm (meist mit Treibanker).

Wanten: seitliche Stütztaue der Masten, sind untereinander durch Webeleinen zum Aufentern verbunden.

Wasserstag: Stag unter dem Bugspriet.

Webleine: als »Sprosse« dienende Querleine der Wanten.

Webleinenstek: Knoten, mit denen die Webleinen an den Hoftauen befestigt sind.

wenden: mit dem Bug durch den Wind gehen (schwieriges Manöver für Rahsegler).

Zeising: dünnes Tau zum Festzurren der Segel an den Rahen.

zurren: festbinden.

Geschichte, Tips und Informationen für Südsee-Reisende (Stand 1993)

Die Südsee ist das Traumziel vieler Europäer. Seit der Entdeckung Tahitis umweht die Inselwelt Ozeaniens ein Hauch des süßen Paradieses, der natürlichen Existenz und des sorglosen Genießens. Es gibt keine andere Region der Erde, die soviel Sehnsüchte und Erwartungen wachruft, wie gerade diese versprengten Eilande in einer Wasserwüste, größer als alle Kontinente zusammen. Mit der Südsee werden ewige Sonne, weiße palmenumsäumte Strände, üppige Blumenvegetation und exotische Naturschönheiten assoziiert. Was nun, wenn wir von horrenden Preisen, Umweltbelastungen infolge von Zivilisationsabfällen und Verseuchung durch Nuklearversuche, Drogenhandel, Kriminalität, Arbeitslosigkeit, Inselflucht und Armut hören?

Was erwartet den Reisenden wirklich? Weder nur das eine, noch ausschließlich das andere. Lösen wir uns von den einseitigen Zerrbildern. Alle erwähnten Phänomene sind anzutreffen. Man muß einfach diese Region der Erde bereisen, die Wirklichkeit aufnehmen, auf sich wirken lassen und sich ein persönliches Urteil bilden. Ich verspreche eine spannende, unvergeßliche Erfahrung! Als kleine Hilfe zur Vorbereitung auf eine individuelle Entdeckungsreise nach Ost-Australien, Tahiti, Moorea und Pitcairn sei das Wissenswerte kurz zusammengefaßt.

Geschichte

Vor mehr als 100 000 Jahren wanderten nach neuesten Forschungen bereits die Aborigines über Neuguinea nach Australien ein und bevölkerten, wenn auch nur sehr dünn, den gesamten Kontinent.

Um 200 n.Chr. fertigte ein griechischer Gelehrter eine Landkarte der damaligen Welt an. Südlich von Indien vermerkte er eine Landmasse »Terra Incognita«. Noch war diese Landmasse nur eine Vermutung und als »Gegengewicht« zur nördlichen Erdscheibe gedacht.

1606 Landung der ersten Europäer (Holländer) im Nordosten Australiens (Cape York). Das neuentdeckte Land wurde »Neuholland« genannt.

1688 betritt der englische Seeräuber William Dampier australischen Boden.

1770 erreicht Captain James Cook - von Tahiti kommend - Australien und segelt in die Botany Bay. Er kartographiert die Ostküste und gilt als Entdecker des 5. Kontinents.

1788 Eine Flotte von elf Schiffen läuft in der Botany Bay ein. An Bord sind 1500 Menschen. Darunter 800 Verbrecher. Australien wird britische Sträflingskolonie.

1807 Die Kolonie entwickelt sich langsam, aber stetig und erreicht einen land-wirtschaftlichen Aufschwung. Die ersten Zentner feinster Merino-Wolle werden nach London exportiert.

1850 In Australien leben 400 000 Weiße, davon 100 000 Verbrecher. Wegen massiver Siedlerproteste werden die Sträflingstransporte eingestellt.

1851 Goldfunde lösen einen Run auf das Edelmetall aus.

Ab 1880 floriert in Queensland die Zuckerindustrie.

1900 Königin Victoria genehmigt den Commonwealth (Staaatenbund) of Australia.

Informationsquellen

Australian Tourist Commission (ATC), Neue Mainzer Str. 22, 60311 Frankfurt, Tel.: 069-23 50 71.

Presse- und Touristikdienst, Sporthallenstr. 7, 64850 Schaafheim.

ATC - Informationsstelle, Postfach 73, 1183 Wien, Österreich.

ATC - Informationsstelle, Postfach 225, 4018 Basel, Schweiz.

Diplomatische Vertretungen:

Australische Botschaft, Godesberger Allee 107, 53175 Bonn, Tel.: 0228-8 10 30.

Australische Botschaft, Alpenstr. 29, 3006 Bern, Tel.: 031-43 01 43.

Australische Botschaft, Mattiellistr. 2-4, 1040 Wien, Tel.: 0222-52 85 80.

Einreise- und andere Bestimmungen

Es sind ein Reisepaß, der noch mindestens sechs Monate gültig ist, und ein Visum, das von der australischen Botschaft kostenlos ausgestellt wird, erforderlich. Das Touristenvisum (Antragsdauer um 3 Wochen, über Reisebüros schneller), Aufenthaltsdauer 3 oder 6 Monate, berechtigt nicht, Arbeit aufzunehmen. Umwandlung in ein Einwanderungsvisum ist nicht möglich. Verlängerungsanträge können in jedem Office of Immigration in Australien gestellt werden.

»Multiple Entry Visa« sind erforderlich, wenn man von Australien nach Neuguinea oder Neuseeland und zurück reisen möchte. Die Paßkontrollen verlangen Rück- oder Weiterreisetickets.

Besondere Permits sind für den Besuch der Cocos- und Christmas Islands erforderlich. (Diese Erlaubnis ist vor der Australienreise einzuholen. Sie wird vom »Community Council« erteilt).

Der internationale - und der rote EG-Führerschein werden anerkannt. Das Buch »Living in Australia«, bei den Botschaften erhältlich, ist hilfreich.

Die Einfuhr von tierischen und pflanzlichen Produkten ist streng verboten!

Gesundheitsvorsorge

Zur Zeit sind für Australien keine Schutzimpfungen notwendig, wenn man aus infektionsfreien Gebieten einreist. Für den tropischen Norden (Cape York) werden Impfungen gegen Tetanus, Typhus, Cholera und Hepatitis empfohlen. Malaria-Prophylaxe wird dringend geraten. Im Norden treten auch die Augenkrankheit Trachoma und das Denguefieber auf.

Die Reiseapotheke beinhaltet: Mittel gegen Magenbeschwerden, Schmerz- und Grippemittel, antibiotische Salbe, Jodtinktur, Mittel gegen Insektenstiche und Sonnenbrand, Verbandsmaterial, Sonnencreme.

Zwischen Deutschland, der Schweiz und Österreich einerseits und Australien andererseits gibt es keine Krankenscheinabmachungen, deshalb sollte vorher eine Krankenversicherung abgeschlossen werden, die in Reisebüros angeboten wird.

Reisekasse

Traveller Cheques in DM, Sfr, A $ oder US $. Kreditkarten, gewisser Bargeldbetrag in A $ oder US $.

Preise

Unterkünfte, Verpflegung, Ausflüge liegen preislich im allgemeinen höher als in Deutschland. Pro Woche ist mit 300,- bis 400,- DM (ohne Fahrtkosten, Souvenirs) zu rechnen. Private Unterkünfte (bed & breakfast), Guest Houses, Jugendherbergen und die stark frequentierten back packer lodges oder Mietcaravans, in denen auf Campingplätzen übernachtet wird, reduzieren die Übernachtungskosten.

An alle interessanten Orte gelangt man günstig mit den Überlandbussen (Greyhound, Ansett-Pioneer). Das Fliegen ist in der Regel teuer. Es sei denn, man bucht seine Route in Deutschland oder hält nach Spezialangeboten Ausschau.

Gepäck

Die wichtigste Regel: Sowenig wie möglich! Vor Ort kann alles gekauft werden. Nur so bleibt man mobil. Wertsachen im Brustbeutel bei sich tragen. Kleidung: möglichst aus Baumwolle für heiße Tage und kühle Nächte. Safarihose und -jacke zum Wechseln, jeweils mit vielen verschließbaren Taschen. Regenschutz südlich von Brisbane und auf jeden Fall in den Wintermonaten (= unsere Sommermonate). Im Norden gibt es eine Regenzeit von Dezember bis März.

Nützliches: Schlafsack, Rucksack bei Übernachtungen in Jugendherbergen oder in einfachen Lodges. Feldflasche, falls es ins Landesinnere gehen soll. Gute, dunkle Sonnenbrillen, wasserdichte Uhr, Taschenlampe, Badeschuhe Mehrzwecktaschenmesser, Cameras und Filme (sind in Australien, aber besonders in Neuseeland und auf Tahiti sehr teuer!). Kopien von allen wichtigen Dokumenten und vom Reisepaß anfertigen. Das beste Kartenmaterial gibt es vor Ort.

Reisezeit

Der Herbst (Monate Mitte März bis Mitte Juni) und der Frühling (Monate September bis November) sind die besten Reisezeiten. Der Norden (Cape York) ist auch im Winter (Juni, Juli, August) zu bereisen. Baden kann man im Süden und Südosten in den Monaten Oktober bis März, im Norden während des ganzen Jahres (außer in der Regenzeit: Dezember bis März).

Achtung vor giftigen Tieren

Zu Land: Etwa 20 Giftschlangenarten, deren Biß für den Menschen tödlich sein kann. Die gefährlichsten: Die Fierce Snake, die Taipan, die Todesotter (Death Adder), die Tiger Snake, die Brown Snake. Ihr Vorkommen ist in allen Landesteilen möglich. Gefährliche Spinnenarten: Funnel Web Spider, Wolf Spider. Zu Wasser: Krokodile in den Flüssen und an den Ufern, Haie kommen bisweilen sehr nah ans Ufer und sind aggressiv. Grundsätzlich nur an gekennzeichneten Stränden (mit »Lifesaver«) schwimmen. Neben einer Reihe anderer gefährlicher Meerestiere seien nur erwähnt: Steinfische (Stone Fish); Muscheln, besonders aus der Gruppe der sogen. Cone Shelles; bestimmte Quallenarten wie Bluebottles (Portuguese Man-o-War) und Box Jelly Fish.

Die Anreise

Rund 25 Stunden dauert der *Flug* von Europa nach Sydney über Los Angeles oder Fernost. Es werden 20 000 km zurückgelegt. Quantas, Lufthansa, Singapore Airlines, Lauda Air u.a. bieten Sondertarife an. Die Reisebüros haben Kenntnis über die jeweils aktuellen Angebote, die von Jahr zu Jahr wechseln. Im Lande kann jeder - auch abgelegene - Ort per Flugzeug angeflogen werden. Wer mit einem internationalen Ticket einreist, kann bei Quantas bis zu 50 % Rabatt auf inneraustralische Flüge bekommen (Discover Australia Tarif). Auch andere Linien bieten interessante Sondertarife.

Mit dem *Schiff* ist man, je nach Ausgangshafen in Europa, 21-30 Tage unterwegs. Die Polish Ocean Line fährt monatlich mit Kombischiffen von Danzig via Hamburg-Rotterdam-Antwerpen nach Fremantle, Adelaide, Melbourne, Sydney und Brisbane.

Agentur: Hamburg Süd, Ost-West-Str. 59, 20457 Hamburg, Tel.: 040-37051. Andere Linien: CTC Lines, P&C Lines London.

Pauschalreisen sind am unkompliziertesten und oftmals preiswert. Viele Veranstalter haben Australien in ihren Programmen. Zum Beispiel: Austral Asian; Ikarus Tours; Inter Air Voss-Reisen; Menzell Tours; Marco Polo Reisen.

Reisen im Land

Bequem ist das Reisen mit dem *Leihwagen* auf dem gut ausgebauten Straßennetz. Im Outback findet man Sandpisten vor, die in der Regenzeit grundlos sind. Ein Allradfahrzeug ist in den weniger erschlossenen Regionen Bedingung.

Nützlich ist die Broschüre »Motoring in Australia«, von der australischen Automobile Association herausgebracht und zu bestellen über: ATC Presse- und Touristikdienst, Sporthallenstr. 7, 64850 Schaafheim. An der Ostküste sind Mietwagen selbst in kleineren Orten zu bekommen. Wichtig: In Australien wird links gefahren. Geldstrafen drohen, wenn der Sicherheitsgurt nicht angelegt wird. Die Geschwindigkeitsbegrenzungen sind in den jeweiligen Bundesstaaten unterschiedlich, jedoch überall genau zu befolgen.

Mit der *Eisenbahn* reist man komfortabel. Die Züge sind mit Schlaf- und Speisewagen ausgestattet, da die Züge weite Strecken zu günstigen Preisen zurücklegen. Wichtige Verbindungen an der Ostküste: Sydney Express Melbourne-Sydney ca. 13 Std.; Melbourne Express Sydney-Melbourne, 13 Std.; Pacific Coast XPT Sydney-Murwillumbah 13 Std.; Brisbane Ltd. Express Sydney-Brisbane 16 Std.; The Sunlander Brisbane-Cairns 34 Std.; The Queenslander Brisbane-Cairns 33 Std. Ermäßigungen: Auf wichtigen Routen erhält man bis zu 30 % Rabatt, wenn 7 Tage im voraus gebucht wird (Caper Fares).

Die Austrailpass (1. Klasse) und der Budget Austrailpass (2. Klasse) ermöglicht das unbegrenzte Benutzen des gesamten australischen Eisenbahnnetzes. Konditionen: Geltungsdauer zwischen 2 Wochen (700 A $ bzw. 420 A $) und 3 Monaten (1700 A $ bzw. 1100 A $). Die Eisenbahn-Reisepässe müssen außerhalb Australiens gekauft werden.

Auch mit dem *Bus* reist man angenehm. Das Netz ist dicht, und die modernen Express Coaches verkehren zwischen den größeren Orten Tag und Nacht. Die Busse sind mit Toiletten, Waschräumen, Kopfstützen und Panoramascheiben ausgerüstet. Pro Passagier sind nur 14 kg Gepäck zugelassen. Übergewicht kostet eine Extragebühr und wird manchmal in einem anderen Bus befördert.

Die großen Gesellschaften: Ansett-Pioneer, Greyhound, Panther Intercity Express, Premier, Aussie Express, Across Australia Buslines. Die beiden ersten Firmen bieten Fahrpässe für unbegrenztes Reisen auf dem jeweiligen Streckennetz an. Die Pässe können auch in Australien gekauft werden.

Besonderen Spaß machen *Boots- und Schiffsfahrten* die australischen Ostküste entlang. Ausflüge zu Wasser können mit Chartergesellschaften oder Linienschiffen in Raddampfern, Hausbooten, Motor- und Segelbooten oder Hochseejachten unternommen werden. Auskünfte über: State Government Tourist Bureaus in allen Städten. Ziele: Great Barrier Reef, auf Dschungelflüssen: Daintree River, Bloomfield River; Sydney-Hafenrundfahrt.

Reisen per Anhalter

Im Staat Queensland ist es verboten, und die Polizei sieht es in den übrigen Staaten auch nicht gern. Dennoch ist Hitchhiken eine preiswerte und beliebte Art zu reisen (jedoch besonders für weibliche Traveller nicht ohne Risiko). Mittwochs stehen in vielen Tageszeitungen unter »Travel« interessante Mitfahrergelegenheiten, die gern und oft für große Entfernungen wahrgenommen werden.

Sperrzonen

Ohne Permit dürfen bestimmte Areale der Eingeborenen (Aborigines) nicht betreten werden. Diese Gebiete heißen »No-go Areas« und gehören den Ureinwohnern. Will man ein Reservat besuchen, so ist das Gesuch rechtzeitig von Europa aus schriftlich und ausführlich zu begründen. Zuständig ist das jeweilige Local Council. Da sich die Aborigines ungern »begaffen« lassen, erhalten Touristen in der Regel keine Erlaubnis, die Sperrzonen zu besuchen. Andererseits gibt es im Land genügend Gelegenheit, Kontakt mit den Einheimischen zu knüpfen, um auf diese Weise deren Lebensweise kennenzulernen.

Souvenirs

Typische Mitbringsel aus Australien sind einmal Schmuckstücke aus Edelsteinen, vor allem Opale und Kunstgegenstände der Eingeborenen wie Bumerangs, Digeridoos (Blasinstrumente), Rindenmalereien (Bark Paintings), Basttaschen und Holzschnitzereien. Beim Kauf ist auf echte Handarbeit zu achten, die es in guten Geschäften in Sydney, Adelaide, Darwin und Melbourne gibt (auch bei den jeweiligen Eingeborenenorganisationen und Missionsgesellschaften wie die Bush Curch).

Beliebt sind auch hochwertige Töpferwaren, Woll- und Lederartikel, Spielzeug-Koalas und -Känguruhs und Digger-Hüte.

Speisen und Getränke

Die Küche ist überaus vielseitig: italienische - chinesische Restaurants und Fast-Food-Stuben mit Hambourgers gibt es nahezu in allen Orten.

An der Küste sind Austern, Langusten, Garnelen, Hummer und schmackhafte Fischarten beliebt, dann natürlich die großen Lamm- und Rindersteaks. Dazu wird Rosé-, Rot- und Weißwein aus dem Barossa Valley bei Adelaide, aus Victoria oder dem Hunter Valley (New South Wales) angeboten. Weine sind teuer, so löscht man den Durst mit einer der zahlreichen australischen Biersorten.

Unterkünfte

Im »Disabled Travellers Guide to Australia« zu erwerben durch DMV, 2 A Station St. Coburg, Melbourne, lassen sich Appartements, Ferienwohnungen, Hotels, Motels aller Kategorien entnehmen. Etwa 150 Jugendherbergen bieten preiswerte Unterkünfte. Ein Verzeichnis erhält man über: YHA (Australia), 176 Day St., Sydney, N.S.W. 2001. Im übrigen verfügen die Informationsbüros der Städte über informatives Prospektmaterial. Gern nimmt der Reisende die reichlichen Angebote der Farmhäuser wahr oder zeltet auf den zahlreichen Campgrounds. Australien ist ein Dorado für Camper! Auch dafür besorgt man aktuelles Informationsmaterial am besten in den Touristenbüros, die sich in den meisten Orten befinden.

Post, Telefon, Strom

General Post Office (G.P.O.) heißen die Hauptpostämter. Öffnungszeiten wochentags von 9.00 bzw. 10.00 Uhr bis 18.00 Uhr. Samstags sind viele Ämter geschlossen. Post nach Deutschland dauert je nach Aufgabeort zwischen 1 1/2 und 2 1/2 Wochen.

Öffentliche Telefonzellen (rot) sind allerorts anzutreffen. Meist läßt sich eine Verbindung im Selbstwählverkehr für Orts- und Ferngespräche herstellen. Im übrigen stellt der »Operator« die Verbindung her. Dieser meldet sich dann alle drei Minuten und teilt mit, wieviel Geld einzuwerfen ist. Mit 10-, 20- und 50-Cent-Münzen, 1 A $ wird bezahlt.

Für die Stromversorgung empfiehlt sich die Mitnahme eines entsprechenden Adapters. 240 Volt Wechselstrom 50 Hertz wird vorgefunden. Die Steckdosen in den Hotels sind oft dreipolig. Meist erhält man Zwischenstecker auch an den Rezeptionen.

Währung

Einheit ist der Australische Dollar (A $), der in 100 Cents (cts.) unterteilt ist. Im Umlauf sind Banknoten von 5, 10, 20, 50 und 100 Dollar; Münzen im Wert von 1 und 2 Dollar, außerdem 1, 2, 5, 10, 20 und 50 Cents. Der Umtauschkurs für 1 A $ liegt zur Zeit bei rund 1,30 DM.

Reiseschecks lassen sich bei allen australischen Banken einlösen. Gängige Kreditkarten werden fast überall akzeptiert.

Zeitverschiebung

Zeitzonen im Vergleich zur MEZ (Mitteleuropäischen Zeit):
1. Western Standard Time (Western Australia) = plus 7 Stunden.
2. Central Standard Time (Southern Australia, Northern Territory) = plus 8,5 Stunden.
3. Eastern Standard time (New South Wales, A.C.T., Victoria, Queensland, Tasmanien)   = plus 9 Stunden.

Sehenswürdigkeiten

New South Wales: *Sydney* mit dem Hafen, Harbour Bridge, Opera House, The Rocks, Cadman's Cottage, Georgian Residence, Argyle Arts Centre, Circula Quay, Taronga Park Zoo, Royal Botanic Gardens, The Australian Museum, Sydney Tower,

Paddy's Market, Kings's Cross, Paddington, Manly mit seinen schönen Stränden und manches mehr rund um Sydney.

Viele Sehenswürdigkeiten können mit dem »Sydney Explorer« erreicht werden. Der Bus startet in kurzen Abständen am Hafen (Curcula Quay).

Jenolan Caves, noch nicht ganz erforschte, sehenswerte Sandsteinhöhlen.

Lake Macquarie (160 km nördlich von Sydney), der größte Küstensee Australiens, malerisch gelegen.

Port Stephens (220 km nördlich von Sydney) goldfarbene Strände, herrliche Küstenszenerie.

Coff's Harbour (580 km nördlich von Sydney), im Kumbaingeri Wildlife Sanctuary leben Emus, Känguruhs.

Lord Howe Island (640 km nördlich von Sydney), ein »Inselparadies« vulkanischen Ursprungs.

Snowy Mountains (420 km südwestlich von Sydney), die höchste Bergkette Australiens. Gewaltige Gebirgslandschaften.

Queensland: mit den Städten Brisbane, Rockhampton, Townsville, Cairns, Port Douglas, Cooktown. Wer Zeit und Geld hat, macht von Brisbane aus den obligaten Abstecher zum Ayers Rock im Zentrum Australiens, gut 2000 km entfernt.

Kondalilla National Park (130 km nördlich von Brisbane), Naturschutzgebiet mit unberührtem tropischem Regenwald.

Ein Erlebnis ist eine Autofahrt mit einem Landrover von *Cairns* an der Küste entlang bis *Cooktown*, dann landeinwärts durch *Cape York* bis Weipa und wenn möglich hinauf ans Cape. Der Abschnitt Weipa - Cape York hat Expeditionscharakter. Campingausrüstung, Wasser, Benzin, Nahrungsmittel spätestens aus Cooktown mitnehmen.

Besonders interessante Stationen nördlich von Cairns: Kuranda (Eisenbahnfahrt, Besuch des Tjapukai Eingeborenen-Tanztheaters, Spaziergang durch den Regenwald an die Barron-Wasserfälle).

Port Douglas: Das Great Barrier Reef kommt nirgends näher heran als hier. Boots- und Tauchfahrten sind unvergeßlich (Low Isles National Park); schwimmen kann man sehr gut am sogenannten Four Mile Beach.

Mossman, mit der eindrucksvollen Landschaft Mossman Gorge, wo der Kuku Yalanji-Stamm lebt.

Daintree Village, Flußfahrt auf dem Daintree River. Dschungelgebiet, das in Ufernähe von zahlreichen Krokodilen bewohnt wird. (Baden ist sehr gefährlich). Cape Tribulation, Fahrt mit Paddelbooten durch Riffbänke in Ufernähe, urige Unterkunft in der Dschungel-Lodge. Der Urwaldpfad verläuft nördlich am Bloomfield River, der durchquert werden muß. In der Nähe: Bloomfield Wasserfälle und die Mission der Wujal-Wujal-Aborigines. Weiter führt der Pfad über Rossville, Helenvale und schließlich aus dem Waldgebiet heraus, auf die asphaltierte Straße nach Cooktown.

Cooktown: kleiner, verschlafener Ort, der von seiner Geschichte und etwas Tourismus lebt. Sehenswert sind der Sonnenuntergang vor dem James-Cook-Denkmal am Endeavour River, das James-Cook-Museum, das Grassy Hill Light House.

Nordwestlich von Cooktown beginnt das Buschland mit unbefestigten Staub- bisweilen auch Schlammpisten.

Vor Laura muß man sich unbedingt die Felszeichnungen der Ureinwohner ansehen. Sie liegen im Siedlungsgebiet der Yelangi und Kokojawa, das Alter wird auf 25 000 Jahre taxiert.

Ab Laura beginnt der einsame lange Weg über Coen hinauf nach Norden, bis schließlich Cape York erreicht wird. Für die Hin- und Rückfahrt Cairns-Cape York per Auto sollten etwa zwei Wochen vorgesehen werden. Am Cape York gibt es die »Top of Australia Lodge«. Wer dort unterkommen will, muß vorher buchen und mindestens sieben Tage bleiben.

Von Cape blickt man über die 150 km breite und nur 13 m tiefe Torres Street in Richtung Neuguinea. (Die Meeresstraße entstand erst vor rund 10 000 Jahren, also nach der Würm-Eiszeit. Vorher konnten die Ureinwohner unbeschwert über das flache Sahul Shelf wandern).

Französisch-Polynesien
(Schwerpunkt Tahiti und Moorea)

Geschichte
Wahrscheinlich erfolgte die Besiedlung der Inselgruppen in mehreren Schüben.

Um 200 v.Chr. wurden Entfernungen bis zu 10 000 km auf dem Wasser zurückgelegt. Die Marquesas-Inseln wurden zuerst besiedelt. Dann Raiatea, der spätere kulturelle und religiöse Mittelpunkt. Von hier aus wurde

im 7. Jahrhundert n.Chr. der übrige polynesische Raum bis hin nach Hawaii und Neuseeland (Maori) bevölkert. Die »Wikinger der Südsee« begaben sich mit 40 m langen Segelbooten, die bis zu 200 Mann aufnehmen konnten, auf ihre Entdeckungsfahrten.

1595 Der spanische Seefahrer Mendāna entdeckt die Süd-Marquesas und gibt ihnen den Namen. Zur Zeit des Erscheinens der Europäer gibt es auf Tahiti ein Gesellschaftssystem aus vier Klassen: die Herrscher, der Adel, das Volk und die Sklaven. In alten Legenden wird auf das Eintreffen der weißen Eroberer hingewiesen: »Eines Tages wird ein fremdes Schiff kommen, das die heiligen Vögel zum Weinen bringt!«

1767 Kapitän Samuel Wallis entdeckt Tahiti und nimmt die Insel für den englischen König in Besitz.

1768 In Unkenntnis der Besitzergreifung erklärt der französische Weltumsegler Bougainville nach seiner Ankunft Tahiti zu Frankreich gehörend.

1769 Kapitän James Cook, der größte Seefahrer des 18. Jahrhunderts, landet

186

auf Tahiti. Mit einigen Gelehrten beobachtet er hier den Durchgang der Venus durch den Ortsmeridian. Cook läßt das Fort Venus bauen. Auf Cooks zweiter Weltumsegelung leisten zwei deutsche Naturforscher, Johann Reinhold Forster und dessen Sohn Georg, wertvolle Arbeit zur Erforschung des polynesischen Raums.

1788   Kapitän William Bligh hält sich mehrere Monate auf Tahiti auf, um Setzlinge des Brotfruchtbaumes aufzunehmen, die in die Karibik transportiert werden sollen. In den tongaischen Gewässern kommt es zur berühmten Meuterei auf der Bounty. Einige Meuterer lassen sich auf Tahiti nieder und werden 1791 vom eigens ausgesandten Kapitän Edwards gefangengenommen. Der tahitianische Häuptling Hapai unterwirft ganz Tahiti und erobert die Nachbarinsel Moorea. Er wird als Pomare I. König von Groß-Tahiti.

1797   Die ersten 39 Missionare der Londoner Missions-Gesellschaft werden nach Tahiti entsandt. Nach langwierigen Bemühungen gelingt es, König Pomare II. zu taufen.

1837   Katholische Gottesmänner aus Frankreich reisen ein und setzen ihre Bekehrung mit Gewalt durch. Großbritannien leistet »seinen« Missionaren keine Hilfe.

1877   König Pomare V. dankt ab und überträgt die Hoheitsrechte an Frankreich. Ein Großteil Polynesiens wird französisches Kolonialgebiet.

1914   Zwei deutsche Kriegsschiffe unter Admiral Graf Spee beschießen Tahitis Hauptstadt Papeete.

1914 - 1918 und   Im Ersten und Zweiten Weltkrieg kämpfen Tahitianer auf

1939 - 1945   der Seite Frankreichs in Europa.

1940   Auf Bora Bora entsteht ein wichtiger US-Stützpunkt.

1956   Tahiti erhält einen gewissen Grad an Selbstverwaltung.

1957   Unwandlung der Kolonie in ein französisches Übersee-Territorium mit der offiziellen Bezeichnung »Französisch Polynesien« mit eigener Selbstverwaltung, die

1984   in die Autonomie führt. Dennoch steht der Präsident Tahitis unter dem Vorsitz eines von Paris entsandten Hochkommissars als Vertreter der Zentralregierung. Die Befreiungsfront Polynesiens (FLP) fordert eine völlige Unabhängigkeit von Frankreich.

Informationsquellen

Tourism Council of the South Pacific, Klugstr. 114, 80637 München, Tel.: 089-151014. Versandt wird die Inselinformation: »South Pacific Islands Travel Manual«. Diese ist gebührenpflichtig.

Deutsches Honorarkonsulat: Mme. Coude-Eliane Weinmann, B.P. 452, Papeete/Tahiti, Tel.: 42 99 94.

Einreisebestimmungen

Es ist ein Reisepaß erforderlich, der noch wenigstens sechs Monate nach dem Reiseantritt Gültigkeit hat. Bei der Einreise muß im allgemeinen ein Flugschein vorgelegt werden, der die Rück- bzw. Weiterreise nachweist. (Zivilisationsmüde Einwanderer sind unerwünscht). Ein Visum ist nicht erforderlich. Vor dem Reiseantritt sollte man sich im Reisebüro nach den letzten Bestimmungen informieren.

Gesundheitliche Vorsorge

Die Pazifikinseln sind frei von tropischen Krankheiten. Pocken-, Gelbfieberimpfungen, sowie Malariaprophylaxe sind im allgemeinen nicht erforderlich. Recht häufig kommen Erkältungs- und Geschlechtskrankheiten, aber auch Tuberkulose und Darmkrankheiten vor. Die Mitnahme einer kleinen Reiseapotheke ist ratsam.

Bisweilen tritt das Dengue-Fieber (eine grippeähnliche Erkrankung) auf. Es handelt sich um eine Viruskrankheit, die von einer Mückenart übertragen wird. Bisher gibt es außer Bettruhe keinen wirksamen Schutz gegen das Dengue-Fieber.

Unabdingbar sind Sonnenschutzmittel. Haut- und Raumsprays gegen Insekten. Möglichst kein ungeschältes Obst essen, kein Leitungswasser trinken.

Währung und Reisekasse

Zum Mitnehmen wird empfohlen: Reiseschecks, Kreditkarten, US-Dollar-Noten. Für einen US-$ erhält man in lokaler Währung: Fidschi: 1,45 Fidschi-$; Tahiti: 115 pazifische Franken; Tonga: 1,30 Pa'anga (Tonga-$).

Preise

In Französisch-Polynesien ist das Preisniveau etwa 20 % höher als bei uns. Neben den extrem teuren internationalen Hotels gibt es zum Glück eine Reihe einfacher Lodges, namentlich auf Moorea. Für nähere Auskünfte sei in Papeete das touristische Informationsbüro: Opatti-Tourist Board im Pomare Boulevard (in der Nähe des Quai des Paquebots) aufzusuchen. Die Broschüren »Bienvenue à Tahiti« und »Welcome to Moorea«, beide dort erhältlich, sind auch hilfreich.

Kleidung, Ausrüstung

Wollpullover, Regenschirm (bei der hohen Luftfeuchtigkeit sind Regelmäntel lästig), gute Sonnenbrillen (eine als Ersatz). Der scharfkantigen Korallen wegen sind Badeschuhe unerläßlich. Kleiderbügel (Mangelware in den einfachen Hotels). Zwischenstecker bzw. Adapter für elektrische Geräte (im übrigen siehe: Ostküste Australiens).

Reisezeit

Die Jahreszeiten liegen wie in Australien umgekehrt zu denen Europas. Bedenkenlos kann man die Inseln in jedem Monat besuchen. Im südlichen Sommer herrschen allerdings höhere Temperaturen und eine höhere Luftfeuchtigkeit. Wer hitzeempfindlich ist, dem seien die Monate April bis Oktober empfohlen.

Anreise

Pazifikflüge sind teuer. Der Normaltarif liegt um DM 6000,-. Ab Paris fliegt die UTA dreimal wöchentlich nach Papeete für beispielsweise 3200,- DM, in der Zeit von September bis November.

»Insel-Hopping«, für Französisch-Polynesien bietet Air Tahiti als »Flug-Paß« für 700,- DM an und schließt von Papeete aus die Inseln Moorea, Huahine, Raiatea und Bora Bora ein.

Reisen im Land

Auf Tahiti (Papeete) sind internationale Autovermieter vertreten. So kann Tahiti mühelos in einigen Stunden umfahren werden. Erlebnisreicher sind Fahrrad- oder Motorroller-Touren. Fahrbare Untersätze werden auf Tahiti und Moorea ausgeliehen.

Souvenirs

Beliebt sind Schnitzereien und Masken der Marquesas-Inseln. Dann Musikinstrumente, Pareo-Stoffe, Muscheln und seltene schwarze Zuchtperlen oder rote Schmuckkorallen. Man erkundige sich vor dem Einkauf nach Ausfuhrgenehmigungen und denke beim Erwerb an die Einschränkungen des Washingtoner Artenschutzabkommens. Unbedenklich sind natürlich CDs und Schallplatten mit polynesischer Musik.

Unterkünfte

Hotels wie Tahiti Beachcomber Parkroyal; Sofitel Maeva Beach; Ibis Papeete; Hotel Pacific; Hotel Tahiti in und um Papeete sind sehr teuer. Die Stadtinformation kann insbesondere fürs nahegelegene Moorea auch preiswerte Lodges, am Meer gelegen, nennen. Beispielsweise: Chez Coco's Madou in Temae; Fare Manuia in Haapiti oder Village Faimano in Piahena, (alle auf Moorea). Die Übernachtung liegt um 50,- DM.

Zeitverschiebung

Tahiti wie Hawaii: MEZ -11 Stunden.
Samoa: -12 Stunden; Neuseeland, Fidschi, Tonga: +12 Stunden.
Die Inseln Ozeaniens gehören verschiedenen Zeitzonen an. Der 180. Längengrad ist eine wichtige Trennungslinie und Datumsgrenze. Beim Fliegen von Osten nach Westen verliert man einen Tag, auch wenn der Flug nur eine Stunde dauern sollte.

Sehenswürdigkeiten

Tahiti:
Die Hauptstadt Papeete liegt an der Nordseite der Insel und bietet ein prächtiges Bild mit Luxuslinern und Schonerveteranen. Am Quai herrscht den ganzen Tag über Betrieb. Bei Sonnenuntergng ziehen Kanuten durch die Bucht. Mit den tiefroten Vulkanen von Moorea im Hintergrund ein unvergeßlicher Eindruck. Der Name Papeete

setzt sich übrigens aus pape = Wasser und ete = Quelle zusammen. Die Stadt hat rund 130 000 Einwohner. Man spricht ausschließlich französisch. Englisch wird von den gebildeten Insulanern aber auch verstanden.

Der Markt von Papeete ist meist ein frühes Ziel der Ankömmlinge. Der Boulevard Pomaré, die Schlagader der Stadt, mit den großen Geschäften, Restaurants und Nachtclubs ist zwar erlebenswert, dennoch fern aller Südseevorstellung, und so wird der Besucher rasch den übrigen Teil Tahitis erschließen wollen.

Inselrundfahrt:

Sehenswertes in Stichworten: Das Grab vom König Pomaré V.; das Taharaa Hotel, an eine Bergflanke gebaut, mit dem Blick über die Matavai-Bucht. Point Venus mit Leuchtturm, kleiner Parkanlage und Badestrand aus schwarzem Lavastrand. Das »Blasrohr« Trou du souffleur. Die Vaiharuu-Kaskaden, Wasserfälle im bergigen Regenwald. Der Botanische Garten bei Papeari. Das Gauguin-Museum. Die Vaipahi-Kaskaden und ein mit Wasser gefülltes Naturbecken. Der Athimaono-Golfplatz, einst Domäne des Schotten William Stewart. Marae Arahurahu ist ein restaurierter Tempel. Aufgeschichtetes Lavagestein und Tiki-Skulpturen lassen die alte Inselkultur erahnen.

Das »Museé de Tahiti et des Iles« rundet den Einblick in polynesische Vergangenheit ab.

Zurück nach Papeete, möglichst zum oder vor dem 14. Juli, um die farbenprächtigen Volkstänze zu erleben. Auf »Heiva I Tahiti« machen überall Plakate aufmerksam.

Moorea

Die Insel wird von Papeete aus per Flugzeug in 10 Minuten - und mit der Fähre in einer Stunde erreicht. Moorea ist der Überrest eines riesigen Vulkans mit drei um 1000 m hohen Bergen. Sie ist 136 qkm groß und mit knapp 8000 Menschen bevölkert.

Auf Moorea ist noch Südseeromantik zu verspüren, insbesondere, wenn man sich in der Abenddämmerung an die Buchten von Opunohu oder Cook begibt. Baie de Cook wird selbst von Weltenbummlern als eine der herrlichsten Buchten der Erde bezeichnet.

Moorea hat glücklicherweise keine Hauptstadt. Es gibt nur Dörfer und Hotelansiedlungen. Man kommt an, mit der Fähre in Vaiare, mit dem Flugzeug in Temae, schwingt sich aufs Fahrrad und strampelt um die Insel, fast immer am Meer entlang. Wo es gefällt, läßt man sich nieder. Im Hotel Moorea Village vielleicht, oder im Club Méditerranée, im Hotel Moorea Lagoon, wenn's beliebt?

Mit Zelt und Schlafsack ist man am besten auf »Moorea Camping« im Hauru aufgehoben. In den nächsten Tagen lassen sich dann die Sehenswürdigkeiten der Insel erkunden: Die Buchten Cook und Opunohu, ganz in der Nähe eine Ananas- und Vanilleanpflanzung, dann der Aussichtspunkt Belvédère (Roto Nui). Ein recht gut erhaltener Tempel (marae) befindet sich unweit des Aussichtspunkts.

An der Westküste sollte Tiki Village mit seinen Folkloreabenden (dienstags und samstags) besucht werden. Für eine Inselrundfahrt mit dem Fahrrad sind mindestens vier Tage zu veranschlagen. (Wer rasch herumradeln will, schafft die rund 100 km auch an einem Tag).

Speisen und Getränke

Die reichhaltige Küche lernt man am umfassendsten während eines Banketts auf Moorea oder Tahiti kennen. Ein solches Gelage heißt »Tamaaraa« und bietet alle polynesischen Gaumenfreuden, die zuvor im Erdofen mehrere Stunden lang garen.

Es werden unter anderem Spanferkel, Krebse, Bananen, Tarowurzeln, Brotfrüchte, Seeigel, Muscheln, viele Sorten Seefisch, Obst- und Gemüsecocktails, Kokosnuß-Milch und -fleisch in allen Varianten, gegrilltes Geflügelfleisch, dazu Frucht- oder Rumpunsch, Bier und Wein auf einem schier endlosen Buffet angeboten. Vor dem Festmahl oder danach kann man sich polynesischen Liedern und Tänzen widmen.

Pitcairn

Geschichte

1767 Der britische Seefahrer Kapitän Philipp Carteret entdeckt die Insel und benennt sie nach seinem Leutnant, der sie sichtete: »Pitcairn.« Die Insel ist unbewohnt. Spuren, die heute noch zu sehen sind, beweisen, daß sie zuvor aber von Polynesiern besiedelt war.

1790 Der *Bounty*-Meuterer Flechter Christian landet mit einem harten Kern von »Piraten« und besiedelt die abgelegene Felseninsel.

1808 Es kommt zum ersten Kontakt mit der Außenwelt durch das Robbenfangschiff *Topaz*.

Seit 1815 machen regelmäßig Schiffe auf ihrer Reise nach Amerika Station.

1831 Wegen Wasser- und Nahrungsmangels, wird die Bevölkerung nach Tahiti evakuiert, kehrt aber kurz darauf wieder zurück.

1838 Pitcairn wird britische Kolonie.

1856 Erneute Umsiedelung, diesmal nach Norfolk.

Um 1860 kehren einige Pitcairner wieder auf ihre Insel zurück.

1886 Die Pitcairner werden Adventisten (Massentaufe).

1898 Pitcairn wird der Amtsgewalt von Fidschi unterstellt.

1932 Wrackteile der *Bounty* werden gefunden.

1970 Als die Fidschis unabhängig werden, übernimmt Neuseeland die Verwaltung von Pitcairn.

1985 Pitcairn erhält eine Telefonverbindung.

1986 Feier zum 100jährigen Bestehen der Adventisten-Gemeinde.

Geographie

Pitcairn ist vulkanischen Ursprungs und liegt etwa 1400 Meilen südlich von Tahiti, 2800 Meilen nordöstlich von Neuseeland und 4100 Meilen von Panama entfernt. Die Insel ist 3 km lang und 1,5 km breit. Der höchste Berg heiß Pawala Valley Ridge (330 m).

Klima

Es ist warm, an sonnigen Tagen auch heiß, bei im allgemeinen hoher Luftfeuchtigkeit. Die Temperaturen betragen im Winter (Juni bis September) um 18 Grad und im Sommer (November bis März) um 27 Grad Celsius.

Bevölkerung

Eine Mischrasse aus Engländern und polynesischen Frauen. 1992 leben 58 Menschen auf der Insel. 49 von ihnen sind echte Pitcairner.

Verwaltung und Wirtschaft

Pitcairn ist eine britische Überseebesitzung, der noch drei unbewohnte Inseln: Oeno, Ducie und Henderson, angehören. Pitcairn wird von einem Inselrat verwaltet, dem ein Bürgermeister (Island Magistrate) vorsteht. Die Haupteinnahmequelle sind der Verkauf von Briefmarken, Zinsverträge aus dem Ausland sowie der Verkauf von Souvenirs. Alkoholhandel ist verboten.

Anreise

Die Insel ist schwer zugänglich. Es gibt weder einen Hafen noch einen Flugplatz. Alle Schiffe müssen in zirka 5 km Entfernung vor der Insel ankern. Die Zahl der Frachtschiffe, die zwischen Panama und Neuseeland ihre Fahrt vor Pitcairn unterbrechen, ist stark zurückgegangen. Bisweilen gehen Kreuzfahrtschiffe vor Pitcairn auf Reede (*Maxim Gorki, Berlin, Europa*). Wer die Insel länger als ein, zwei Tage besuchen will, muß drei bis vier Monate veranschlagen und einschließlich des Fluges nach Panama oder Neuseeland mit Kosten um DM 15 000,- DM rechnen.

Nähere Einzelheiten über einen Inselbesuch lassen sich in Auckland oder Wellington bei den Hafenbehörden oder beim Assistant Commissioner for Pitcairn, British High Commission, Auckland, Neuseeland erfragen. Eine Möglichkeit ist auch, Pitcairn über Tahiti - und von dort aus mit dem Flugzeug zur Insel Mangareva, dann weiter per Schiff, das gechartert werden muß - zu erreichen. Es bieten sich bisweilen Gelegenheiten mit Frachtern oder Kreuzfahrtdampfern die Insel von Panama oder Chile aus zu erreichen.

Auf der Insel gibt es außer zwei Herbergen aus Wellblech keine Unterbringungsmöglichkeiten. Man ist auf die Gastlichkeit der Insulaner angewiesen.

Zahlungsmittel: der neuseeländische Dollar.

Adamstown ist der einzige Ort, er besteht aus etwa 70 Holzhäusern, von denen jedoch nur 35 bewohnt werden. Für Pitcairn ist kein Visum erforderlich. Längere Aufenthalte sollten jedoch vorher angekündigt und abgesprochen werden.

Sehenswürdigkeiten

Die unbändige Schönheit der Felseninsel. Adamstown mit seinen freundlichen Menschen. Das Postamt, die Kirche, die Schule, das Hospital und die ertauchten Relikte der *Bounty*. Inselrundgänge oder der Aufstieg zu Christians Höhle sind eindrucksvoll. Auch sollte das Grab des Inselpatriarchen John Adams besucht werden. Ein besonderes Erlebnis ist die Fahrt mit den tollkühnen Fischern und ihren Longboats durch die hohe Dünung.

Im übrigen gibt der Autor gern Auskünfte zu Fragen, die sich vor Südseereisen stellen. Aber bitte an einen frankierten Rückumschlag für die Antworten denken: Wolf-Ulrich Cropp, Saseler Kamp 46 a, 22393 Hamburg.

Technisches zur *Bounty* und ihren Nachbauten

H.M.S Bounty

Typ: Dreimastvollschiff (der Besanmast war rah- und gaffelgetakelt).
1. Zweck: Handelssegler (namens *Bethia*).
2. Zweck: Bewaffnetes Transport- und Expeditionsschiff.
Eigner: Britische Marine (durch Kauf).
Konstruktion: Holzrumpf mit Kupferblech beschlagen (Besonderheit).
Baujahr: Um 1780.
Masten: 3, zwischen 14 m und 18 m hoch.
Segel: 14, mit einer Segelfläche von rund 600 qm.
Länge: 28 m.
Breite: 7,50 m.
Tiefgang: 3,50 m.
Tragfähigkeit: 220 t.
Max. Geschwindigkeit: 8 Knoten.
Besatzung: 45 Mann.
Bewaffnung Vordeck: 2 drehbare Kanonen, achtern
Oberdeck: 4 Vierpfünder auf Lafetten.
Verbleib: 1791 vor Pitcairn angezündet und versenkt worden.

Bounty II

Ein getreuer Nachbau der *Bounty I*. Als Vorlage dienten Pläne der Britischen Admiralität.
Eigner: Metro-Goldwyn-Mayer (US-Filmgesellschaft).
Konstruktion: Stahlrumpf, mit Holz beplankt.
Baujahr: 1962.
(Die übrigen Daten siehe *Bounty I* bei kleinen Abweichungen).
Verbleib: Museumsschiff in St. Petersburg (Florida).

Bounty III

Ein zweiter getreuer Nachbau der *Bounty I*. Als Vorlage dienten ebenfalls Originalpläne.

1. Eigner: Columbia & Warner (US-Filmgesellschaft).
2. Eigner: Ron Masboury mit weiteren Eignern.
3. Eigner: (Verbleib) Bisher unbekannt, wahrscheinlich eine amerikanische Firma. (Versteigerung im Hafen von Sydney 1991).

Konstruktion: Stahlrumpf, mit Holz beplankt.

Baujahr: 1978.

(Die übrigen Daten siehe *Bounty I* bei kleinen Abweichungen).

Besatzung: Unter dem 2. Eigner im allgemeinen 25 bis 35 Personen.

Motorisierung: Hilfsmotor 400 PS Diesel.

Literatur

Behounek, Frantisek: Meuterei auf der *Bounty*, Prag, 1964.

Bligh, William: Reise in das Südmeer (Herausgeber: Hermann Homann), Stuttgart 1973.

Buchheim, Lothar-Günther: Das Segelschiff, Frankfurt, 1989.

Ebert, Wolfgang M.: Abenteuer Südsee. Frankfurt a.M., 1991.

Falk-Rønne, Arne: Paradies an Backbord, Gütersloh, 1968.

Geo Spezial: Südsee, Hamburg, 1990.
Government of the Islands of Pitcairn (Herausgeber): A Guide to Pitcairn. Auckland, 1990.

Hamilton, George: Reise um die Welt. (Herausgeber: Hermann Homann.) Stuttgart, 1973.

Hanke, Helmut: Seemann Tod und Teufel. Hamburg, 1986.

Helms, Bernd: Südsee-Inseln. München, 1990.

Jungblut, Christian: Die Eingeschlossenen von Pitcairn. Hamburg, 1990.

Löffler, Yörk: Südpazifik - Pitcairn - Zu Gast auf der Insel der *Bounty*-Meuterer. München, 1987.

MacLean, Alistair: Die Reisen des Captian Cook. München, 1989.

Marshall, David: Pitcairn - Was aus den Meuteren der *Bounty* wurde. Hamburg, 1990.

Merle, Robert: Die Insel. Frankfurt, 1982.

Metken, Günter: Gauguin in Tahiti. München, 1989.

Nordhoff, B. Charles: Hall, Norman James: Die Meuterei auf der *Bounty*, Schiff ohne Hafen, Meer ohne Grenzen. Frankfurt , 1988.

Rawson, Geoffrey: *Pandora's* Last Voyage. London, 1963.

Redaktion Berlitz (Herausgeber): Geheimnisvolle Inseln am Ende der Welt. Lausanne, 1991.

Stahn, Eberhard von: Südsee. Dreieich, 1991.

Stein, Conrad: Australien. Kiel, 1987.

Stemmler, Theo: Die Meuterei auf der *Bounty* ohne Hollywood. Frankfurt, 1989.

Taillemite, Etienne: Die Entdeckung der Südsee. Ravensburg, 1990.

The Pitcairn Islands (Herausgeber): The Pitcairn Miscellany. Pitcairn, 1988 - 1992.

The State Library of New South Wales (Herausgeber): Mutiny on the *Bounty*. Sydney, 1991.

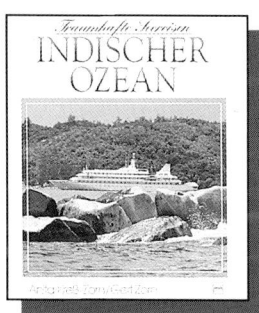
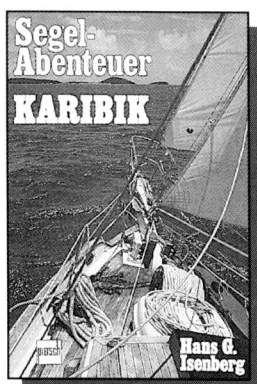